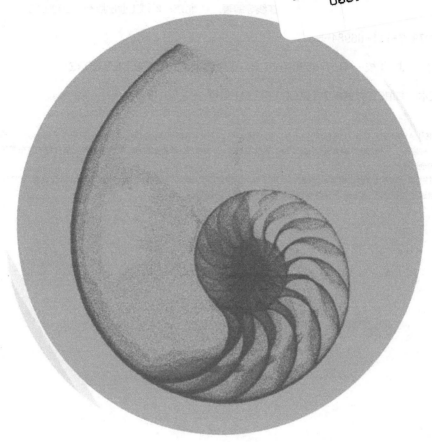

ASP.NET **Core 3**

从入门到实战

校宝在线 肖伟宇 翁琳鼎 王 斌 厉红兵 编著

机械工业出版社
China Machine Press

图书在版编目（CIP）数据

ASP.NET Core 3从入门到实战/校宝在线等编著. － 北京：机械工业出版社，2020.12

ISBN 978-7-111-66984-5

Ⅰ．①A… Ⅱ．①校… Ⅲ．①网页制作工具－程序设计 Ⅳ．①ASP.NET CORE

中国版本图书馆CIP数据核字（2020）第235155号

　　本书从 ASP.NET Core 的核心组件入手，延伸到 MVC、Web API、SignalR（实时通信应用）、Blazor（wasm 应用）、机器学习等多种应用，全方位地讲解 ASP.NET Core 的应用场景、开发实践、部署和发布，带领读者学习从开发到发布基于 ASP.NET Core 的项目的全过程。

　　本书主要面向对 C#语法和 Web 开发有一定了解、期望使用 C#语言开发 Web 项目的初学者，以及具有 ASP.NET MVC 开发经验、希望通过 ASP.NET Core 获得跨平台和容器化开发能力的开发者。

ASP.NET Core 3 从入门到实战

出版发行：机械工业出版社（北京市西城区百万庄大街 22 号　邮政编码：100037）

责任编辑：迟振春　　　　　　　　　　　　　　　责任校对：周晓娟

印　　刷：北京捷迅佳彩印刷有限公司　　　　　　版　　次：2021 年 1 月第 1 版第 1 次印刷

开　　本：188mm×260mm　1/16　　　　　　　　印　　张：17.75

书　　号：ISBN 978-7-66984-5　　　　　　　　　定　　价：79.00 元

客服电话：（010）88361066　88379833　68326294　　　投稿热线：（010）88379604

华章网站：www.hzbook.com　　　　　　　　　　　读者信箱：hzit@hzbook.com

前　言

从 2013 年 Docker 应用容器开源开始，持续发展至今，容器编排、微服务、服务网格等先进架构已在 Web 应用研发领域盛行。而在.NET Core 诞生之前，.NET 开发平台仅支持 Windows 系统，虽然可以通过开源项目 Mono 实现跨平台，但是支持度不够，应用也不广泛。

随着微软的商业策略向云计算方向倾斜，尤其是容器云的发展，微软逐步对.NET 开放，将新的.NET 定义为开源的、跨平台的开发平台，而为了避免命名歧义，将其命名为.NET Core。现今，主流的编程语言都会提供 Web 开发框架。ASP.NET Core 是.NET Core 平台当前最优秀的 Web 开发框架，是基于多年的框架设计经验进行全新设计的成果，因为它针对 Docker 和 Kubernetes 环境进行了优化，所以具有高性能和低内存占用的特点。另外，.NET Core 框架基于组件化的设计理念，让开发者可以根据需要进行组装，以应对不同的应用场景和需求。

本书从 ASP.NET Core 的核心组件入手，延伸到 MVC、Web API、SignalR（实时通信应用）、Blazor（wasm 应用）、机器学习等多种应用，全方位地讲解 ASP.NET Core 的应用场景、开发实践、部署和发布，带领读者学习从开发到发布基于 ASP.NET Core 的项目的全过程。作为 ASP.NET Core 的入门教程，本书将引导读者开启容器化微服务架构的开发之旅。阅读本书不需要有丰富的 Web 开发经验，但需要有一定的编程基础，特别是要掌握 C#语言。读者学完本书之后，能够对 ASP.NET Core 框架的应用有一定的了解，知道其内部的设计思路以及如何通过框架组件设计各类业务来解决相应的问题。

本书的代码开源在 GitHub 上，具体地址是 https://github.com/xiaobaoonline/aspnetcore-in-action。代码基于 ASP.NET Core 3.1 编写而成，建议读者在 Visual Studio 2019 集成开发环境中运行。由于编者水平有限，书中难免存在疏漏，恳请读者批评指正。另外，本书资源可以登录机械工业出版社华章公司的网站（www.hzbook.com）下载，方法是：搜索到本书，然后在页面上的"资源下载"模块下载即可。如果下载有问题，请发送电子邮件至 booksaga@126.com。

读者可以在 https://github.com/xiaobaoonline/aspnetcore-in-action/issues 处提出意见或进行反馈。让我们在学习的道路上共同进步！

在写作本书的过程中我们得到了很多人的鼓励和支持。感谢校宝在线上上下下的鼎力支持，特别是公司董事长兼 CEO 张以弛的大力支持，让我们在工作之余有足够的时间投入到写作中。感谢家人的鼓励和支持，没有他们，这本书是不可能完成的。

编　者

2020 年 11 月 9 日

目　录

第1章

为什么选择 ASP.NET Core

互联网发展至今，不论是面向浏览器 B/S 架构的应用，还是面向移动客户端/服务器架构的应用，本质上它们都是基于客户端/服务器架构的应用。ASP.NET Core 构建在.NET 平台之上，是当前这种架构最流行的开发框架之一。本章将会详细介绍.NET 平台的整体结构和发展现状，同时讲解 ASP.NET Core 框架与.NET 平台的关系及主要特点，以帮助读者了解其最佳的实战场景。另外，本章还会概述本书其他章节的内容。

1.1 什么是.NET

.NET（读音为"dot net"）的官方定义为".NET is an open source developer platform for building different types of app"，翻译过来就是".NET 是一个可构建不同类型应用的开源开发平台"，这里所说的开发平台可以理解为开发语言和开发框架（库）。整个.NET 体系的层级结构如图 1-1 所示。

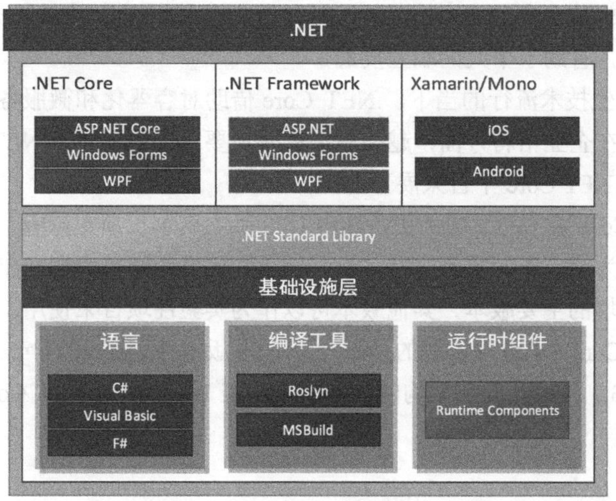

图 1-1

.NET 的开发语言包括 C#、Visual Basic 和 F#，这里 "#" 的发音类似于 "sharp"，其中 C# 是一个类型安全的面向对象编程语言，借助 C#语言可以基于.NET 的各种库编写不同类型的应用程序，本书中的绝大多数示例都是使用 C#来编写的。当然，Visual Basic、Visual Basic .NET 也是不错的选择。

.NET 平台目前有 3 个主要的实现，分别支持不同类型的应用开发场景。

- .NET Core: 针对服务器 Web 应用和控制台程序的跨平台.NET 实现，支持 Windows、Linux 和 Mac OS。
- .NET Framework: 支持 Windows 下的 Web 应用、服务、桌面程序等开发。
- Xamarin/Mono: 支持跨平台的移动应用开发，并支持主流的移动操作系统，如 Android、iOS 等。

为了让上面的 3 个实现能够共享代码，微软定义了.NET Standard，可以理解为统一的 API 标准定义。每个.NET 的实现都遵循这个标准，这就意味着只要编写的代码遵循.NET Standard，就能在这些平台上自由分发和运行，同时这 3 个不同的.NET 实现包含了其平台独有的 API，我们也可以针对应用特性编写特定平台的代码。

通过图 1-1 可以看到，.NET Core 和.NET Framework 的能力非常相似。实际上，微软为了让.NET 具备跨平台能力而打造了.NET Core，随着.NET Core 趋于成熟，未来.NET Core 和.NET Framework 会合并为一个平台实现。.NET 的跨平台特性意味着可以有多种开发和部署的环境，尤其是它对 Docker 和 Kubernetes 的良好支持，可以让我们快速构建微服务并部署到云基础设施中，实现高可用、可伸缩的系统架构搭建。.NET 的跨平台特性还意味着可以真正做到一份代码跨平台运行，代码的重用程度得到了提升。

.NET 是开源的、开放的，具有很强的包容性，不仅仅是微软，技术社区的大量开发者也都参与到了.NET 生态的建设中，包括.NET Core 的核心库以及大量的组件和扩展包，这样开发者可以开箱即用，不用再为基础设施和组件的缺失担忧，可以专注于业务的设计，快速实现商业价值。

借助.NET 对 Web 服务端、桌面开发、游戏、移动客户端、物联网、AI 等领域的良好支持，开发者可以使用一种门技术应对不同的业务场景和商业诉求，这也就意味着开发者在.NET 生态下的技能覆盖面更广泛，有助于个人的职业发展。

在微服务和云原生技术流行的当下，.NET Core 借助对容器化和微服务架构的良好支持，成为企业的技术选择。在企业招聘方面，越来越多的企业要求求职者具备.NET Core 方面的技能，本书的内容就是围绕.NET Core 平台来展开的。

下面列出.NET Core 版本的发布历史，其中 LTS 版本表示长期支持版，也就是说自发布之日起，微软官方会提供为期三年的更新支持，对其他版本提供的则是为期一年的维护，因此建议以 LTS 版本作为生产环境的主要版本，其他版本可以作为实验性项目来使用。本书的内容是基于最新的 LTS 版本.NET Core 3.1 进行讲解的，下一个 LTS 版本计划在 2021 年 11 月发布，因此目前建议使用.NET Core 3.1 作为开发和架构的核心版本。表 1-1 列出了.NET Core 不同版本的发布时间。

表1-1 .NET Core不同版本的发布时间

时 间	版 本
2016 年 2 月	.NET Core 1.0 RC1
2016 年 5 月	.NET Core 1.0 RC2
2016 年 6 月	.NET Core 1.0
2017 年 3 月	.NET Core 1.1
2017 年 8 月	.NET Core 2.0
2018 年 5 月	.NET Core 2.1（LTS）
2018 年 12 月	.NET Core 2.2
2019 年 9 月	.NET Core 3.0（Maintenance）
2019 年 12 月	.NET Core 3.1（LTS）

1.2 ASP.NET Core 的特点

ASP.NET Core 是 .NET Core 平台下的高性能 Web 服务端开发框架，用于构建 Web UI、Web API 等服务端应用程序。ASP.NET Core 是一套全新构建的框架，与之前的 ASP.NET 完全独立，因此设计理念是完全不同的。它采用了组件化的方式来构建整个框架，其中包含依赖注入框架、配置框架、选项框架、日志框架等，在 HTTP 处理方面，设计了中间件的机制，使得框架的易用性和扩展性都特别好。

ASP.NET Core 运行在 .NET Core 之上，因此它也是跨平台的，我们可以在 Windows、Mac OS 以及 Linux 操作系统中开发和部署 ASP.NET Core 应用程序，也可以将应用程序打包为 Docker 镜像，并运行在 Docker 和 Kubernetes 中。这种能力非常重要，因为现在主流的微服务架构都倾向于部署至 Kubernetes 中，这样可以极大地降低部署和运维的成本，使得整个系统更易于维护。

ASP.NET Core 的另一个特点是性能优异。微软在设计早期就将性能列为其重要的目标之一，根据性能测试网站 TechEmpower 的最新数据（Round18 2019-07-09），ASP.NET Core 在云服务器规格下（Azure D3v2 instances）的 Plaintext 响应测试可达 215 941 次/秒，JSON 序列化响应测试可达 52 623 次/秒，表现非常亮眼。借助其优异的性能，我们可以投入更多的精力来解决业务问题，而不是框架的性能问题。

除了上面的特性之外，ASP.NET Core 还有如下优点：

- Razor Pages 可以使基于页面的编码方式更简单高效，在更注重开发效率的项目中迅速完成页面的构建。
- Blazor 允许我们编写的 C#代码运行在浏览器中，可以共享由 C#编写的服务端应用逻辑。
- 内置依赖项注入，借助依赖注入框架，可以更好地处理组件之间的依赖，从而使应用的代码和架构更易于维护。
- 支持高性能模块化 HTTP 请求管道，我们可以更好地管理服务间远程调用，兼具性能和扩展性。
- 能够在 Kestrel、IIS、Nginx、Apache、Docker 上进行托管或在自己的进程中进行自托管，对多种运行环境的支持,让我们可以有更多的选择。

● 对测试友好,我们可以轻松编写具备良好可测试性的代码,结合单元测试、接口测试等工具,可以使项目的测试效率得到极大的提升,测试是确保系统质量的重要手段。

1.3 读者能从本书学到什么

C#为.NET 体系下最主要的语言之一,本书假设读者已经掌握了 C#编程语言的基本概念和语法,如果读者之前不太了解 C#,可以在 https://docs.microsoft.com/zh-cn/dotnet/csharp 上找到相关的入门资料。本书的样例代码主要使用 C#和 JavaScript 编写。

本书将由浅入深地讲解 ASP.NET Core 框架的各个方面,借助实战场景和代码样例,让读者掌握基于 ASP.NET Core 开发的技巧和要点,从而成为具备实战能力的 Web 应用开发者。

本书后续章节的内容简介如下:

第 2 章介绍 ASP.NET Core 环境的搭建,包括相关工具和 SDK 的安装方式,读者可以在 Windows 和 Mac 操作系统上进行完整的开发体验。

第 3 章介绍 ASP.NET Core 的总体架构,并深入地介绍核心组件的工作原理和实践,包括依赖注入、配置组件、选项组件、中间件、路由,它们是基于 ASP.NET Core 构建应用程序必不可少的组件。

第 4 章介绍如何基于 ASP.NET Core 构建一个 MVC 模式的 Web 应用程序。MVC 是目前流行的 Web 应用框架模式,非常适合构建动态的网站,例如电商网站、内容管理系统(CMS)等。另外,MVC 模式将数据、控制逻辑、视图进行分离,使得项目的可维护性得到了提升。

第 5 章介绍如何基于 ASP.NET Core 构建 Web API 应用,并提供了符合 Swagger 标准的文档工具,Web API 应用适合前后端分离的开发模式,例如单页富应用、手机客户端等。

第 6 章介绍如何在 ASP.NET Core 中集成 Entity Framework Core 来访问数据库,这是微软提供的一个功能强大的 ORM 组件,借助它可以非常轻松地完成数据库的访问和处理工作。

第 7 章介绍如何在应用中处理身份认证和授权。

第 8 章介绍如何使用 ASP.NET Core 的 SignalR 框架构建实时通信应用,以实现服务端到客户端的消息主动推送。这在实时通信交互的场景中非常实用,例如聊天室应用、远程任务状态推送通知等。

第 9 章介绍 Blazor 框架,通过它可以使用 C#语言构建客户端应用。它是 ASP.NET Core 对 WebAssembly(wasm)的实现,相比于传统的应用程序,它具有更好的客户端性能优势。

第 10 章介绍日志和监控方面的内容。借助日志组件可以非常便捷地编写日志代码,同时又能够在不改动应用代码的情况下,使应用能够把日志输出到各类日志收集和分析系统。健康检查组件则让应用程序可以定义与监控系统的感知协作和反馈策略,使得我们构建的系统具备更好的故障隔离能力。

第 11 章介绍如何在.NET Core 框架中发起远程 HTTP 调用。在微服务架构下,服务间的通信是必不可少的,本章将会深入介绍基于 HttpClientFactory 的设计模式,以及基于 gRPC 的远程服务调用方案。

第 12 章介绍如何在不同的环境中部署 ASP.NET Core 应用。.NET Core 作为跨平台的开发框架，可以根据需要将应用部署在 Windows Server IIS、Linux、Docker、Kubernetes 中。

第 13 章介绍 ASP.NET Core 框架中的一些高级内容，这些内容在处理更特殊的业务场景时非常有用，包括文件提供程序、请求功能接口、URL 重写、缓存等。

第 14 章介绍如何在 ASP.NET Core 应用中集成机器学习模型。机器学习是目前非常热门的技术，本章将会简单介绍机器学习的概念，同时介绍机器学习算法（如分类模式的实现过程）以及将已有的模型集成到应用程序中的方法，让读者掌握从机器学习的模型训练到应用集成、发布的完整过程。

第 15 章介绍比较主流的.NET 技术学习资料获取途径，以及开发者需要掌握的其他必要知识。

第2章

ASP.NET Core 开发工具安装

每一种开发框架都离不开开发工具和环境。ASP.NET Core 也不例外，微软为我们提供了适合各种环境的开发工具，无论是 SDK 包还是开发 IDE 都适配 Windows、Mac 以及 Linux，开发人员可以很方便地安装和使用。在集成开发环境（IDE）上，我们可以根据自身的企业或个人的使用场景购买用于企业开发的 Visual Studio 企业版，也可以使用免费的 Visual Studio 社区版用于研究与学习，当然也可以使用"万能"的开源 Visual Studio Code 编辑器来开发 ASP.NET Core 应用。本章将主要介绍这些工具的安装和使用。

2.1 .NET Core SDK 安装

.NET Core SDK 是.NET Core 软件开发工具包，包含一组库和工具，开发人员能够使用它创建自己的.NET Core 应用程序和库。

.NET Core SDK 包含以下用于构建和运行应用程序的组件：

- .NET Core 命令行接口（CLI）。
- .NET Core 库和运行时库。
- .NET 驱动程序。

2.1.1 获取.NET Core SDK

自.NET Core 1.0 发布以后，微软发布了一个快速导航的地址"https://dot.net"，提供到 https://dotnet.microsoft.com/官方网站的解析。可以在首页菜单栏和首页核心位置找到"Download"下载按钮，也可以直接访问"https://dotnet.microsoft.com/download"进入下载页面。

进入下载页面后，微软为 Windows、Linux、Mac OS、Docker 等系统或环境提供了对应的.NET Core SDK 版本及其说明，我们可以通过网页上的指导来完成下载和安装。

2.1.2 安装.NET Core SDK

以 Windows 为例，假设我们下载好了安装包，双击安装文件（dotnet-sdk-{version}.exe）即可开始安装 SDK，如图 2-1 所示。

图 2-1

单击"安装"按钮并完成在此计算机上安装.NET 的步骤。

安装程序完成后，打开新的命令提示符并运行 dotnet 命令来验证.NET 是否已正确安装以及是否可以使用，如图 2-2 所示。

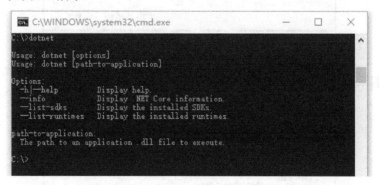

图 2-2

2.2 Visual Studio Code 安装

Visual Studio Code 是一个轻量级但功能强大的源代码编辑器，可在桌面系统上运行，适用于 Windows、Mac OS 和 Linux。它内置了对 JavaScript、TypeScript 和 Node.js 的支持，并具有丰富的其他语言（如 C++、C＃、Java、Python、PHP、Go）和运行时库（如.NET 和 Unity）的扩展生态系统。

2.2.1 获取 Visual Studio Code

通过访问地址"https://code.visualstudio.com/Download",我们可以获取到支持 Windows、Mac OS、Linux 各个系统版本的 Visual Studio Code 安装包。

2.2.2 安装 Visual Studio Code

1. 在 Windows 下安装

下载安装包后,双击运行安装程序(VSCodeUserSetup-{version}.exe)即可开始安装。同意许可协议后,单击"下一步"按钮开始设置安装环境,如图 2-3 所示。

图 2-3

默认安装目录为"C:\Program Files\Microsoft VS Code",如图 2-4 所示。

图 2-4

单击"安装"按钮开始安装,按提示信息完成安装,如图 2-5 所示。

图 2-5

2. 在 Linux 下安装

（1）基于 Debian 和 Ubuntu 的发行版

为基于 Debian / Ubuntu 的发行版安装 Visual Studio Code 的最简单方法是下载并安装 .deb 软件包（64 位），或者通过图形软件中心（如果可用），或者通过命令行：

```
sudo apt install ./<file>.deb

# If you're on an older Linux distribution, you will need to run this instead:
# sudo dpkg -i <file>.deb
# sudo apt-get install -f # Install dependencies
```

（2）RHEL、Fedora 和基于 CentOS 的发行版

目前在 yum 存储库中发布稳定的 64 位 Visual Studio Code，以下脚本用于安装密钥和存储库：

```
sudo rpm --import https://packages.microsoft.com/keys/microsoft.asc
sudo sh -c 'echo -e "[code]\nname=Visual Studio
Code\nbaseurl=https://packages.microsoft.com/yumrepos/vscode\nenabled=1\ngpgc
heck=1\ngpgkey=https://packages.microsoft.com/keys/microsoft.asc" >
/etc/yum.repos.d/vscode.repo'
```

然后使用 dnf（Fedora 22 及更高版本）更新包缓存并安装包：

```
dnf check-update
sudo dnf install code
```

或者在旧版本上使用 yum：

```
yum check-update
sudo yum install code
```

由于手动签名过程和用于发布的系统，yum repo 可能会落后并且不会立即获得最新版本的 Visual Studio Code。

（3）openSUSE 和基于 SLE 的发行版

上面的 yum 存储库也适用于基于 openSUSE 和 SLE 的系统，以下脚本将安装密钥和存储库：

```
sudo rpm --import https://packages.microsoft.com/keys/microsoft.asc
sudo sh -c 'echo -e "[code]\nname=Visual Studio
Code\nbaseurl=https://packages.microsoft.com/yumrepos/vscode\nenabled=1\ntype
=rpm-md\ngpgcheck=1\ngpgkey=https://packages.microsoft.com/keys/microsoft.asc
" > /etc/zypp/repos.d/vscode.repo'
```

然后使用以下命令更新包缓存并安装包：

```
sudo zypper refresh
sudo zypper install code
```

3. 在 Mac OS 下安装

（1）双击下载的存档以展开其内容。

（2）拖动 Visual Studio Code.app 到 Applications 文件夹中，使其可用 Launchpad。

（3）右击图标，以将 Visual Studio 代码添加到 Dock，然后选择"选项"→"保留在 Dock 中"。

2.2.3　更新 Visual Studio Code

Visual Studio Code 每月发布一次，并在新版本可用时支持自动更新。当我们收到 Visual Studio Code 的提示信息时，如果接受最新的更新，Visual Studio 更新将被自动安装（我们不需要做任何其他操作）。

注　意
如果读者希望按照自己的计划更新 Visual Studio Code，则可以禁用自动更新功能。

2.3　Visual Studio 2019 安装

Visual Studio 集成开发环境（IDE）是一种创新启动板，可用于编辑、调试并生成代码，然后发布应用。IDE 是一款功能丰富的程序，可用于软件开发的许多方面。除了大多数 IDE 提供的标准代码编辑器和调试器之外，Visual Studio 还包括编译器、代码完成工具、图形设计器和许多其他功能，以简化软件开发过程。

Visual Studio 适用于 Windows 和 Mac。Visual Studio for Mac 的许多功能与 Visual Studio 2019 相同，并针对开发跨平台应用和移动应用进行了优化。接下来重点介绍适用于 Windows 的 Visual Studio 2019。Visual Studio 2019 有 3 个版本：社区版、专业版和企业版。

2.3.1　确保计算机可以安装 Visual Studio

方法如下：

（1）从"https://docs.microsoft.com/zh-cn/visualstudio/releases/2019/system-requirements"查看系统要求，

这些要求有助于了解计算机是否支持 Visual Studio 2019。

（2）应用最新的 Windows 更新。这些更新可确保计算机包含最新的安全更新程序和 Visual Studio 所需的系统组件。

（3）重新启动。重新启动可确保挂起的任何安装或更新都不会影响 Visual Studio 安装。

（4）Visual Studio 对磁盘空间的需求较大，需要释放足够的安装空间。通过运行磁盘清理应用程序等方式，从控制面板中删除不需要的文件和应用程序。

2.3.2 获取 Visual Studio

打开微软官方地址（https://visualstudio.microsoft.com/zh-hans/），下载 Visual Studio 引导程序文件。下面我们以社区版（见图 2-6）为例。选择所需的 Visual Studio 版本，单击"保存"按钮，然后选择"打开文件夹"命令。

图 2-6

2.3.3 安装 Visual Studio 安装程序

运行引导程序文件以安装 Visual Studio 安装程序。这个新的轻型安装程序包括安装和自定义 Visual Studio 所需的一切。

（1）在"下载"文件夹中双击与下列文件之一匹配或类似的引导程序文件：

● 对于 Visual Studio Community，请运行 vs_community.exe。
● 对于 Visual Studio Professional，请运行 vs_professional.exe。
● 对于 Visual Studio Enterprise，请运行 vs_enterprise.exe。

如果收到用户账户控制通知，就选择"是"。

（2）确认 Microsoft 许可条款和 Microsoft 隐私声明，单击"继续"按钮，如图 2-7 所示。

图 2-7

2.3.4 启动安装程序

安装该安装程序后，可以通过选择所需的功能集或工作负载来使用该程序自定义安装，操作方法如图 2-8 所示。

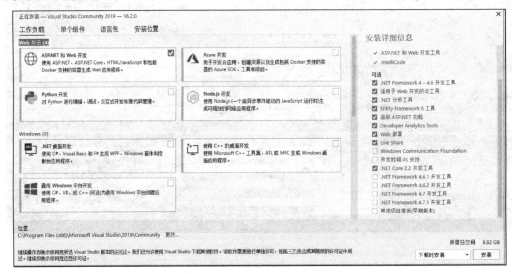

图 2-8

例如，选择"ASP.NET 和 Web 开发"工作负载。它附带默认的核心编辑器，该编辑器支持 20 多种语言的基本代码编辑，能够打开和编辑任意文件夹中的代码（而无须使用项目），还提供了集成的源代码管理。

接下来会出现多个显示 Visual Studio 安装进度的状态屏幕（见图 2-9），直到完成安装。

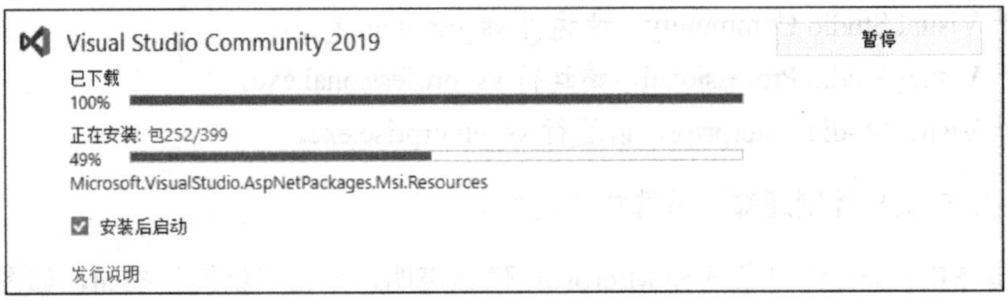

图 2-9

第3章

ASP.NET Core 核心组件详解

一个好的框架要有明确的定位以及良好的扩展性。ASP.NET Core 的核心定位就是让开发者能够轻松地基于 HTTP 构建 B/S 结构的 Web 应用，并在设计之初就汲取了基于.NET Framework 的 ASP.NET、ASP.NET MVC 和 ASP.NET Web API 框架的多年经验，进行了重构和裁剪，化繁为简，使得框架的构建逻辑犹如乐高积木拼装一般，看似简单却又恰到好处。本章会详细讲解其核心组件的能力及运用场景，同时会介绍如何基于这些组件进行扩展，满足各种实战场景的需求。

3.1 框架总述

.NET Core 提供了一组内置的组件（见图 3-1）来帮助开发者实现一个应用程序的基本功能，如依赖注入、配置、选项、日志等，这些组件以 Microsoft.Extensions 为前缀。

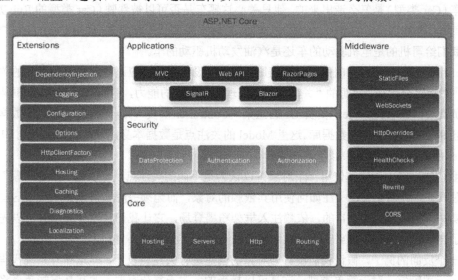

图 3-1

3.2　依赖注入

3.2.1　什么是依赖注入

依赖就是一个类型使用或引用到另一个类型，从严格意义上来讲，如果 A 类型的定义或实现中出现了 B 类型，就可以理解为 A 类型依赖了 B 类型，大体上有下列几种情形或者这些情形的组合：

- A 类型的构造函数入参包含了 B 类型。
- A 类型的属性、字段包含了 B 类型。
- A 类型的方法输入或输出参数包含了 B 类型。
- A 类型的方法的局部变量包含了 B 类型。

什么是依赖注入？字面意思就是将 B 类型的实例注入给 A 类型。通常情况下，当我们讲依赖注入时，也会提到控制反转（Inversion of Control），它们本质上讲的是同一事物的两面，都是指处理对象之间的依赖关系。从容器的角度来看待，依赖注入由容器负责对象的构造，对象所依赖的其他对象由容器负责管理并注入给对象。控制反转是从对象的视角来讲的，指对象把构造自己及其依赖对象的控制权交给容器来管理。

为什么需要依赖注入？在面向对象编程思想中有一个很重要的原则叫单一职责原则，指一个类型应该仅负责单一的职责，当一个类型负责过多职责时，它被改变的因素就会增多，使类型变得更加不稳定。如前面所述，当 A 类型依赖 B 类型时，A 类型并不关心 B 类型的实例是怎么产生的，A 类型只在需要的地方使用 B 类型的属性或方法，例如一个司机（Driver 类型）并不关心一辆汽车（Car 类型）是怎么造出来的，他只关心这辆车是否可以被驾驶（Car 类型的 Run 方法），当司机驾驶（调用 Driver 的 Drive 方法）汽车时，实际上是要让车跑起来（调用 Car 的 Run 方法），而不论我们给司机的是电机驱动的车还是汽油发动机驱动的车。

有一个对应的设计原则叫关注点分离原则，指在设计系统时应该在宏观上为不同的关注点分别设计，然后组合起来。这里的"关注点"可以理解为不同的能力，例如：对于 MVC 框架来说，Model 负责数据的承载，View 负责 UI 的渲染，Controller 负责 View、Model 之间的数据传递以及通过仓储层将数据存储在数据库。这里 Model 的关注点是数据本身，View 的关注点是 UI 渲染，Controller 的关注点是传递和组合。

在我们的系统中创建和使用一个对象可以认为是不同的关注点，可以为"创建对象"这个关注点单独设计，让对象仅仅关注如何使用其依赖的对象，而无须关注如何创建和获得这些被依赖对象的实例。为了达到这个目的，依赖注入框架粉墨登场，它让我们在设计类型时可以先假设已经获得了自己依赖的所有对象实例，从而将关注点放在类型的核心目标上。

举一个反面的例子，假设我们没有为对象的创建进行关注点设计，即意味着系统代码中到处充斥着 new 关键字。对于简单类型，这是可以接受的；对于复杂类型，尤其是那些负责将不同组件组装在一起的类型，构造过程就显得非常烦琐，因为它依赖了多个其他组件。而这些被依赖的组件很有可能也依赖了其他的组件，最终我们会发现负责创建对象的代码会让系统难以维护，任何类型的变更都有可能影响到那些依赖它的代码，这也是为什么会有工厂模式、抽象工厂模式等负责创建对象的设计模式，本质上都是为了将创建对象这个关注点分离出来。如果说工厂模式、抽象工厂模式是特定类型的创建过程的分离，那么依赖注入就是将任意类型的创建的能力分离出来，实际上在我们使用依赖注入框架时会惊奇地发现它实际上是支持工厂模式的。

本质上，依赖注入是控制反转思想的一种实现方式。在.NET Core 生态中，是由依赖注入组件来实现依赖注入设计模式的，它的设计思路是通过定义类型的生命周期、构造方式等规则配置到容器中，由容器负责管理对象的创建和资源释放。

3.2.2 依赖注入组件

要使用依赖注入框架，需要用到下面两个 NuGet 包：

```
Microsoft.Extensions.DependencyInjection.Abstractions
Microsoft.Extensions.DependencyInjection
```

其中，Microsoft.Extensions.DependencyInjection.Abstractions 包含了依赖注入框架核心的接口定义，Microsoft.Extensions.DependencyInjection 包含了框架的具体实现，这种将接口定义和具体实现放在不同包中的模式叫作接口实现分离模式，其好处是组件的使用者可以只依赖抽象定义包，可以在运行时决定使用哪种具体实现，这与依赖注入的核心思想是一致的。在后文讲到配置组件、选项组件和日志组件时，读者会惊奇地发现这种设计模式对依赖注入模式非常友好，甚至在这些组件的设计初期就假设用户会使用依赖注入来管理对象。

依赖注入框架类型的主要命名空间为 Microsoft.Extensions.DependencyInjection，其中核心的类型是 ServiceDescriptor、ServiceCollection、ServiceProvider。图 3-2 展示了这 3 个类之间的关系以及依赖注入框架的使用过程。

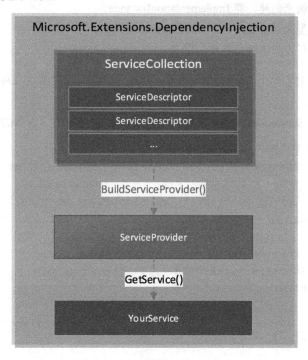

图 3-2

3.2.3 服务描述类 ServiceDescriptor

ServiceDescriptor 类包含服务的类型、生命周期和构造方式等信息。ServiceCollection 是 ServiceDescriptor 的集合，通过 BuildServiceProvider 方法可以获得服务容器 ServiceProvider。通过 ServiceProvider 的 GetService 方法可以获得注册服务的实例。

```
public class ServiceDescriptor
{
    public ServiceLifetime Lifetime { get; }
    public Type ServiceType { get; }
    public Type ImplementationType { get; }
    public object ImplementationInstance { get; }
    public Func<IServiceProvider, object> ImplementationFactory { get; }
}
```

上面的代码列出 ServiceDescriptor 类型的主要定义，其中 ServiceType 表示要注册的类型，也就是将来要获取的实例的类型，既可以是接口、抽象类，也可以是普通的类型，例如自定义的类型 Car。属性 ImplementationType 表示实际上要创建的类型，比如在继承自 Car 的子类 RaceCar 中，属性 ImplementationInstance 表示在注册时已经获得了一个 RaceCar 的实例并将它注册进来，将来要获取 Car 的实例时，将 ImplementationInstance 返回给调用者即可。属性 ImplementationFactory 表示注册了一个用于创建 ServiceType 指定的类型的工厂，当需要从容器获取 Car 时，由这个工厂负责创建 Car 的实例。

也就是说，可以有 3 种方式获得目标类型（ServiceType）的实例：

● 从已有的实例来创建，即 ImplementationInstance。
● 从指定的类型来动态创建，即 ImplementationType。
● 从指定的工厂方法来动态创建，即 ImplementationFactory。

需要注意的是，对于一个 ServiceDescriptor 实例，只能为其注册这三种方式之一，它们是互斥的，不能同时定义。

为了方便地创建 ServiceDescriptor 实例，提供了一组静态方法，后面的示例中会用到：

```
//创建瞬时服务注册实例
public static ServiceDescriptor Transient<TService, TImplementation>();

public static ServiceDescriptor Transient(Type service, Type
implementationType);

public static ServiceDescriptor Transient<TService,
TImplementation>(Func<IServiceProvider, TImplementation>
implementationFactory);

public static ServiceDescriptor Transient<TService>(Func<IServiceProvider,
TService> implementationFactory);
```

```
    public static ServiceDescriptor Transient(Type service,
Func<IServiceProvider, object> implementationFactory);
```

//创建范围服务注册实例
```
    public static ServiceDescriptor Scoped<TService, TImplementation>();

    public static ServiceDescriptor Scoped(Type service, Type
implementationType);

    public static ServiceDescriptor Scoped<TService,
TImplementation>(Func<IServiceProvider, TImplementation>
implementationFactory);

    public static ServiceDescriptor Scoped<TService>(Func<IServiceProvider,
TService> implementationFactory);

    public static ServiceDescriptor Scoped(Type service, Func<IServiceProvider,
object> implementationFactory);
```

//创建单例服务注册实例
```
    public static ServiceDescriptor Singleton<TService, TImplementation>();

    public static ServiceDescriptor Singleton(Type service, Type
implementationType);

    public static ServiceDescriptor Singleton<TService,
TImplementation>(Func<IServiceProvider, TImplementation>
implementationFactory);

    public static ServiceDescriptor Singleton<TService>(Func<IServiceProvider,
TService> implementationFactory);

    public static ServiceDescriptor Singleton(Type serviceType,
Func<IServiceProvider, object> implementationFactory);

    public static ServiceDescriptor Singleton<TService>(TService
implementationInstance);

    public static ServiceDescriptor Singleton(Type serviceType, object
implementationInstance);
```

//创建指定生命周期注册实例
```
    public static ServiceDescriptor Describe(Type serviceType, Type
```

```
implementationType, ServiceLifetime lifetime)

    public static ServiceDescriptor Describe(Type serviceType,
Func<IServiceProvider, object> implementationFactory, ServiceLifetime lifetime)
```

3.2.4 IServiceCollection 与服务注册

我们再来看一下接口 IServiceCollection 的定义，它不包含任何特别的方法，仅仅是一个 ServiceDescriptor 集合，在组件的实现包 Microsoft.Extensions.DependencyInjection 中，类 ServiceCollection 实现了 IServiceCollection 接口：

```
public interface IServiceCollection : IList<ServiceDescriptor>
{
}

public class ServiceCollection : IServiceCollection
{
    // Some Code
}
```

最直接的方式就是创建 ServiceDescriptor 实例，并通 Add 方法添加到 IServiceCollection 中：

```
IServiceCollection services = new ServiceCollection();
var serviceDescriptor = ServiceDescriptor.Singleton<IMyService,
MyService>();
    services.Add(serviceDescriptor);
```

另外还提供了一组扩展方法来快速注册服务，并给出备注说明：

- AddSingleton，将服务注册为单例的。
- AddScoped，将服务注册为范围的。
- AddTransient，将服务注册为瞬时的。

这些不同生命周期的服务注册方法都提供了多种重载，支持用户按类型、按实例、按工厂方法的方式来定义服务的构造方式：

```
IServiceCollection services = new ServiceCollection();

//指定实例
services.AddSingleton<IMyService>(new MyService());

//指定类型
services.AddSingleton<IMyService,MyService>();

//工厂模式
services.AddScoped<IMyService>(provider => new MyService());

//工厂模式，从容器中获取
```

```
services.AddTransient<IMyService>(provider =>
provider.GetService<MyService>());
```

需要注意的是，指定已有实例的方式仅支持单例模式。

工厂方法模式使用了委托 Func<IServiceProvider, object>，其入参是一个 IServiceProvider，实际上就是当前的容器实例，因此可以如上面的代码那样从容器中取出需要的服务实例用于构造服务。

在实际场景中，我们通常会遇到一个服务被多个组件依赖的情形，仅当服务未被注册时才需要进行注册，可以使用 TryAddxxx 系列扩展方法，这些方法会先判断指定的服务是否已注册过：如果已经注册过，则忽略本次注册操作；如果未注册过，则注册该服务。

```
IServiceCollection services = new ServiceCollection();

//指定实例
services.TryAddSingleton<IMyService>(new MyService());

//指定类型
services.TryAddSingleton<IMyService,MyService>();

//工厂模式
services.TryAddScoped<IMyService>(provider => new MyService());

//工厂模式，从容器中获取
services.TryAddTransient<IMyService>(provider =>
provider.GetService<MyService>());
```

还有一种较特殊的场景，就是为服务注册不同的实现。要避免同一具体实现被重复注册，可以使用 TryAddEnumerable 方法。该方法有两个重载，一个是注册单个 ServiceDescriptor，另一个是批量注册，传入 IEnumerable<ServiceDescriptor>。下面的代码演示了这两种不同的方式：

```
IServiceCollection services = new ServiceCollection();

//为 IMyService 分别注册实现 MyService 和 MyServiceImpV2
services.TryAddEnumerable(ServiceDescriptor.Scoped<IMyService,MyService>(
));
services.TryAddEnumerable(ServiceDescriptor.Scoped<IMyService,
MyServiceImpV2>());

//由于上面已经注册过 IMyService 的实现 MyService，因此下面这两行代码不会产生任何效果
services.TryAddEnumerable(ServiceDescriptor.Scoped<IMyService>(p => new
MyService()));
services.TryAddEnumerable(ServiceDescriptor.Transient<IMyService,MyServic
e>());


//以集合的方式注册
```

```
IEnumerable<ServiceDescriptor> myServiceDescriptors = new
List<ServiceDescriptor>()
{
    ServiceDescriptor.Scoped<IMyService,MyService>(),
    ServiceDescriptor.Scoped<IMyService,MyServiceImpV2>()
};
services.TryAddEnumerable(myServiceDescriptors);
```

在 ASP.NET Core 应用中，可以在 Startup 类的 ConfigureServices 方法中为 IServiceCollection 注册服务，而 IServiceCollection 本身的创建由框架负责，无须特别处理：

```
public class Startup
{
    // Some Code

    public void ConfigureServices(IServiceCollection services)
    {
        //注册服务
        services.AddControllers();
        services.AddScoped<IMyService,MyService>();
    }

    public void Configure(IApplicationBuilder app, IWebHostEnvironment env)
    {
        //Some Code
    }
}
```

3.2.5 通过 IServiceProvider 获取服务实例

接口 IServiceProvider 位于 System 命名空间下，是一个有很长历史的接口，早在 .NET Framework 1.1 版本中就存在了，并且在很多针对特定场景的实现中，它的定义只有一个 GetService 方法，入参是服务的类型，返回值是服务的实例：

```
public interface IServiceProvider
{
    object GetService(Type serviceType);
}
```

在依赖注入组件中，由类 ServiceProvider 实现接口 IServiceProvider，它位于 Microsoft.Extensions.DependencyInjection 包中，同时类 ServiceProviderServiceExtensions 提供了一组扩展方法，让开发者可以更方便地编写获取实例的代码，尤其是泛型方法，它可以直接获得特定类型的返回值，而无须进行类型转换。

假设已经注册好服务并获得了 IServiceProvider 实例：

```
IServiceCollection services = new ServiceCollection();
// 这里省略了服务注册的代码
```

```
IServiceProvider serviceProvider = services.BuildServiceProvider();
```

则获取服务实例的代码如下：

```
//指定类型获取服务实例
object myservice = serviceProvider.GetService(typeof(IMyService));
```

```
//泛型方法指定类型获取服务实例
IMyService myservice = serviceProvider.GetService<IMyService>();
```

在上面的代码中，如果要获取的服务类型没有注册在容器中，就返回 null。如果我们期望在服务未被注册的情形下抛出异常而不是返回 null，则可以调用 GetRequiredService 方法。如果服务未注册，则会抛出异常 InvalidOperationException 并显示服务未被注册。GetRequiredService 方法在服务不可为空的场景中非常有用，有了该方法我们就无须重复地编写验证空服务的代码：

```
//指定类型获取服务实例
object myservice = serviceProvider.GetRequiredService(typeof(IMyService));
```

```
//泛型方法指定类型获取服务实例
IMyService myservice = serviceProvider.GetRequiredService<IMyService>();
```

在实际的应用程序中，当我们为同一类型重复注册时，GetService 方法会以最后注册的生命周期和构造方法为准。我们也可以通过复数方法 GetServices 来获得一个实例集合，它对应了为同一类型的多个注册：

```
//指定类型，获取object实例集合
IEnumerable<object> myserviceList =
serviceProvider.GetServices(typeof(IMyService));
```

```
//泛型方法，获取指定类型的实例集合
IEnumerable<T> myserviceList = serviceProvider.GetServices<T>();
```

在 ASP.NET Core 应用中，我们可以看到 Startup 类的 Configure 方法有一个 IApplicationBuilder 类型的入参：

```
public class Startup
{
    // Some Code

    public void ConfigureServices(IServiceCollection services)
    {
        //注册服务
    }

    public void Configure(IApplicationBuilder app, IWebHostEnvironment env)
    {
        var rootServiceProvider = app.ApplicationServices; //根容器
        //Some Code
    }
}
```

观察下面的接口 IApplicationBuilder 的代码，它有一个 IServiceProvider 类型的属性 ApplicationServices，这个属性就是应用程序的根容器实例。当我们的类需要访问根容器时，可以通过接口 IApplicationBuilder 来获取根容器实例：

```
public interface IApplicationBuilder
{
    IServiceProvider ApplicationServices { get; }
    IDictionary<string, object> Properties { get; }
    IFeatureCollection ServerFeatures { get; }
    RequestDelegate Build();
    IApplicationBuilder New();
    IApplicationBuilder Use(Func<RequestDelegate, RequestDelegate> middleware);
}
```

3.2.6 作用域与生命周期

要理解生命周期，先要理解一个概念 Scope，字面意思就是范围，也就是作用域。Scope 本身具有一个生命周期，就是从它被"创建"到它被"回收释放"这个周期。在 Scope 生存期间，我们将一些对象与其关联，当 Scope 回收释放时，同时也释放与其关联的对象，就能达到相应的效果，这些对象的生命周期与 Scope 相同，或者可以理解为这些对象的生命周期由 Scope 决定。

在依赖注入组件中，我们将由 ServiceCollection 通过 BuildServiceProvider 构造的 IServiceProvider 实例称作"根"，通常称为"根容器"，对应的依赖注入组件提供了一个接口 IServiceScope 来表示"子作用域"，我们可以通过扩展方法 CreateScope 来创建 IServiceScope 实例。下面的代码展示了 IServiceScope 的定义：

```
public interface IServiceScope : IDisposable
{
    IServiceProvider ServiceProvider { get; }
}
```

下面的代码定义了创建 IServiceScope 的方法：

```
IServiceCollection services = new ServiceCollection();
// 这里省略了服务注册的代码
IServiceProvider serviceProvider = services.BuildServiceProvider();

//创建子容器
IServiceScope scope = serviceProvider.CreateScope();
```

实际上 IServiceScope 的实例是由接口 IServiceScopeFactory 来负责创建的，上面示例代码中的扩展方法 CreateScope 的内部实现逻辑是从容器中获取 IServiceScopeFactory，然后调用 IServiceScopeFactory 的 CreateScope。当我们构造好一个 IServiceProvider 容器时，其内部实际上已经注入了 IServiceScopeFactory，这一切在依赖注入内部实现了。下面的代码展示了接口 IServiceScopeFactory 的定义：

```
public interface IServiceScopeFactory
{
    IServiceScope CreateScope();
}
```

在前面展示 ServiceDescriptor 的定义中，其生命周期由枚举 ServiceLifetime 定义：

```
public enum ServiceLifetime
{
    Singleton,
    Scoped,
    Transient
}
```

这里的生命周期决定了当我们调用 GetService 来获取服务实例时的行为：

- Singleton 表示单例，容器只会给生命周期为 Singleton 的类型创建一次实例，后续获取实例时都会返回这个唯一的实例。Singleton 的服务只会由根容器创建，从子容器获取服务实例时会从根容器中查找。
- Scoped 表示范围，本质上是在作用域内的单例模式，在 IServiceScope 作用域内只给生命周期为 Scoped 的类型创建一次实例，后续在该作用域内都会获得同一实例。基于这个原则，根容器中的 Scoped 服务与 Singleton 服务是对等的。
- Transient 表示瞬时，是指每次通过容器获取对象都会创建一个新的实例，不论是在根容器中还是在子容器中。

图 3-3 展示了根容器、子容器与不同生命周期服务实例间的关系。

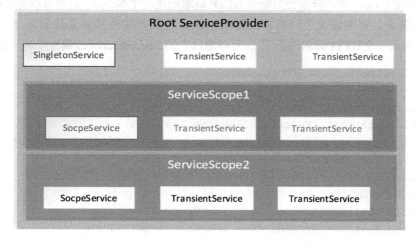

图 3-3

对于从根容器获得 Scoped 服务的情形，在 BuildServiceProvider 中可以使用 validateScopes 来决定行为：

- false，允许从根容器获取 Scoped 服务，行为与 Singleton 服务一致。
- true，不允许从根容器获取服务，如果尝试这样做，则抛出异常。

下面的代码展示了允许从容器获取 Scoped 服务的情形：

```
IServiceCollection services = new ServiceCollection();
services.AddScoped<IMyService, MyService>();

//设置不验证 Scope，则允许从根容器获取 Scoped 服务
IServiceProvider serviceProvider =
services.BuildServiceProvider(validateScopes: false);

var myservice = serviceProvider.GetService<IMyService>();
```

下面的代码展示了不允许从容器获取 Scoped 服务的情形：

```
IServiceCollection services = new ServiceCollection();
services.AddScoped<IMyService, MyService>();

//设置验证 Scope，则不允许从根容器获取 Scoped 服务
IServiceProvider serviceProvider =
services.BuildServiceProvider(validateScopes: true);

//下面的代码将会抛出 InvalidOperationException 异常
var myservice = serviceProvider.GetService<IMyService>();

//下面的代码不会抛出异常
var scope = serviceProvider.CreateScope();
var myservice = scope.ServiceProvider.GetService<IMyService>();
```

在 ASP.NET Core 中，框架会为每个 HTTP 请求创建一个 Scope，这样可以为不同的请求创建其需要的服务，避免请求之间的相互影响，例如将数据库连接对象注册为 Scoped。类型 HttpContext 表示一个 HTTP 请求的上下文，可以通过它的 RequestServices 属性来访问请求子容器：

```
public abstract class HttpContext
{
    public abstract ConnectionInfo Connection { get; }
    public abstract IFeatureCollection Features { get; }
    public abstract IDictionary<object, object> Items { get; set; }
    public abstract HttpRequest Request { get; }
    public abstract CancellationToken RequestAborted { get; set; }
    //请求子容器
    public abstract IServiceProvider RequestServices { get; set; }
    public abstract HttpResponse Response { get; }
    public abstract ISession Session { get; set; }
    public abstract string TraceIdentifier { get; set; }
    public abstract ClaimsPrincipal User { get; set; }
    public abstract WebSocketManager WebSockets { get; }
    public abstract void Abort();
}
```

3.2.7 IDisposable 与生命周期

C#是类型安全的语言，通常情况下无须关心对象的回收，由垃圾回收机制（GC）来负责回收那些不再使用的对象实例。但是垃圾回收机制回收对象并不是实时的，因此当对象使用了网络链接、线程、文件等资源时，就需要在使用完成后立即手动释放这些资源，以避免出现资源耗尽的情形。一般约定类型实现 IDisposable 接口来表示其使用了系统资源，需要在使用完成之后调用 Dispose 方法来主动释放资源。

依赖注入框架负责对象的创建，前面已经说过容器的生命周期与由其构造的对象的生命周期是一致的，因此依赖注入组件"恰好"具备了对由其创建的对象进行"释放"操作的时机，即容器或子容器释放之时。

在具体的实现上，依赖注入组件负责对实现了 IDisposable 接口类的实例的资源释放，其原则是容器（子容器）仅负责由其构造且实现了 IDisposable 实例的 Dispose 方法的调用，调用的时机是容器（子容器）本身释放之时。

表 3-1 列出了容器释放与实现了 IDisposable 的服务的生命周期的关系。

表3-1 容器释放与实现了IDisposable的服务的生命周期的关系

	释放根容器	释放子容器
Singleton	释放	不释放
Scoped	释放	释放
Transient	释放	释放

在 ASP.NET Core 框架中，每个请求作为一个 Scope 来处理，当请求结束时，请求子容器会被释放，因此由其创建的 IDisposable 服务也会被释放，注册的 Scoped 的服务（例如数据库连接）也会被释放，从而达到以下效果：以 HTTP 请求为生命周期来管理请求内使用的资源。

这里需要特别注意的是，根容器的生命周期与应用进程是相同的，也就是当应用程序退出时回收根容器，那么当服务同时满足下面的情形时会存在内存等资源持续占用的情形：

● 服务实现了 IDisposable 接口。

● 服务的生命周期为 Transient。

● 服务的实例从根容器获取。

这是因为每次从根容器获取服务时都会给生命周期为 Transient 的服务创建新实例，并且实现了 IDisposable，所以容器会负责管理这些实例的释放，从而造成持续不断的新实例的积累。由于根容器在程序退出时才会回收，因此这些实例会一直存在直到程序退出，在实际操作时需要避免上述情形的发生。

3.2.8 扩展接口 IServiceProviderFactory<TContainerBuilder>

依赖注入组件提供了对象的创建和基于 Scope 的生命周期管理的能力，能够满足大部分场景，但当需要额外的扩展能力时，如面向切面编程（AOP）、嵌套子容器、属性注入、基于名称的注入、基于约定的注入，就需要对依赖注入组件进行扩展。官方的策略是提供扩展接口

IServiceProviderFactory<TContainerBuilder>让我们以自定义方式来实现。其接口定义如下：

```
public interface IServiceProviderFactory<TContainerBuilder>
{
    TContainerBuilder CreateBuilder(IServiceCollection services);

    IServiceProvider CreateServiceProvider(TContainerBuilder
containerBuilder);
}
```

在上面的定义中，泛型类型参数 TContainerBuilder 表示自定义的容器构造器类型，CreateBuilder 方法实现了从 IServiceCollection 构造 TContainerBuilder 的能力，CreateServiceProvider 提供了从 TContainerBuilder 构造 IServiceProvider 的能力，最终应用程序通过接口 IServiceProvider 来获取服务，而无须进行修改，工作过程如图 3-4 所示。

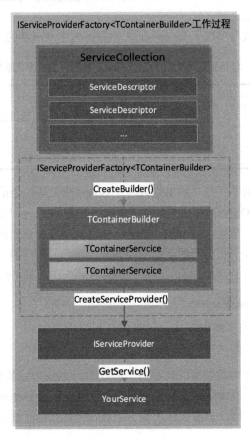

图 3-4

实际上，在开源社区已经有很多成熟的第三方依赖注入框架可供选择，如 Autofac、Unity、AspectCore（AspectCore 是由国人开发的优秀项目之一），它们分别提供了上面接口的实现并提供了对应的扩展包：

● Autofac.Extensions.DependencyInjection

- AspectCore.Extensions.DependencyInjection
- Unity.Microsoft.DependencyInjection

这些开源组件提供了详细的使用文档和示例代码，可以通过阅读它们的源码来了解其设计原理。这里以 AspectCore 组件为例来讲解如何集成第三方依赖注入组件。

首先在 Program 类的 CreateHostBuilder 中添加 UseServiceProviderFactory 方法的调用，AspectCore 提供了 ServiceContextProviderFactory 类来负责集成，其他的第三方组件也是类似的方式：

```
using AspectCore.Extensions.DependencyInjection;
public class Program
{
    public static void Main(string[] args)
    {
        CreateHostBuilder(args).Build().Run();
    }

    public static IHostBuilder CreateHostBuilder(string[] args) =>
        Host.CreateDefaultBuilder(args)
            //注册第三方组件
            .UseServiceProviderFactory(new ServiceContextProviderFactory())
            .ConfigureWebHostDefaults(webBuilder =>
            {
                webBuilder.UseStartup<Startup>();
            });
}
```

在 Startup 类中添加 ConfigureContainer 方法。该方法无返回值，入参为接口 IServiceContext，是 AspectCore 组件的服务注册上下文，可以在 ConfigureContainer 方法中注册服务：

```
using AspectCore.DependencyInjection;
public class Startup
{
    public void ConfigureServices(IServiceCollection services)
    {
        services.AddControllers();
    }

    public void ConfigureContainer(IServiceContext builder)
    {
        builder.AddType<IMyService, MyService>(Lifetime.Scoped);
    }

    public void Configure(IApplicationBuilder app, IWebHostEnvironment env)
    {
        //Some Code
    }
}
```

需要注意的是，在 ConfigureServices 方法中注册服务仍然是有效的，因此通常情况下可以通过 ConfigureServices 来注册服务，仅对需要高级功能的服务调用 ConfigureContainer 方法来注册。

另外，对于其他第三方组件需要修改 ConfigureContainer 方法的入参类型为组件提供的服务注册上下文类型。

3.2.9 在 Controller 中获取服务

在 ASP.NET Core 中 Controller 是定义 Web API 的核心方法，在 Controller 中获取服务有以下几种途径：

- 使用构造函数参数。
- 使用 HttpContext.RequestServices 属性。
- 使用 FromServicesAttribute 标注 Action 的入参。

这些方法的示例代码如下：

```
[ApiController]
[Route("[controller]")]
public class MyController : ControllerBase
{
    private readonly IMyService _myService;
    //构造函数注入
    public MyController(IMyService myService)
    {
        _myService = myService;
    }

    [HttpGet]
    public string Get([FromServices]IMyService myService2) //Action 入参注入
    {
        //通过 HttpContext.RequestServices 获取
        var myService3 =
this.HttpContext.RequestServices.GetService<IMyService>();
        var data1 = _myService.GetData();
        var data2 = myService2.GetData();
        var data3 = myService3.GetData();
        return "Ok";
    }
}
```

在实际的场景中，建议的做法是：当 Controller 的大部分 Action 都需要使用某个服务时，使用构造函数注入该服务；仅有个别 Action 需要使用某个服务时，使用 FromServicesAttribute 为具体的 Action 注入服务；尽量避免使用 HttpContext.RequestServices 来获取服务，这样会使类难以编写单元测试。

默认情况下，Controller 实例本身的构造是由 ASP.NET Core 框架来负责的，而不是由容器负责的,因此当使用第三方组件来扩展其他能力(如 AOP、属性注入等)时,对于 Controller 本身并不会生效。要使用容器来负责 Controller 的构造,需要在 Startup 类的 ConfigureServices 方法中加入 AddControllersAsServices 方法,具体代码如下:

```
public class Startup
{
    public void ConfigureServices(IServiceCollection services)
    {
        services.AddControllers().AddControllersAsServices();
    }
}
```

3.3　配置组件

当我们需要将程序发布到不同环境中时,需要让应用支持配置,以在运行时执行不同的逻辑,例如连接不同环境的数据库、日志的级别开关等。本质上,配置是一种运行时对应用程序行为进行控制的手段。

ASP.NET Core 通过提供全新的配置组件来提供配置的读取能力,既支持将环境变量、命令行参数、内存字典作为配置数据源,也支持以多种文件格式作为配置数据源,同时提供了轻量级的扩展接口,我们可以非常轻松地定义自己的配置数据源,例如从数据库中读取配置。另外,配置组件还支持配置变更通知。当配置数据源发生变更时,应用程序可以收到变更通知,以触发应对逻辑,这是实现配置热更新的必要核心能力。

需要注意的是,配置组件的核心能力是从各种数据源读取并格式化为 Key-Value(键-值)结构。它解决的是配置值的组织,具体如何使用这些值,一般建议通过选项框架来设计,将配置值注入服务类中,而不是在服务类内部使用配置框架来读取配置值。

3.3.1　配置组件的构造过程

配置组件的核心部分包含在下面两个组件包中,与依赖注入组件的模式一样,都是接口实现分离的模式:

```
Microsoft.Extensions.Configuration.Abstractions
Microsoft.Extensions.Configuration
```

其中核心的类型接口有:

● IConfigurationBuilder,表示配置对象构造者,负责 IConfigurationRoot 的构造。

● IConfigurationSource,表示一个配置数据源。

● IConfigurationProvider,表示配置提供程序,负责从数据源读取配置数据并转换为 Key-Value 结构。

● IConfiguration,表示配置对象,抽象为一个 Key-Value 结构。

● IConfigurationRoot,表示配置对象的根,继承自 IConfiguration。

● IConfigurationSection，表示配置对象的一个节点，继承自 IConfiguration。

图 3-5 展示了配置组件的整个构造过程。

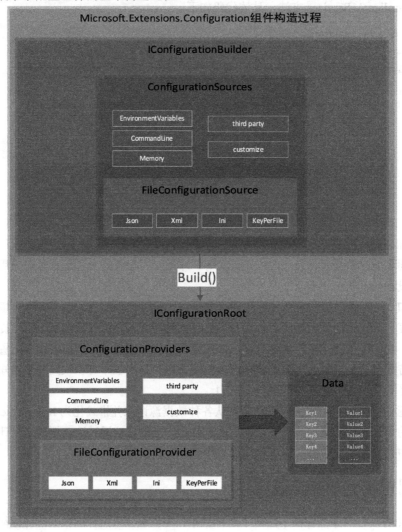

图 3-5

整个过程如下：

● 创建 IConfigurationBuilder。
● 向 Builder 中添加各种配置源（ConfigurationSource）。
● 通过 Build 方法构建 IConfigurationRoot 对象，其内部过程如下：
  ✧ 由 ConfigurationSource 的 Build 方法创建对应的 ConfigurationProvider。
  ✧ 将 ConfigurationProvider 存储在 ConfigurationRoot 中。

下面的代码展示了这个过程，这里注册了一个内存字典数据源，实际上可以在这里注册任意的配置数据源：

```
IConfigurationBuilder builder = new ConfigurationBuilder();
builder.Add(new MemoryConfigurationSource());
//添加更多的配置源
IConfigurationRoot root = builder.Build();
```

图 3-6 展示了 ASP.NET Core 中配置的加载顺序，其中预留了 ConfigureHostConfiguration 和 ConfigureAppConfiguration 作为配置扩展点，可以在对应的位置注入配置。

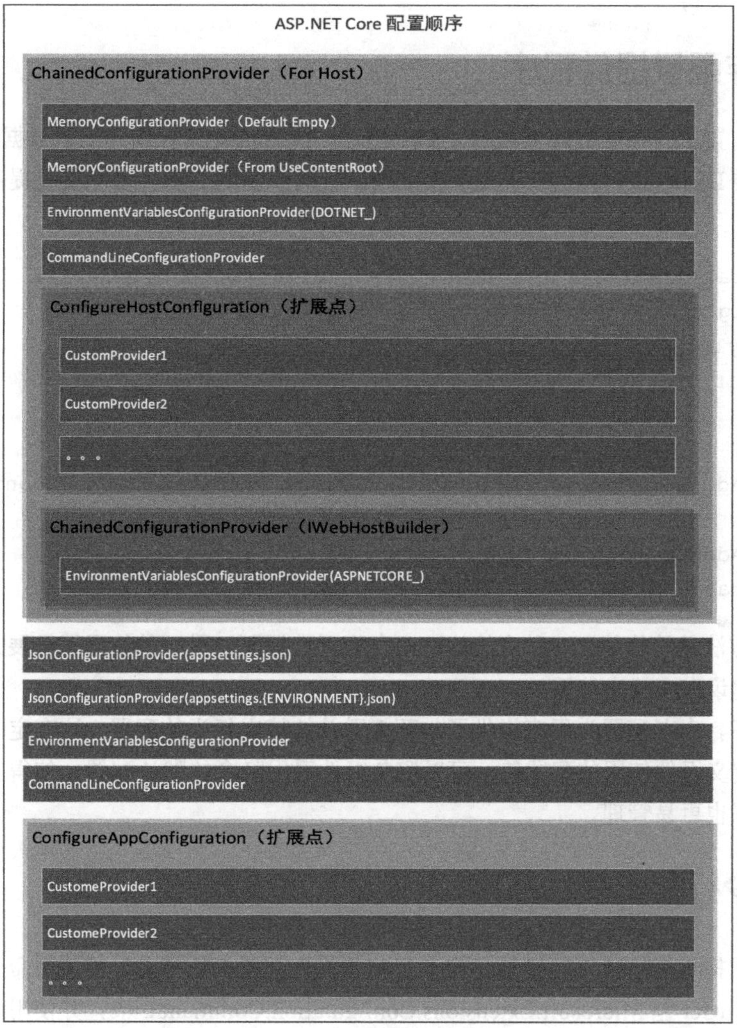

图 3-6

下列代码展示了 ASP.NET Core 中注入配置的示例 Program.cs：

```
public static IHostBuilder CreateHostBuilder(string[] args) =>
    Host.CreateDefaultBuilder(args)
        .ConfigureHostConfiguration(builder =>
        {
            builder.AddJsonFile("myhostconfig.json"); //注入 json 配置文件
        })
```

```
.ConfigureAppConfiguration(builder =>
{
    builder.AddJsonFile("myappsettings.json");//注入 json 配置文件
})
.ConfigureWebHostDefaults(webBuilder =>
{
    webBuilder.UseStartup<Startup>();
});
```

3.3.2　内存配置提供程序

配置组件内置了内存配置提供程序，可以定义一个键-值对集合作为配置数据源。通常情况下可以使用字典类 Dictionary<string, string>来处理。下面的示例展示了内存配置提供程序的配置方式：

```
IConfigurationBuilder builder = new ConfigurationBuilder();
var configData = new Dictionary<string, string>() {
    { "key1 ","v1"},
    { "section1:aaa","v2"}
};
//方法一
builder.Add(new MemoryConfigurationSource { InitialData = configData });
//方法二
builder.AddInMemoryCollection(configData);
IConfigurationRoot root = builder.Build();
```

上面两种方法是等价的，一种直接构造内存配置数据源，另一种使用了扩展方法。扩展方法被广泛使用，建议在实战中使用。

通常情况下，内存配置为程序提供了与环境无关的特定行为的配置，这在定义应用程序时非常有用。明确定义组件使用的配置值，可以避免组件采用隐含的默认配置，使得应用程序的行为更为明确，代码也更易管理。

3.3.3　命令行配置提供程序

命令行配置提供程序可以轻松地将命令行参数作为配置的数据源。要使用命令行配置提供程序，需要安装 NuGet 包 Microsoft.Extensions.Configuration.CommandLine，并使用如下代码将其注册到 IConfigurationBuilder 中。

```
static void Main(string[] args)
{
    IConfigurationBuilder builder = new ConfigurationBuilder();
    builder.AddCommandLine(args); //添加命令行配置提供程序
IConfigurationRoot root = builder.Build();
}
```

需要注意的是，我们要将 Main 函数接收到的命令行参数 args 传递给提供程序，这样就可以在配置中读取应用程序启动命令传递进来的参数。

为了确保命令行参数映射为正确的 Key-Value 结构，命令行参数需要遵循如下规则：

- Key 和 Value 之间可以用等号 "=" 连接。
- Key 和 Value 之间使用空格隔开时，Key 必须使用 "--" 或者单斜杠 "/" 作为前缀。

下面的示例展示了有效的命令：

```
Key1=value1  --key2=value2  --key3 value3  /key4=value4  /key5 value5
```

下面的命令无法正确解析：

```
Key1 value1  Key2 value2
```

通常情况下，支持命令行的工具都会为常用的命令提供别名，例如下面是 dotnet 命令行工具的部分命令：

```
sdk-options:
  -d|--diagnostics    //启用诊断输出
  -h|--help           //显示命令行帮助
  --info              //显示 .NET Core 信息
  --list-runtimes     //显示安装的运行时库
  --list-sdks         //显示安装的 SDK
  --version           //显示使用中的 .NET Core SDK 版本
```

可以看到-h 和--help 是同一命令的不同名称，命令行配置提供程序提供了 switchMappings 功能，我们可以为命名的 Key 指定别名。在定义 switchMappings 时，需要遵循下面的规则：

- 映射字典的 Key 必须以 "-" 或 "--" 开头。
- 映射字典的 Key 不能重复。

下面是配置映射字典的代码：

```
static void Main(string[] args)
{
    IConfigurationBuilder builder = new ConfigurationBuilder();
    var switchMappings = new Dictionary<string, string>
    {
        { "-k1","key1"},
        { "-k2","key2"},
        { "-k3","key2"}
    };
builder.AddCommandLine(args, switchMappings);
IConfigurationRoot root = builder.Build();
    var key2 = root["key2"];
}
```

当我们在工程目录中执行下面的命令时，可以得到相同 key2 的值 "abc"：

```
dotnet run key2=abc
dotnet run --key2 abc
```

```
dotnet run -k2 abc
dotnet run -k3 abc
```

从上面的示例可知，为 key2 指定了多个别名并且都生效了，因此借助命令行配置提供程序可以完成以下工作：

● 从命令行接收参数并转化为 Key-Value 对。

● 为同一命令指定一个或多个别名。

命令行配置提供程序在开发自定义的命令行工具时非常有用，它可以灵活地定义工具的命令参数名称，并且无须在应用程序功能类的内部考虑命令映射关系。在上面的示例中，读取配置的代码只需关注 key2 即可，无须关心别名是什么。

3.3.4 环境变量配置提供程序

在容器化流行的当下，尤其是 Kubernetes 中，环境变量被广泛使用，这得益于容器的环境隔离能力，使得应用程序运行环境相互独立。使用环境变量作为配置数据源是一个不错的做法。环境变量配置提供程序提供了从环境变量读取配置的能力，因此可以非常轻松地适配容器化环境。

环境变量配置提供程序由包 Microsoft.Extensions.Configuration.EnvironmentVariables 提供，其核心能力可以概括为：

● 支持仅加载特定前缀的环境变量，在加载时前缀会从 Key 中去除。

● 对于不支持 ":" 的系统，可以使用双下划线 "__" 表示配置段的分层键。

● 双下划线 "__" 在加载后会被替换为 ":"。

下面的代码展示了环境变量配置提供程序的使用过程，AddEnvironmentVariables 方法提供了多个重载。当使用无参数重载时，会加载当前系统所有环节的变量，这里使用了指定前缀的重载：

```
IConfigurationBuilder builder = new ConfigurationBuilder();
builder.AddEnvironmentVariables("MyEnv_");  //加载 MyEnv_前缀的配置
IConfigurationRoot root = builder.Build();
Console.WriteLine($"Key1:{ root["Key1"]}");
Console.WriteLine($"Section1:Key1:{ root ["Section1:Key1"]}");
Console.WriteLine($"Key1 in
Section1:{ root.GetSection("Section1")["Key1"]}");
Console.WriteLine($"MyEnv_Key1:{ root["MyEnv_Key1"]}");
Console.WriteLine($"MyEnv_Section1:Key1:{ root["MyEnv_Section1:Key1"]}");
```

在命令行中执行下面的命令：

```
set Key1="Value1"
set Section1__Key1=Value11
set MyEnv_Key1="MyEnv Value1"
set MyEnv_Section1__Key1="MyEnv Value11"
dotnet run
```

会得到如下输出：

```
Key1:MyEnv Value1
Section1:Key1:MyEnv Value11
Key1 in Section1:MyEnv Value11
MyEnv_Key1:
MyEnv_Section1:Key1:
```

从输出的值可以看出配置程序加载了 MyEnv_Key1 和 MyEnv_Section1__Key1，并且移除了前缀"MyEnv_"，同时将双下划线"__"替换为":"作为配置段的分层键，因此实际上加载后的结构如下：

```
Key1="MyEnv Value1"
Section1:Key1="MyEnv Value11"
```

在 ASP.NET Core 中，默认情况下程序会加载"DOTNET_"和"ASPNETCORE_"前缀作为主机和应用的配置。

3.3.5 文件配置提供程序

ASP.NET Core 内置了 3 种格式的配置文件，分别是 json、xml、ini，可以通过 AddJsonFile、AddXmlFile、AddIniFile 来注入对应格式的文件，这些注入方法有 4 个主要的参数：

- path: 表示配置文件的路径，默认情况下相对于应用程序的运行目录。
- optional: 表示文件是否为可选项。如果指定为 true，则忽略文件不存在的情形；如果指定为 false，则检测到文件不存在时抛出异常。默认为 false。
- reloadOnChange: 表示在文件发生变化时是否重新加载，true 表示重新加载变更后的文件，false 表示不重新加载，默认为 false。
- provider: 表示读取文件的文件提供程序，不传入则表示使用默认的文件提供程序。

此外，框架还提供了 AddJsonStream、AddXmlStream、AddIniStream 三种方法，可以直接注入文件流。

下面的代码演示了这些方法的使用方式：

```
public static IHostBuilder CreateHostBuilder(string[] args) =>
    Host.CreateDefaultBuilder(args)
        .ConfigureAppConfiguration(builder =>
        {
            //添加 json 配置
            builder.AddJsonFile(path: "cfg.json", optional: true,
reloadOnChange: true);
            //builder.AddJsonStream(stream: jsonStream); //从文件流读配置

            //添加 xml 配置
            builder.AddXmlFile(path: "cfg.xml", optional: true, reloadOnChange:
true);
            //builder.AddXmlStream(stream: xmlStream); //从文件流读配置
```

```
        //添加 ini 配置
        builder.AddIniFile(path: "cfg.ini", optional: true, reloadOnChange:
true);
        //builder.AddIniStream(stream: iniStream); //从文件流读配置
    })
    .ConfigureWebHostDefaults(webBuilder =>
    {
        webBuilder.UseStartup<Startup>();
    });
```

下面展示了这 3 种文件配置的格式：

json 格式配置：

```json
{
    "Key1": "Value1",
    "Key2": {
        "Title": "Title",
        "Name": "Xiaozhang"
    },
        "Logging": {
        "LogLevel": {
            "Default": "Information",
            "Microsoft": "Warning",
            "Microsoft.Hosting.Lifetime": "Information"
        }
    },
    "Logging": {
        "LogLevel": {
            "Default": "Information",
            "Microsoft": "Warning",
            "Microsoft.Hosting.Lifetime": "Information"
        }
    },
    "AllowedHosts": "*"
}
```

ini 格式配置：

```ini
Key1="Value1"

[Key2]
Title="title"
Name="name"

[Logging:LogLevel]
Default=Information
Microsoft=Warning
```

xml 格式配置：

```xml
<?xml version="1.0" encoding="utf-8" ?>
<configuration>
  <Key1>Value1</Key1>
  <Key2>
    <Title>Title</Title>
    <Name>Name</Name>
  </Key2>
  <Logging>
    <LogLevel>
      <Default>Information</Default>
      <Microsoft>Warning</Microsoft>
    </LogLevel>
  </Logging>
</configuration>
```

3.3.6　Key-per-file 配置提供程序

Key-per-file 配置提供程序可将文件内容整体加载为配置值，可以实现的功能如下：

- 将指定目录下的文件加载到配置程序中。
- 以文件名作为配置的 Key 值。
- 以文件内容作为配置的 Value 值。

通过 AddKeyPerFile 方法可以加载指定目录的文件，它有两个参数：

- directoryPath：表示要加载的目录，必须是绝对路径。
- optional：表示目录是否可选。true 表示可选，目录不存在时则忽略；false 表示必选，目录不存在时则抛出异常。

下面为加载 Key-per-file 配置提供程序的示例代码：

```csharp
public static IHostBuilder CreateHostBuilder(string[] args) =>
    Host.CreateDefaultBuilder(args)
        .ConfigureAppConfiguration(builder =>
        {
            //加载 Key-per-file
            var filedir = Path.Combine(Directory.GetCurrentDirectory(),
"cfgdir");
            builder.AddKeyPerFile(directoryPath: filedir, optional: false);
        })
        .ConfigureWebHostDefaults(webBuilder =>
        {
            webBuilder.UseStartup<Startup>();
        });
```

3.3.7 使用 IConfiguration 读取配置

配置组件将配置抽象为一个键-值对集合，由接口 IConfiguration 表示配置对象，其定义如下：

```
public interface IConfiguration
{
    string this[string key] { get; set; }
    IConfigurationSection GetSection(string key);
    IEnumerable<IConfigurationSection> GetChildren();
    IChangeToken GetReloadToken();
}
```

IConfiguration 提供了如下功能：

- 通过 Key 来获取配置值。
- 通过 Key 来获取配置段。
- 获取其所有的子节点。
- 获取监听配置变更的 IChangeToken。

前面讲过通过 IConfigurationBuilder 可以构造一个 IConfigurationRoot，通过观察接口定义可以看到 IConfigurationRoot 继承自 IConfiguration，因此 IConfigurationRoot 也表示配置集合，同时代表配置的根节点：

```
public interface IConfigurationRoot : IConfiguration
{
    IEnumerable<IConfigurationProvider> Providers { get; }
    void Reload();
}
```

IConfigurationRoot 在 IConfiguration 提供的功能基础上有两个额外的功能：

- 获取所有注册的配置提供程序实例。
- 重新从配置源加载配置。

从接口 IConfiguration 的定义中可以看到 IConfigurationSection 接口，它表示一个配置段，同时继承了 IConfiguration 接口，因此 IConfigurationSection 可以表示一组配置的集合：

```
public interface IConfigurationSection : IConfiguration
{
    string Key { get; }
    string Path { get; }
    string Value { get; set; }
}
```

要理解配置段的概念，先观察下面一段典型的 json 配置：

```
{
  "key0": "value0",
```

```
  "key1": "value1",
"section0": {
   "key0": "value00",
   "key1": "value01"
 },
 "section1": {
   "key0": "value10",
   "key1": "value11"
 },
 "section2": {
   "subsection0": {
     "key0": "value200",
     "key1": "value201"
   },
   "subsection1": {
     "key0": "value210",
     "key1": "value211"
   }
 }
}
```

从上面的配置中可以明显看出 section0、section1、subsection0、subsection1 都是一组 Key-Value 的集合,它们都是有意义的配置段。不过,在配置组件中,通过任意有效的 Key 都可以获得配置段,因此通过 key0 也可以获得配置段,但无法将其解析为有效的 Key-Value 集合,下面为获取配置段及其值的示例代码:

```
IConfigurationBuilder builder = new ConfigurationBuilder();
builder.AddJsonFile("section.json");
IConfigurationRoot root = builder.Build();

//Key: key0  , Path: key0 , Value: value0
var sectionKey0 = root.GetSection("key0");

//Key: section0  , Path: section0 , Value: null
var section0 = root.GetSection("section0");

//Key: section1  , Path: section1 , Value: null
var section1 = root.GetSection("section1");

//Key: section2  , Path: section2 , Value: null
var section2 = root.GetSection("section2");

//Key: subsection0  , Path: section2:subsection0 , Value: null
var subsection0 = section2.GetSection("subsection0");   //从父节点获取配置段

//Key: subsection1  , Path: section2:subsection1 , Value: null
var subsection1 = root.GetSection("section2:subsection1"); //从根节点获取配置段
```

```
//Key: key0  , Path: section2:subsection1:key0 , Value: value210
var subsectionKey0 = root.GetSection("section2:subsection1:key0");
```

这样就可以理解 IConfigurationSection 字段的含义了：

- Key：表示当前段在其父节点中对应的 Key。
- Path：表示当前段在整个配置中的完整路径，父、子节点之间用 ":" 隔开。
- Value：表示当前段的值，如果是 Key-Value 集合，则为 null。

在配置段中读取配置时，只需要使用配置段中的 Key 即可。下面的代码展示了分别从配置根和配置段读取配置值的方法：

```
var section2 = root.GetSection("section2");
var subsection0 = root.GetSection("section2:subsection0");
var value1 = subsection0["key0"]; // value200
var value2 = section2["subsection0:key0"]; //value200
var value3 = root["section2:subsection0:key0"]; // value200
```

在上面的示例中，value1、value2、value3 的值都是 "value200"，也就是说查找配置值时传入的 Key 是相对于 Section 的，这样就可以将配置按模块分组，配置段之间形成隔离，不同组件也仅仅关心其在配置段内部的 Key 是什么，无须关心配置段本身的 Key 和 Path。

3.3.8　使用强类型接收配置

在实际的设计场景中，组件在使用配置时倾向于将程序的配置对象设计为强类型的，例如：

```
public class MyConfig
  {
      public string Name { get; set; }
      public int MinAge { get; set; }
      public string Title { get; private set; }
  }
```

配置框架提供了 Bind 扩展方法，让用户可以将配置的值绑定给强类型的实例。下面的实例展示了该如何使用 Bind 扩展方法：

appsettings.json 文件：

```
{
  "Logging": {
    "LogLevel": {
      "Default": "Information",
    }
  },
  "AllowedHosts": "*",
  "myconfig": {
    "Name": "value1",
    "MinAge": 50,
```

```
      "Title": "value5"
   }
}
```

Startup.cs 文件：

```
public class Startup
   {
      public Startup(IConfiguration configuration)
      {
         Configuration = configuration;
      }
      public IConfiguration Configuration { get; }
      public void ConfigureServices(IServiceCollection services)
      {
         //将 Section "myconfig" 绑定到 myconfig 实例上
         var myconfig = new MyConfig();
         Configuration.Bind("myconfig", myconfig);
         …
      }
      public void Configure(IApplicationBuilder app, IWebHostEnvironment
env)
      {
         …
      }
   }
```

Bind 方法有 3 个重载。

- 直接将当前配置绑定给对象实例，其参数解释如下：
    - ✧ Instance: 表示接收配置值的对象实例。
- 指定 Section 名称并绑定，其参数解释如下：
    - ✧ Key: 表示配置段 Section 的键。
    - ✧ Instance: 表示接收配置值的对象实例。
- 传入绑定配置的设置委托，并将配置值绑定到实例，其参数解释如下：
    - ✧ Instance: 表示接收配置值的对象实例。
    - ✧ configureOptions: 表示绑定配置设置委托，这里可以设置是否为 Instance 绑定私有属性，默认为 false。

下面的代码展示了绑定私有属性的方法：

```
//将 Section "myconfig" 绑定到 myconfig 实例上
var myconfig = new MyConfig();
var section = Configuration.GetSection("myconfig");
section.Bind(myconfig, option => option.BindNonPublicProperties = true);
```

通过上面的代码，MyConfig 的 Title 属性会被赋值。

此外，Bind 组件还提供了更便捷的 Get<T>扩展方法，无须手动构造 MyConfig 的实例。下列代码与上面的示例是等效的：

```
//将 Section "myconfig" 绑定到 myconfig 实例上
var section = Configuration.GetSection("myconfig");
var myconfig = section.Get<MyConfig>(option =>
option.BindNonPublicProperties = true);;
```

3.4 选项组件

上节讲到通常建议为不同的服务、组件定义自己专属的配置对象，也可以叫作选项类，这种设计模式称为选项模式。使用选项模式可以得到如下好处：

- 符合接口分离原则（ISP）、封装原则，服务、组件仅依赖其用到的配置，而不是整个配置，如 IConfiguration 对象，它代表了整个应用加载的所有配置，在类中依赖它意味着依赖了整个配置，不符合封装原则。
- 符合关注点分离原则，为服务、组件分别定义选项类，它们之间不相互依赖，确保了组件的独立性。

上节讲到可以使用 Bind 扩展方法将配置值绑定给强类型的配置对象，选项组件可以让用户更便捷地使用强类型配置对象来实现配置读取、配置变更跟踪、配置验证等功能。

选项组件主要包含在下列组件包（ASP.NET Core 框架已经默认包含了它们）中：

```
Microsoft.Extensions.Options
Microsoft.Extensions.Options.ConfigurationExtensions
Microsoft.Extensions.Options.DataAnnotations
```

3.4.1 选项的注入与使用

选项框架提供了一组 Configure<TOptions>扩展方法来注入选项类，可以将配置段 Section 传入并与其绑定，其中选项类满足下面的条件：

- 必须是非抽象类。
- 必须包含无参数的 Public 的构造函数。
- 默认绑定所有 Public 设置了 Get、Set 属性，可以通过设置支持 Private 的 Set 属性。
- 不会绑定字段。

下面是一个选项类的实例 MyOption.cs：

```
public class MyOption
    {
        public string Name { get; set; }
        public int MinAge { get; set; }
        public string Title { get; set; }
```

```
    }
```

下面代码在 Startup.cs 文件的 ConfigureServices 方法中通过扩展方法 Configure<TOptions>注入 MyOption 和 MyService：

```
public class Startup
    {
        public Startup(IConfiguration configuration)
        {
            Configuration = configuration;
        }

        public IConfiguration Configuration { get; }
        public void ConfigureServices(IServiceCollection services)
        {
            //注入 MyOption 选项类
            services.Configure<MyOption>(Configuration.GetSection
("myOption"));
            //或者使用下面的代码
            //注入并设置允许绑定私有属性
            services.Configure<MyOption>(Configuration.GetSection
("myOption"), binder =>
            {
                binder.BindNonPublicProperties = true;
            });
            //注入 MyService
            services.AddSingleton<MyService>();

            services.AddControllersWithViews();
        }
        public void Configure(IApplicationBuilder app, IWebHostEnvironment
env)
        {
                //…
        }
    }
```

下面是一个 MyService 的典型定义，通过构造函数参数将 MyOption 注入给 MyService，这里需要注意的是使用了 IOptions<MyOption>接口：

```
public class MyService
    {
        IOptions<MyOption> _options;
        public MyService(IOptions<MyOption> options)
        {
            _options = options;
        }
        //其他代码
```

```
    }
```

通过上面的步骤，就完成了选项类 MyOption 到服务类 MyService 的注入。这里使用了接口 IOptions<out TOptions>，实际上选项框架提供了多个 Options 接口供选择：

- IOptions<out TOptions>:
  - ✧ 它的生命周期为单例模式，可以注入任意生命周期的服务中。
  - ✧ 不支持配置变更跟踪。
  - ✧ 不支持命名选项。
  - ✧ 适用场景：仅初始化时一次读取，不关心配置变化的服务。
- IOptionsSnapshot<TOptions>:
  - ✧ 它的生命周期为 Scope 模式，可以注入生命周期为 Scope 的服务中。
  - ✧ 每个 Scope 都会重新计算选项值，因此可以读到最新的配置值。
  - ✧ 支持命名选项。
  - ✧ 适用场景：生命周期为 Scope 且期望在配置变更后使用新值的服务。
- IOptionsMonitor<TOptions>:
  - ✧ 它的生命周期为单例，可以注入任意生命周期的服务中。
  - ✧ 它提供了配置变更通知的能力。
  - ✧ 支持命名选项。
  - ✧ 适用场景：生命周期为单例，并且关心配置变更的服务。

下面的代码展示了如何使用 IOptionsMonitor<TOptions>跟踪配置变化：

```csharp
public class MyService2
    {
        IOptionsMonitor<MyOption> _options;
        public MyService2(IOptionsMonitor<MyOption> options)
        {
            _options = options;
            _options.OnChange(option =>
            {
                Console.WriteLine("配置变化了");
            });
        }
    }
```

3.4.2　使用命名选项

当我们需要在应用中对同一选项类的不同实例配置不同的值时，可以使用命名选项。在使用 Configure<TOptions>时传入 name 参数，为不同的配置实例指定名称，同时注入各自的配置段，例如使用下面的配置文件：

```
{
  "Logging": {
    "LogLevel": {
```

```
      "Default": "Information"
    }
  },
  "AllowedHosts": "*",
  "myOption": {
    "Name": "value1",
    "MinAge": 50,
    "Title": "value6"
  },
  "myOption2": {
    "Name": "value1V2",
    "MinAge": 80,
    "Title": "value6V2"
  }
}
```

Startup.cs 文件的 ConfigureServices 方法中的代码修改如下：

```
//默认配置使用 Section myOption
services.Configure<MyOption>(Configuration.GetSection("myOption"));
//名称为 myOption2 的配置使用 Section myOption2
services.Configure<MyOption>("myOption2", Configuration.GetSection
("myOption2"));
```

修改 MyService2.cs 如下，通过 OptionsMonitor<TOptions> 的 Get 方法来读取命名选项类实例：

```
public class MyService2
    {
        IOptionsMonitor<MyOption> _options;
        public MyService2(IOptionsMonitor<MyOption> options)
        {
            _options = options;

            //默认配置
            var option = _options.CurrentValue;
            //读取命名配置
            var namedOption = _options.Get("myOption2");

            _options.OnChange(option =>
            {
                Console.WriteLine("配置变化了");
            });
        }
    }
```

需要注意的是，在选项框架的内部实现上，实际上所有的选项都是命名选项，默认的名称为 string.Empty，它与 null 是有区别的。当指定名称为 null 时，表示对选项的设置将作用到所有命名选项上，包括名为默认的 string.Empty 的选项。选项框架提供 ConfigureAll 方法来为所有的命名选项注入统一的配置逻辑，下面的代码会将所有 **MyOption** 实例的 **MinAge** 设置为 1：

```
//默认配置使用 Section myOption
services.Configure<MyOption>(Configuration.GetSection("myOption"));
//名称为 myOption2 的配置使用 Section myOption2
services.Configure<MyOption>("myOption2",
Configuration.GetSection("myOption2"));

services.ConfigureAll<MyOption>(option => {
option.MinAge = 1;  //将所有 MyOption 实例的 MinAge 设置为 1
});
```

3.4.3 验证选项

在需要对选项类值的有效性进行验证的情况下，可以借助选项框架的验证功能来实现选项值的验证。注入验证逻辑有 3 种方式：

- 通过 **DataAnnotations**。
- 通过验证委托。
- 通过实现 **IValidateOptions** 接口。

下面的代码展示了 3 种验证的注入方式：

```
public class Startup
    {
        public Startup(IConfiguration configuration)
        {
            Configuration = configuration;
        }

        public IConfiguration Configuration { get; }
        public void ConfigureServices(IServiceCollection services)
        {
            services.AddOptions<MyOption>()
                .Bind(Configuration.GetSection("myOption"))
                .ValidateDataAnnotations()  //启用 DataAnnotations 验证
                .Validate(option =>          //启用委托验证
                {
                    return option.MinAge >= 0;
                }, "MinAge 不能小于 0");

            //启用 IValidateOptions 验证
            services.AddSingleton<IValidateOptions<MyOption>,
MyOptionValidation>();


    //其他代码
        }
        public void Configure(IApplicationBuilder app, IWebHostEnvironment env)
        {
                //…
        }
```

```
    }
```

要使 DataAnnotations 方式生效，则需要为选项类添加验证注解，例如 MyOption.cs：

```
public class MyOption
    {
        public string Name { get; set; }
        [Range(0, int.MaxValue, ErrorMessage = "MinAge 不能小于 0")]
        public int MinAge { get; set; }
        public string Title { get; set; }
    }
```

使用 IValidateOptions<MyOption>验证方式，可以参照下面 MyOptionValidation.cs 的实现方式：

```
public class MyOptionValidation : IValidateOptions<MyOption>
    {
        public ValidateOptionsResult Validate(string name, MyOption options)
        {
            if (options.MinAge < 0)
            {
                return ValidateOptionsResult.Fail("MinAge 不能小于 0");
            }
            return ValidateOptionsResult.Success;
        }
    }
```

3.4.4 选项后期配置

当需要在将配置值绑定到选项类后再次设置选项类的值时，可以使用 PostConfigure 扩展方法类注入设置逻辑。下面是 Startup.cs 中 ConfigureServices 方法内的代码片段：

```
//默认配置使用 Section myOption
services.Configure<MyOption>(Configuration.GetSection("myOption"));
//名称为 myOption2 的配置使用 Section myOption2
services.Configure<MyOption>("myOption2",
Configuration.GetSection("myOption2"));

services.PostConfigure<MyOption>(option =>
{
        option.MinAge += 1; //为最小年龄加 1
 });

services.PostConfigure<MyOption>("myOption2", option =>
{
        option.MinAge += 2;  //为 myOption2 的 MinAge 加 2
});
```

通过上面的代码，最终得到的默认 MyOption 的 MinAge 会在配置值的基础上加 1，名为 myOption2 的选项实例会在配置段 myOption2 的配置值基础上加 2。

与 ConfigureAll 方法相对应，框架提供了 PostConfigureAll 方法，在配置绑定后为泛型参数中指定的选项类的所有命名实例注入设置逻辑。下面的示例将为所有 MyOption 的 MinAge 加 5：

```
//默认配置使用 Section myOption
services.Configure<MyOption>(Configuration.GetSection("myOption"));
//名称为 myOption2 的配置使用 Section myOption2
services.Configure<MyOption>("myOption2",
Configuration.GetSection("myOption2"));

services.PostConfigureAll<MyOption>(option =>
{
        option.MinAge += 5; //为最小年龄加 5
});
```

3.5 中　间　件

在 ASP.NET Core 中，处理请求和响应是一个管道模型，中间件表示这个管道模型中的处理环节。图 3-7 展示了一个从发起请求到获取响应的过程。

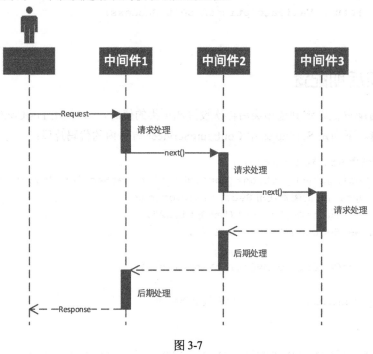

图 3-7

通过图 3-7 可以看出，中间件是按照注册顺序工作的，先注册的中间件先执行，然后通过 next 方法调用后续中间件，后续中间件执行完毕后，回到先前的中间件中，最终完成响应。本质上，中间件是一组委托 Microsoft.AspNetCore.Http.RequestDelegate 所组成的，具体定义如下：

```
public delegate Task RequestDelegate(HttpContext context);
```

这里可以看到中间件就是对 HttpContext 的处理函数，通过将一组包含不同功能的中间件进行串联，就得到完整的 HTTP 请求处理和响应输出的功能。

实质上中间件具备如下功能：

- 对 HttpContext 进行处理，然后交给后续中间件处理，如路由中间件。
- 对 HttpContext 进行处理，然后返回给上游中间件，如 MVC 中间件。

3.5.1 注册中间件

ASP.NET Core 框架提供了多种方法来实现不同方式的注册：

- Use：以委托的方式注册中间件。
- UseMiddleware<T>：以类型的方式注册中间件，T 表示中间件的类型。
- Map：将特定的请求地址（path）与中间件绑定，即 path 匹配时执行该中间件。
- MapWhen：定义一个逻辑判断委托，当判断为 true 时执行指定的中间件。
- Run：表示一个断路的中间件，是执行并返回给上游的中间件，无后续中间件。

使用这些方法的示例代码如下：

```
public void Configure(IApplicationBuilder app, IWebHostEnvironment env)
    {

        app.Use(async (context, next) =>
        {
            //中间件的处理逻辑
            context.Item["key1"] = "now";
            await next(); //交给后续的中间件进行处理

            //后续中间件处理完成后的后期处理
            if (context.Response.HasStarted)
            {
                //一旦已经开始输出，就不能再修改响应头的内容
            }
            await context.Response.WriteAsync("Hello2");
        });


        app.Map("/abc", abcBuilder =>
        {
            abcBuilder.Use(async (context, next) =>
            {
                await next();
                await context.Response.WriteAsync("Hello2");
            });
        });
```

```
app.MapWhen(context =>
{
    return context.Request.Query.Keys.Contains("abc");
}, builder =>
{
    builder.Run(async context =>
    {
        //这里进行处理，无后续中间件
        await context.Response.WriteAsync("new abc");
    });

});
}
```

要使用 UseMiddleware<T>，需要使用符合中间件的类型，该方法没有使用泛型类型约束来约束 T，而是使用了约定的方式。中间件类型需要符合下面的条件：

● 具有包含 RequestDelegate 作为参数的公有构造函数。

● 具有 Invoke 或 InvokeAsync 方法，至少有一个入参，并且第一个入参类型必须是 HttpContext，其返回值必须是 Task。

下面展示一个简单的中间件类型的定义：

```
class MyMiddleware
    {
        RequestDelegate _next;
        ILogger _logger;
        public MyMiddleware(RequestDelegate next, ILogger<MyMiddleware>
logger)
        {
            _next = next;
            _logger = logger;
        }

        public async Task InvokeAsync(HttpContext context)
        {
            using (_logger.BeginScope("TraceIdentifier:{TraceIdentifier}",
context.TraceIdentifier))
            {
                _logger.LogDebug("开始执行");

                await _next(context);

                _logger.LogDebug("执行结束");
            }
        }
```

```
    }
```

　　需要注意的是，中间件类型的构造函数以及 InvokeAsync 方法的参数值是由容器负责注入的，因此需要确保入参类型已经被注册到容器中。

　　下面的代码展示如何注册自定义的中间件到请求处理管道（同样是在 Startup.cs 的 Configure 方法中注册）：

```
public void Configure(IApplicationBuilder app, IWebHostEnvironment env)
    {
        app.UseMiddleware<MyMiddleware>();
    }
```

3.5.2　常用的内置中间件

　　ASP.NET Core 关于 HTTP 处理的核心功能都是以中间件的形式提供的，内置了很多中间件，这里列举一些常用的：

- 异常处理中间件：负责请求管道错误处理，一般注册在第一个，用来处理全局异常。
- 开发异常页中间件：开发阶段使用的错误信息展示页，可以展示详细的错误信息，可能包含敏感信息，因此仅建议在开发时使用。
- HTTPS 重定向中间件：强制 HTTPS 跳转，当识别到用户请求不是 HTTPS 时，强制跳转到 HTTPS，这是一个安全功能。
- 静态文件中间件：默认将 wwwroot 目录下的静态文件输出，当 path 与文件路径匹配时输出对应的文件。
- 路由中间件：将请求信息转化为路由信息，供后续的终结点中间件使用。
- 身份认证中间件：启用身份认证，当终结点或者 Controller 上标识了身份认证特性时会进行身份认证。
- 终结点中间件：定义 Controller 与 URL 的映射关系，为 URL 绑定处理程序，MVC、RazorPages、SignalR 等都是基于终结点中间件进行工作的。

　　下面的代码展示了一个典型的 HTTP 请求管道的注册定义：

```
public void Configure(IApplicationBuilder app, IWebHostEnvironment env)
    {
        if (env.IsDevelopment())
        {
            app.UseDeveloperExceptionPage();
        }
        else
        {
            app.UseExceptionHandler();
        }

        app.UseHttpsRedirection();
```

```
        app.UseStaticFiles();

        app.UseRouting();

        app.UseAuthorization();

        app.UseEndpoints(endpoints =>
        {
            endpoints.MapControllers();
        });
    }
```

3.6 路由与终结点

为了方便定义请求与处理程序的对应关系，ASP.NET Core 提供了路由中间件，从 ASP.NET Core 2.2 开始，提供了终结点路由的解决方案来改进早期的路由系统，将路由处理设计为 Routing 和 Endpoints 两部分，其工作原理大体如图 3-8 所示。

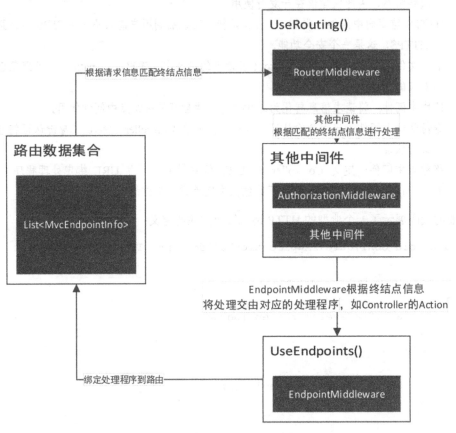

图 3-8

UseRouting 注册了路由中间件，负责根据请求信息匹配路由定义。路由信息定义包含了路由的处理程序信息，这些信息会在 UseEndpoints 方法中预先注册生成。当一个请求到达时，路由中间件匹配到 MvcEndpointInfo 后，后续的中间件就可以根据这些信息进行处理。例如，身份认证中间件可以判断 Endpoint 对应的处理程序是否要求身份认证，进而进行认证操作。当这些中间件处理完毕后，如果请求未被返回，则由 EndpointMiddleware 直接调用 Endpoint 对应的处理程序，从而完成整个请求的处理。

基于终结点路由的设计，理论上可以定义任意的路由匹配规则和处理程序。

3.6.1　注册终结点

下面的代码位于 Startup.cs 的 Configure 方法中，展示了一个典型的终结点路由注册过程：

```
public void Configure(IApplicationBuilder app, IWebHostEnvironment env)
    {

        app.UseRouting();          //注册路由中间件

        app.UseAuthorization();  //注册身份认证

        //定义并生成终结点映射数据，注册终结点中间件
        app.UseEndpoints(endpoints =>
        {
            //注册空的 Controller 映射规则
            endpoints.MapControllers();
        });
    }
```

可以使用终结点路由注册下列程序：

- Web API Controller: 定义标准的 Web API 接口并根据 Controller 上的 RouteAttribute 来匹配。
- MVC Controller: 定义路由模板来匹配 Controller 和 Action，与传统路由模板类似。
- RazorPages: 将 URL 与 RazorPages 文件进行路由匹配。
- SignalR Hub: 将请求路由到 SignalR Hub 类上处理。
- Blazor Hub: 将请求路由到 Blazor Server 的规则。
- GrpcService: 将请求路由到 Grpc 服务端处理程序。
- 健康检查: 将请求路由到健康检查处理程序的规则。

下面是有关注册的示例代码：

```
app.UseEndpoints(endpoints =>
    {
        //注册 Web API Controller
        endpoints.MapControllers();
        //注册 MVC Controller 模板 {controller=Home}/{action=Index}/{id?}
        endpoints.MapDefaultControllerRoute();
```

```
        //注册 RazorPages
        endpoints.MapRazorPages();
        //注册 Blazor Hub
        endpoints.MapBlazorHub();
        //注册 SignalR Hub
        endpoints.MapHub<MySignalHub>();
        //注册 Grpc 服务终结点
        endpoints.MapGrpcService<OrderService>();
        //注册健康检查
        endpoints.MapHealthChecks("/ready");
    });
```

我们将会在后续的章节中分别讲解这些路由的具体使用。

默认情况下，当请求与所有的 Endpoint 都不匹配时，应用程序会返回 HTTP 404 响应码。ASP.NET Core 提供了一组 MapFallback 方法来处理未匹配成功的请求，在单页应用程序、Blazor Server 等需要将请求路由到同一页面时，这组方法特别有用。下面的示例代码展示了这些方法的使用：

```
app.UseEndpoints(endpoints =>
    {
        //使用委托方法处理
        endpoints.MapFallback(async context => { });

        //使用静态文件
        endpoints.MapFallbackToFile("index.html");

        //使用 MVC 的 Controller 处理
        endpoints.MapFallbackToController("index", "home");
        endpoints.MapFallbackToAreaController("index", "home", "myarea");

        //使用特定的 RazorPage 页面处理
        endpoints.MapFallbackToPage("/_Host");
    });
```

这些方法注册的 Endpoint 的 order 会被设置为 int.MaxValue，因此它的优先级是最低的，将在路由匹配的最后执行。

3.6.2　路由模板

通常情况下，会通过定义路由模板来与一组 Controller、Action 进行匹配映射。下面的代码注册一个自定义的路由模板：

```
app.UseEndpoints(endpoints =>
    {
        endpoints.MapControllerRoute("route1", "{controller}/{action}");
    });
```

模板中被花括号包围的内容是路由参数的名称，上面的路由将 URL 映射到对应名称的 controller 和 action 中，例如"/order/create"将会匹配 OrderController 的 Create 方法。在 MVC 应用或 RazorPage 应用中，路由模板常用的默认参数如下：

- area：表示一个路由区域，一般用在 URL 为三级目录结构的情况下。
- action：表示控制器方法的名称，也称为动作名称。
- controller：表示控制器的名称。
- page：表示 RazorPage 的页面名称。

通常情况下，路由系统中会注册多个规则，而匹配的规则是定义越具体的路由越优先匹配：

- 定义的 URL 段越多越具体。
- 具体的文本值比参数更具体，例如 /order/{action} 比 /{controller}/{action}更具体。
- 具有参数约束的比没有参数约束的更具体。
- 复杂段与具有约束的参数段同样具体。
- catch-all 参数是最不具体的参数。

上面规则中提到了 catch-all 参数，它是指匹配其位置之后的全部内容，其格式为单星号{*slug}或双星号{**slug}，例如"/order/{**slug}"，参数 slug 将得到后面的所有值，对于路由映射，单星号与双星号没有区别，当基于路由来生成 URL 链接时，传给单星号参数的值会被 URL 编码，双星号则不会，表 3-2 展示了生成 URL 的情况。

表3-2　路由生成URL

路由定义	传入路由值	生成 URL
/order/{*path}	path=my/path	/order/my%2Fpath
/order/{**path}	path=my/path	/order/my/path

3.6.3　特性路由

除了使用路由模板外，还可以使用 RouteAttribute 的方式来定义路由，这种方式非常适合用在 Web API 的场景中，可以更精细地定义 API。另外，API 文档化组件 Swagger 也是与这种路由定义方式一起工作的。要使其工作，需要先注册 Endpoint，具体如下：

```
app.UseEndpoints(endpoints =>
    {
        endpoints.MapControllers();
    });
```

下面的代码展示了在 Controller 中定义终结点的方式：

```
[ApiController]
    [Route("[controller]/[action]")]
    public class MyController : ControllerBase
    {
        //some code
```

```
    }
```

需要注意的是，这里的参数使用了方括号 "[]" 来包裹参数名。

除了使用 RouteAttribute，还提供了一组以 HTTP 谓词命名的特性类，它们的用法与 RouteAttribute 是一致的，并且还被约束为仅匹配对应谓词的 HTTP 请求：

- HttpGet
- HttpPost
- HttpPut
- HttpDelete
- HttpHead
- HttpPatch

借助这些谓词特性，可以定义符合 Restful 的 Web API。下面的代码展示了如何将/order 的 Get 请求路由到 Get 方法，将/order 的 post 请求路由到 Post 方法：

```
[Route("[controller]")]
    [ApiController]
    public class OrderController : ControllerBase
    {
        [HttpGet]
        public Order Get(long id)
        {
            //some coder
        }

        [HttpPost]
        public Order Post(Order order)
        {
            //some code
        }
    }
```

3.6.4　路由约束

路由系统提供了路由约束的能力来限定路由参数的输入内容，如果内容不符合约束，则路由匹配失败，默认提供了下列约束：

- 类型约束：参数值必须与指定的类型匹配，比如{id:int}表示 id 参数必须是有效的整数，支持的类型有 int、bool、datetime、decimal、double、float、guid、long。
- 长度约束：参数值必须符合指定的长度，比如{username:minlength(4)}指 username 的最小长度为 4，支持的长度约束有 minlength(value)、maxlength(value)、length(length)、length(min,max)。
- 范围约束：参数值必须符合指定的大小范围，比如{age:min(18)}表示年龄最小值为 18，支持的范围约束有 min(value)、max(value)、range(min,max)。

- alpha：参数值必须由一个或多个字母组成，比如 {name:alpha}。
- 正则约束：参数值必须匹配正则表达式，约束格式为 regex(expression)，比如 {phone:regex(^\\d{{3}}-\\d{{4}}-\\d{{4}}$)}。
- 必选约束：参数值是必填项，不能省略，约束格式为 required，比如 {name:required}。

可以为一个参数添加多个约束，并通过 “:” 隔开。下面的代码展示了几种参数约束：

```
[HttpGet("{id:max(20)}")]
public bool Max([FromRoute]long id) { }

[HttpGet("{name:required}")]
public long Search([FromRoute]string name) { }

//以 3 个数字开始
[HttpGet("{number:regex(^\\d{{3}}$)}")]
public bool Number(string number) { }

//多个参数约束
[Route("users/{id:int:min(1)}")]
public User GetUserById(int id) { }
```

3.6.5　生成链接

前面几节讲的都是将 URL 与 Controller 匹配的过程，其实路由系统也提供了根据路由数据生成 URL 链接的能力，该能力可以通过 IUrlHelper 和 LinkGenerator 获得。其中，IUrlHelper 可以通过 Controller 基类 ControllerBase 的 Url 属性获得，LinkGenerator 可以通过依赖注入获得。

下面的代码展示了 IUrlHelper 的使用方式：

```
[ApiController]
    [Route("[controller]")]
    public class WeatherForecastController : ControllerBase
    {
        [HttpGet]
        public IEnumerable<WeatherForecast> Get()
        {
            //生成不带 host 的地址
            var actionUrl = Url.Action(action: "query", controller: "order");

            //生成带有 host 和 protocol 的完整地址
            var actionUrl2 = Url.Action(action: "query", controller: "order",
values: null, protocol: Request.Scheme);

            // 根据指定的路由模板生成不带 host 的 URL
            var routeUrl = Url.RouteUrl("myroute", new { action = "query",
controller = "order" });
```

```
        //根据指定的路由模板生成带 host 的 URL 完整地址
        var linkUrl = Url.Link("myroute", new { action = "query", controller
= "order" });

    //some code
        }
    }
```

在生成链接时，当前上下文的路由值被称为"环境值"，IUrlHelper 会使用这些环境值作为生成链接时的默认值，这些默认值会被生成链接时传入的参数值覆盖。例如，下面代码生成的链接将不同：

```
[ApiController]
    [Route("[controller]/[action]")]
    public class UserController : ControllerBase
    {
        [HttpGet]
        public IEnumerable<WeatherForecast> Get()
        {
            //生成地址为/user/query，因为使用了默认值 controller 为 user
            var actionUrl = Url.Action(action: "query");

            //生成地址为/order/query
            var actionUrl = Url.Action(action: "query", controller: "order");

    //some code
        }
    }
```

LinkGenerator 类提供了两种方法：

- **GetPathByAction**：根据传入的路由及上下文信息生成 Path 及 Query。
- **GetUriByAction**：根据传入的路由及上下文信息生成完整 URL 地址，包括请求的域名、端口等信息。

下面的代码展示了 LinkGenerator 的使用方法：

```
[HttpGet]
    public bool Max([FromServices] LinkGenerator linkGenerator)
    {
        var a = linkGenerator.GetPathByAction(HttpContext,
            action: "query",
            controller: "Order",
            values: new { name = "abc" });

        var uri = linkGenerator.GetUriByAction(HttpContext,
            action: "query",
            controller: "Order",
            values: new { name = "abc" });
        return true;
    }
```

第4章

基于 MVC 设计模式的 Web 应用

MVC 属于架构模式中的一种，在介绍 MVC 之前我们先来看看什么是架构（软件架构），借此来进一步理解 MVC 模式。引用维基百科的定义："软件架构是有关软件整体结构与组件的抽象描述，用于指导大型软件系统各个方面的设计。"软件架构是一个系统的草图，描述的对象是直接构成系统的抽象组件。各个组件之间的连接则明确和相对细致地描述组件之间的通信。在实现阶段，这些抽象组件被细化为实际的组件，比如具体某个"类"或者"对象"。在面向对象领域中，组件之间的连接通常由"接口"来实现。

MVC 是应用最为广泛的软件架构模式，本章会介绍基于 MVC 架构模式的 ASP.NET Core Web 应用。

4.1　创建第一个 ASP.NET Core MVC 项目

在 Visual Studio 安装完成后，选择"启动"按钮，开始使用 Visual Studio 进行开发。安装完成后，关闭安装程序，也可以在开始菜单中找到新安装的 Visual Studio 应用程序快捷方式，双击之即可启动 Visual Studio。

01 在"开始"窗口中，选择"创建新项目"选项，如图 4-1 所示。

图 4-1

02 选择 "ASP.NET Core Web 应用程序" 选项，如图 4-2 所示。

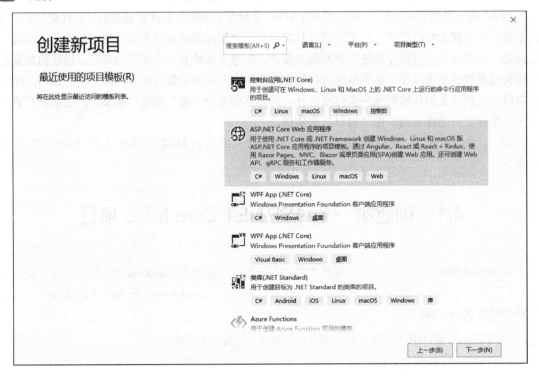

图 4-2

03 配置新项目，在 "项目名称" 框中输入项目名，指定项目存放的目录，指定 "解决方案" 的名
称，如图 4-3 所示。

图 4-3

04 选择应用程序模板，在这里选用 Web 应用程序（模型视图控制器），即 MVC 项目，如图 4-4 所示。

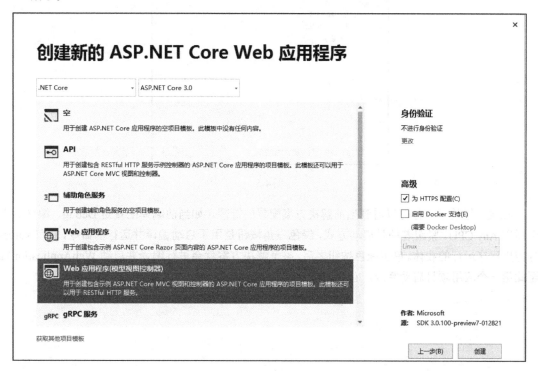

图 4-4

一个新的 ASP.NET Core MVC 应用程序就创建完成了，我们来看一下右侧的解决方案资源管理器（见图 4-5）。解决方案名称为刚才配置新项目时输入的 WebApplications，这个项目的结构如下：

- wwwroot: 静态文件目录，如 css、js、图片等。
- Models: 模型（Model）目录。
- Views: 视图（View）目录。
- Controllers: 控制器（Controller）目录。
- Program.cs: 程序的主入口，Main 函数是整个项目的入口函数。
- Startup.cs: 程序的切入点，其中 ConfigureServices 函数用来把 Services 服务（例如 MVC 服务、第三方服务及自定义的服务）注册到 Container（ASP.NET Core 的容器）中，并配置这些 Services。Configure 方法是 ASP.NET Core 程序用来具体指定如何处理每个 HTTP 请求的方法。

图 4-5

在菜单栏的下一行可以看到当前解决方案配置的管理，如当前编译配置是 Debug，编译后平台适用 Any CPU。紧跟着的是启动方式，绿色三角按钮是用于启动编译并运行的命令，IIS Express 为应用程序运行的载体。单击绿色按钮之后，整个解决方案就会进行编译并启动 WebApplication1。至此第一个应用项目启动完成，它会在浏览器上输出 Welcome 等提示语，如图 4-6 所示。

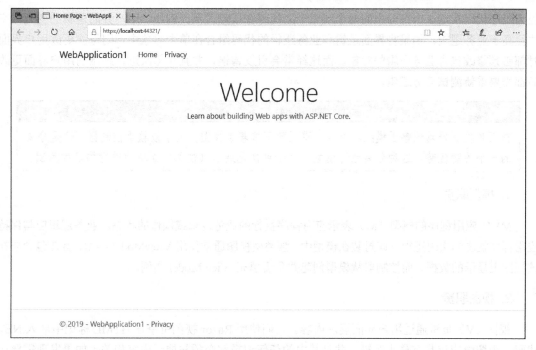

图 4-6

4.2　什么是 MVC 模式

MVC 架构模式将应用程序分为 3 个主要组成部分：模型（Model）、视图（View）和控制器（Controller）。此模式有助于实现关注点分离。使用 MVC 模式，用户请求被路由到控制器，后者负责使用模型来执行用户操作或检索查询结果。控制器选择要显示给用户的视图，并为其提供所需的任何模型数据。

图 4-7 展示出 3 个主要组件及其相互间的引用关系。

图 4-7

这种责任划分有助于根据复杂性缩放应用程序，让编码、调试和测试更加容易。如果把这 3 个部分（模型、视图或控制器）都混合在单个对象中，则会加大更新、测试和调试代码的难度，因为程序代码在这 3 个部分中的两个或三个之间存在依赖关系。例如，用户界面逻辑的变更频率往往高于业务逻辑。如果将界面逻辑和业务逻辑的代码组合在单个对象中，则每次更改用户界面时都必须修改包含业务逻辑的对象。而这经常会引发错误，并且在每次进行细微的用户界面更改后都需要重新测试业务逻辑。

提示
视图和控制器均依赖于模型。但是，模型既不依赖于视图，也不依赖于控制器。这是分离的一个关键优势。这种分离允许模型独立于可视化展示（视图）而单独进行构建和测试。

1. 模型职责

MVC 应用程序的模型（M）表示应用程序执行的业务逻辑或操作的状态。业务逻辑应与保持应用程序状态的实现逻辑一起封装在模型中。强类型视图通常使用 ViewModel 类型，旨在包含要在该视图上显示的数据。而控制器从模型创建并负责填充 ViewModel 实例。

2. 视图职责

视图（V）负责通过用户界面展示内容。它们使用 Razor 视图引擎在 HTML 标记中嵌入.NET代码。视图中应该具有最小逻辑，并且其中的任何逻辑都必须与展示内容相关。如果发现需要在视图文件中执行大量逻辑以显示复杂模型中的数据，请考虑使用 View Component、ViewModel或视图模板来简化视图。

3. 控制器职责

控制器（C）是处理用户交互、使用模型并最终选择要呈现的视图的组件。在 MVC 应用程序中，视图仅显示信息；控制器处理并响应用户输入和交互。在 MVC 模式中，控制器是初始入口点，负责选择要使用的模型类型和要呈现的视图（因此得名，它控制应用如何对请求进行响应）。

4. 什么是 ASP.NET Core MVC

ASP.NET Core MVC 框架是轻量级、开源、高度可测试的演示框架，并针对 ASP.NET Core进行了优化。

ASP.NET Core MVC 提供一种基于模式的方式，用于生成可彻底分开数据与视图处理逻辑的动态网站。它提供对网页标记的完全控制，支持 TDD 友好开发并使用最新的 Web 标准。

4.3 视 图

在"模型－视图－控制器（MVC）"模式中，视图（Views）处理应用的数据表示和用户交互。视图是嵌入了 Razor 标记的 HTML 模板。Razor 则是与 HTML 标记交互以动态生成发送给客户端的网页的模板引擎。

在 ASP.NET Core MVC 中，视图是在 Razor 标记中使用 C#编程语言的.cshtml 文件。通常，视图文件会分组到以每个应用的控制器命名的文件夹中。此文件夹存储在应用根目录的 Views 文件夹中，如图 4-8 所示。

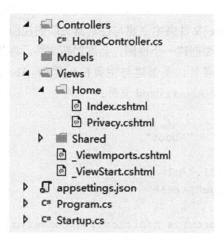

图 4-8

　　HomeController 的视图由 Views 文件夹内的 Home 文件夹表示。Home 文件夹包含 About、Contact 和 Index（主页）网页的视图。用户请求这三个网页中的一个时，HomeController 决定使用三个视图中的哪一个来生成网页并将其返回给用户。

　　使用布局（Layout）提供一致的网页模板可减少重复的网页代码。布局通常包含页眉、导航和菜单元素以及页脚。页眉和页脚通常包含许多每个页面都出现的元素、脚本以及样式资源的链接。布局有助于在视图中避免这种重复代码。

　　部分视图（Partial View）通过管理视图的可重用部分来减少代码的重复。例如，在博客网站的页面中，部分视图可用于在多个视图中显示作者简介。作者简介是普通的视图内容，不需要执行网页代码就能生成对应的网页内容。仅通过模型绑定即可通过部分视图查看作者简介的内容，因此使用这种内容类型的部分视图是这类应用的理想选择。

　　视图组件（View Component）与部分视图组件的相似之处在于它们可以减少重复性代码。视图组件还适用于需要依赖复杂处理逻辑后才能呈现网页内容的情况，例如在呈现的内容需要与数据库交互时（例如网站购物车）。为了生成网页，视图组件并不局限于模型绑定。

4.3.1　使用视图的好处

　　视图可以帮助在 MVC 应用内建立关注点分离，也即是分隔用户界面标记与应用的其他部分。采用 SoC 设计可使应用模块化，这样做的好处如下：

- 应用组织得更好，因此更易于维护。视图一般按应用功能进行分组。这使得在处理功能时更容易找到相关的视图。
- 应用的若干部分是松散耦合的。可以生成和更新独立于业务逻辑和数据访问组件的应用视图。也就是说可以修改应用的视图，而不必更新应用的其他部分。
- 因为视图是独立的单元，所以更容易测试应用的用户界面部分。
- 由于应用组织得更好，因此就不用重复编写用户界面的各个部分。

4.3.2 创建视图

在 Views / [ControllerName]文件夹中创建与控制器关联的视图。控制器之间共享的视图都将置于 Views/Shared 文件夹中。要创建一个视图，会添加新文件，将其命名为与关联的控制器操作同名，再加上.cshtml 文件扩展名。要创建与主页控制器中 About 操作相对应的视图，可在 Views/Home 文件夹中创建一个 About.cshtml 文件：

```
@{
    ViewData["Title"] = "About";
}
<h2>@ViewData["Title"].</h2>
<h3>@ViewData["Message"]</h3>

<p>Use this area to provide additional information.</p>
```

Razor 标记以@符号开头，通过将 C#代码放置在用大括号({ ... })括住的代码块内即可运行这些 C#代码。可参阅上面列出的"About"到 ViewData["Title"]的赋值情况，用@符号来引用这些值，即可在 HTML 中显示出这些值，例如上面的<h2>和<h3>元素中的内容。

以上所示的视图内容只是呈现给用户整个网页中的一部分而已，其他视图文件中则指定了页面布局的其余部分。

4.3.3 利用控制器指定视图

视图通常以 ViewResult 的形式从操作方法(Controller 中的方法)返回，这是一种 ActionResult。操作方法可以直接创建并返回 ViewResult，但通常不会这样做。由于大多数控制器均继承自 Controller，因此只需使用 View 方法即可返回 ViewResult：

```
HomeController.cs
public IActionResult Index()
{
    return View();
}
```

此操作返回时，最后一节显示的 Index.cshtml 视图呈现为如图 4-9 所示的网页。

图 4-9

View 方法有多个重载，可选择指定：

● 　显式指定视图名称：

```
return View("Orders");
```

● 　传入要传递给视图的模型对象：

```
return View(Orders);
```

● 　指定视图名和模型对象：

```
return View("Orders", Orders);
```

4.3.4　视图发现

操作返回一个视图时会发生称为"视图发现"的过程。此过程通过视图名称来确定最终使用哪个视图文件。

View 方法的默认行为（return View();）旨在返回与其所调用的操作方法同名的视图。例如，控制器的"关于 ActionResult 方法名称"用于搜索名为 About 的视图文件。运行时首先在 Views/[ControllerName]文件夹中搜索该视图，如果在该文件夹中找不到匹配的视图，就会在 Shared 文件夹中搜索该视图。

无论使用"return View();"隐式返回 ViewResult 还是使用"return View("<ViewName>");"将视图名称显式传递给 View 方法，视图发现都会按以下顺序搜索匹配的视图文件：

```
Views/[ControllerName]/[ViewName].cshtml
Views/Shared/[ViewName].cshtml
```

可以提供视图文件路径而不提供视图名称。如果使用从应用根目录开始的绝对路径（可选择以"/"或"~/"开头），则须指定.cshtml 扩展名：

```
return View("Views/Home/About.cshtml");
```

也可使用相对路径在不同目录中指定视图，而无须指定.cshtml 扩展名。在 HomeController 内，可以使用相对路径返回 Manage 视图的 Index 视图：

```
return View("../Manage/Index");
```

同样，可以用"./"前缀来指定当前的控制器目录：

```
return View("./About");
```

部分视图和视图组件使用类似（但不完全相同）的发现机制。

可以使用 IViewLocationExpander 来自定义如何在应用中定位视图（默认约定）。

视图发现要按文件名称来查找视图文件。如果文件系统区分字母大小写，则视图名称也可能是区分字母大小写的。为了与各操作系统兼容，建议在控制器与操作名称、关联视图文件夹与文件名称之间都配置为区分字母大小写。如果在区分字母大小写的文件系统时遇到无法找到视图文件的错误，就需要确认一下请求的视图文件与实际视图文件它们的名称之间字母大小写是否匹配。

组织视图文件结构是为了反映出控制器、操作和视图之间的关系，以提高可维护性和清晰度。

4.3.5 向视图传递数据

本节介绍将数据传递给视图的多种方法。

1. 强类型数据（viewmodel）

首要推荐的方法是在视图中指定模型类型。此模型通常称为 viewmodel。将 viewmodel 类型的实例传递给此操作的视图。

使用 viewmodel 将数据传递给视图可让视图充分利用强类型检查。强类型化（或强类型）意味着每个变量和常量都有明确定义的类型（例如 string、int 或 DateTime）。在编译时检查视图中使用的类型是否有效。

Visual Studio 和 Visual Studio Code 列出了使用 IntelliSense 功能的强类型类成员。如果要查看 viewmodel 的属性，请键入 viewmodel 的变量名称，后跟句点（.）。这有助于提高编写代码的速度并降低错误率。

使用@model 指令指定模型的类型。使用@Model 标记以便在代码中使用模型：

```
@model WebApplication1.ViewModels.Address

<h2>Contact</h2>
<address>
    @Model.Street<br>
    @Model.City, @Model.State @Model.PostalCode<br>
    <abbr title="Phone">P:</abbr> 425.555.0100
</address>
```

为了将模型提供给视图，控制器将其作为参数传递给 View 方法：

```
public IActionResult Contact()
{
    ViewData["Message"] = "Your contact page.";

    var viewModel = new Address()
    {
        Name = "Microsoft",
        Street = "One Microsoft Way",
        City = "Redmond",
        State = "WA",
        PostalCode = "98052-6399"
    };

    return View(viewModel);
}
```

对视图模型采用什么样的类型并没有限制，一般建议使用简单对象（POCO）作为 viewmodel，它仅负责数据的传递，并没有为对象定义任何行为（方法）。通常，viewmodel 类要么存储在 Models 文件夹中，要么存储在应用程序根目录下单独的 ViewModels 文件夹中。上例中使用的 Address viewmodel 即是在 Address.cs 文件中使用的 POCO viewmodel：

```
namespace WebApplication1.ViewModels
{
    public class Address
    {
        public string Name { get; set; }
        public string Street { get; set; }
        public string City { get; set; }
        public string State { get; set; }
        public string PostalCode { get; set; }
    }
}
```

虽然可使用相同的类作为 viewmodel 类型和业务模型类型。但是，使用单独的模型可使视图独立于应用的业务逻辑和数据访问部分。当为用户发送给应用的数据使用模型绑定和进行验证时，模型和 viewmodel 的分离也会让代码更易于维护。

2. 弱类型数据（ViewData、ViewDataAttribute 和 ViewBag）

除了强类型视图，视图还可以访问弱类型（也称为松散类型）的数据集合。与强类型不同，弱类型（或松散类型）意味着不显式声明要使用的数据类型。可以使用弱类型数据集合将少量数据传入及传出控制器和视图。例如：

● 用数据填充下拉列表。
● 从视图文件设置布局视图中的<title>元素内容。
● 基于用户请求的网页显示数据的小组件。

可以通过控制器和视图上的 ViewData 或 ViewBag 属性来引用此集合。ViewData 属性是弱类型对象的字典。ViewBag 属性是 ViewData 的包装器，它为基础 ViewData 集合提供动态属性。注意：对于 ViewData 和 ViewBag，键查找都不区分字母大小写。

ViewData 和 ViewBag 在运行时进行动态解析。由于它们不提供编译时类型检查，因此使用这两者通常比使用 viewmodel 更容易出错。出于上述原因，一般开发者会尽量减少或根本不使用 ViewData 和 ViewBag。

（1）ViewData

ViewData 是通过 string 类型的键访问的 ViewDataDictionary 对象。字符串数据可以直接存储和使用，而不需要强制转换，但是在提取其他 ViewData 对象值时必须将其强制转换为特定类型。可以使用 ViewData 将数据从控制器传递到视图，以及在视图（包括部分视图和布局）内传递数据。

以下是在操作中使用 ViewData 设置问候语和地址值的示例：

```
public IActionResult SomeAction()
{
    ViewData["Greeting"] = "Hello";
```

```
ViewData["Address"] = new Address()
{
    Name = "Steve",
    Street = "123 Main St",
    City = "Hudson",
    State = "OH",
    PostalCode = "44236"
};

return View();
}
```

在视图中处理数据:

```
@{
    // Since Address isn't a string, it requires a cast.
    var address = ViewData["Address"] as Address;
}

@ViewData["Greeting"] World!

<address>
    @address.Name<br>
    @address.Street<br>
    @address.City, @address.State @address.PostalCode
</address>
```

（2）ViewDataAttribute

另一种会使用 ViewDataDictionary 的方法是 ViewDataAttribute。控制器或 Razor 页面模型上使用[ViewData]特性的属性会被存储在字典中，需要使用时就从该字典中进行加载。

在下面的示例中，Home 控制器包含使用[ViewData]标记的 Title 属性。About 方法设置 About 视图的标题：

```
public class HomeController : Controller
{
    [ViewData]
    public string Title { get; set; }

    public IActionResult About()
    {
        Title = "关于我们";
        ViewData["Description"] = "页面用于描述应用的相关信息";

        return View();
    }
}
```

在 About 视图中，以模型属性的形式访问 Title 属性：

```
<h1>@Model.Title</h1>
```

在布局中，从 ViewData 字典读取标题：

```
<!DOCTYPE html>
<html>
<head>
    <title>@ViewData["Title"]</title>
    ...
```

（3）ViewBag

ViewBag 是 DynamicViewData 对象，可用于动态访问存储在 ViewData 中的对象。ViewBag 不需要强制转换，因此使用起来更加方便。下面的示例演示如何使用 ViewBag：

```
public IActionResult DemoAction()
{
    ViewBag.Greeting = "Hello";
    ViewBag.Person = new Person()
    {
        Name = "张三",
        Province = "XX 省",
        City = "XX 市",
        Address = "XX 区 XX 街道",
        Phone = "13XXXXXXXXX"
    };

    return View();
}

@ViewBag.Greeting World!

<address>
    @ViewBag.Person.Name<br>
    @ViewBag.Person.Phone<br>
    @ViewBag.Person.Province, @ViewBag.Person.City @ViewBag.Person.Address
</address>
```

提　示
ViewBag 在 Razor Pages 页中不可用。

（4）同时使用 ViewData 和 ViewBag

由于 ViewData 和 ViewBag 引用相同的 ViewData 集合，因此在读取和写入值时可以互换使用 ViewData 和 ViewBag。

在 About.cshtml 视图顶部，使用 ViewBag 设置标题并使用 ViewData 设置说明文字：

```
@{
    Layout = "/Views/Shared/_Layout.cshtml";
```

```
        ViewBag.Title = "关于我们";
        ViewData["Description"] = "页面用于描述应用的相关信息";
}
```

互换使用 ViewData 和 ViewBag 读取属性，在_Layout.cshtml 文件中，使用 ViewData 获取标题并使用 ViewBag 获取说明文字：

```
<!DOCTYPE html>
<html>
<head>
    <title>@ViewData["Title"]</title>
    <meta name="description" content="@ViewBag.Description">
    ...
```

字符串可以直接使用@ViewData["Title"]而不需要进行强制转换。

上面的程序代码得到如下的 HTML 页面代码：

```
<!DOCTYPE html>
<html>
<head>
    <title>关于我们</title>
    <meta name="页面用于描述应用的相关信息">
    ...
```

（5）ViewData 和 ViewBag 之间差异的小结

● ViewData
    ✧ 派生自 ViewDataDictionary，因此它具有可用的字典属性，如 ContainsKey、Add、Remove 和 Clear。
    ✧ 字典中的键是字符串，因此允许有空格，@ViewData["Some Key With Whitespace"]。
    ✧ 任何非 string 类型均须在视图中进行强制转换才能使用 ViewData。
● ViewBag
    ✧ 派生自 DynamicViewData，因此它可使用点引用表示法（@ViewBag.SomeKey = <value or object>）创建动态属性，并且无须进行强制转换。ViewBag 的语法使得添加到控制器和视图的操作速度更快。
    ✧ 更易于检查 null 值，如：@ViewBag.Person?.Name。

（6）何时使用 ViewData 或 ViewBag

ViewData 和 ViewBag 都是在控制器和视图之间传递少量数据的有效方法。可以根据偏好选择使用哪种方法。虽然可以混合和交叉使用 ViewData 与 ViewBag 对象，不过编程时使用一致的方法便于代码的阅读和日后维护。需要注意的是，这两种方法都是在运行时进行动态解析的，因此容易造成运行时错误。因而，一些开发团队会避免使用它们。

4.3.6 动态视图

不使用@model 声明模型类型，但有模型实例传递给它们的视图（如 return View(Person);）

可动态引用实例的属性：

```
<person>
    @Model.Name<br>
    @Model.Province, @Model.City @Model.Address<br>
    <abbr title="Phone">P:</abbr> 13XXXXXXXXX
</person>
```

此功能提供了灵活性，但不提供编译保护或 IntelliSense。如果属性不存在，则生成网页时会报错，一般建议使用强类型的模型类型。

4.4 部分视图

部分视图（Partial Views）与视图文件相同，也是.cshtml 后缀，可以被另一个视图文件引用并输出 HTML 。

在开发 MVC 应用程序（其中.cshtml 文件称为"视图"）或 Razor Pages 应用程序（其中.cshtml 文件称为"页"）时，均会用到"部分视图"。通常将 MVC 视图和 Razor Pages 页面文件称为"标记文件"。

4.4.1 何时使用部分视图

部分视图在下列场景非常适用：

（1）将大型视图文件分解为更小的组件

在由多个逻辑部分组成的大型复杂视图文件中，使用部分视图分别实现各个部分有利于代码的维护，同时视图文件中的代码复杂度降低，因为视图文件仅包含整体页面结构和对部分视图的引用。

（2）多个视图文件中常见内容存在重复时

当在视图文件中使用相同的标记元素时，将重复的标记内容由一个部分视图文件承载。在部分视图中更改标记内容后，它会更新到使用该部分视图的所有视图文件的输出中。

不应使用部分视图来承载常见布局元素，常见布局元素应在_Layout.cshtml 文件中指定。

在需要复杂呈现逻辑或通过代码的执行来呈现页面时，建议使用视图组件而不是部分视图。

4.4.2 声明部分视图

部分视图存放在 Views 文件夹（MVC）或 Pages 文件夹（Razor Pages）中的.cshtml 文件内。

在 ASP.NET Core MVC 中，控制器的 ViewResult 类型表示返回视图或部分视图。在 Razor Pages 中，PageModel 可以返回类型为 PartialViewResult 的部分视图。后面的 4.4.3 和 4.4.4 节将介绍如何引用和呈现部分视图。

与 MVC 视图或页面呈现不同，部分视图不会运行_ViewStart.cshtml。有关 _ViewStart.cshtml 的详细信息，请参阅 ASP.NET Core 中的布局。

部分视图的文件名通常以下划线（_）开头。虽然未强制要求遵从此命名约定，但它有助于直观地将部分视图与视图和页面区分开来。

4.4.3 引用部分视图

1. 在 Razor Pages PageModel 中使用部分视图

在 ASP.NET Core 2.0 或 2.1 中，以下处理程序将 AuthorPartialRP.cshtml 部分视图作为响应：

```
public IActionResult OnGetPartial() =>
    new PartialViewResult
    {
        ViewName = "_AuthorPartialRP",
        ViewData = ViewData,
    };
```

在 ASP.NET Core 2.2 或更高版本中，处理程序也可以调用 Partial 方法来生成 PartialViewResult 对象：

```
public IActionResult OnGetPartial() =>
    Partial("_AuthorPartialRP");
```

2. 在标记文件中使用部分视图

在视图文件中，有多种方法引用部分视图。一般建议应用程序使用以下异步呈现方法之一：

● 部分标记帮助程序
● 异步 HTML 帮助程序

3. 部分标记帮助程序

部分标记帮助程序要求使用 ASP.NET Core 2.1 或更高版本。
部分标记帮助程序会异步呈现内容并使用类似 HTML 的语法：

```
<partial name="_PartialName" />
```

当存在文件扩展名时，标记帮助程序会引用部分视图，该视图必须与调用部分视图的标记文件位于同一文件夹中：

```
<partial name="_PartialName.cshtml" />
```

以下示例从应用程序根目录引用部分视图，以波形符斜杠（~/）或斜杠（/）开头的路径指代应用程序根目录：

● Razor 页面

```
<partial name="~/Pages/Folder/_PartialName.cshtml" />
<partial name="/Pages/Folder/_PartialName.cshtml" />
```

● MVC

```
<partial name="~/Views/Folder/_PartialName.cshtml" />
```

```
<partial name="/Views/Folder/_PartialName.cshtml" />
```

以下示例使用相对路径的部分视图：

```
<partial name="../Account/_PartialName.cshtml" />
```

4. 异步 HTML 帮助程序

使用 HTML 帮助程序时，最佳做法是使用 PartialAsync。PartialAsync 返回包含在 IHtmlContent 中的 Task<TResult>类型。通过在等待的调用前添加@字符前缀来引用该方法：

```
@await Html.PartialAsync("_PartialName")
```

当存在文件扩展名时，HTML 帮助程序会引用部分视图，该视图必须与调用部分视图的标记文件位于同一文件夹中：

```
@await Html.PartialAsync("_PartialName.cshtml")
```

以下示例从应用程序根目录引用部分视图，以波形符斜杠（~/）或斜杠（/）开头的路径指代应用程序根目录：

- Razor 页面

```
@await Html.PartialAsync("~/Pages/Folder/_PartialName.cshtml")
@await Html.PartialAsync("/Pages/Folder/_PartialName.cshtml")
```

- MVC

```
@await Html.PartialAsync("~/Views/Folder/_PartialName.cshtml")
@await Html.PartialAsync("/Views/Folder/_PartialName.cshtml")
```

以下示例使用相对路径的部分视图：

```
@await Html.PartialAsync("../Account/_LoginPartial.cshtml")
```

或者，也可以使用 RenderPartialAsync 呈现部分视图。此方法不返回 IHtmlContent。它将响应输出以流的方式进行传输。因为该方法不返回结果，所以必须在 Razor 代码块内调用：

```
@{
    await Html.RenderPartialAsync("_AuthorPartial");
}
```

由于 RenderPartialAsync 以流的方式传输页面的内容，因此在某些情况下它可提供更好的性能。在性能敏感的情况下，建议对这两种方法分别进行基准测试，并使用响应更快的方法。

4.4.4　呈现部分视图

如果按名称（不含文件扩展名）引用部分视图，则按所述顺序搜索以下位置：

- Razor 页面
    - ✧　当前正在执行页面的文件夹。
    - ✧　该页面文件夹上方的目录图。

        ✧   /Shared。

        ✧   /Pages/Shared。

        ✧   /Views/Shared。

- MVC
  - ✧   /Areas/<Area-Name>/Views/<Controller-Name>。
  - ✧   /Areas/<Area-Name>/Views/Shared。
  - ✧   /Views/Shared。
  - ✧   /Pages/Shared。

以下约定适用于呈现部分视图：

- 当部分视图位于不同的文件夹中时，允许使用具有相同文件名的不同部分视图。
- 当按名称（无文件扩展名）引用部分视图且部分视图出现在调用方的文件夹中时，则会从调用方文件夹中提供部分视图。如果调用方文件夹中不存在部分视图，则会从 Shared 文件夹中提供部分视图。Shared 文件夹中的部分视图称为"共享部分视图"或"默认部分视图"。
- 可以链接部分视图——如果调用没有形成循环引用，则部分视图可以调用另一个部分视图。相对路径始终相对于当前文件，而不是相对于文件的根视图或父视图。

4.4.5　通过部分视图访问数据

实例化部分视图时，它会获得父视图的字典的副本 ViewData。在部分视图内对数据所做的更新不会保存到父视图中。在部分视图中的 ViewData 更改会在部分视图返回时丢失。

以下示例演示如何将 ViewDataDictionary 的实例传递给部分视图：

```
@await Html.PartialAsync("_PartialName", customViewData)
```

还可将模型传入部分视图。模型可以是自定义对象。可以使用 PartialAsync（向调用方呈现内容块）或 RenderPartialAsync（将内容流式传输到输出）传递模型：

```
@await Html.PartialAsync("_PartialName", model)
```

1. Razor 页面

示例应用程序中的以下标记来自 Pages/ArticlesRP/ReadRP.cshtml 页面。此页包含两个部分视图。第二个部分视图将模型和 ViewData 传入部分视图。ViewDataDictionary 构造函数重载可用于传递新 ViewData 字典，同时保留现有的 ViewData 字典。

```
@model ReadRPModel

<h2>@Model.Article.Title</h2>
@*把作者的名字传给 Pages\Shared\_AuthorPartialRP.cshtml *@
@await Html.PartialAsync("../Shared/_AuthorPartialRP",
Model.Article.AuthorName)
@Model.Article.PublicationDate

@* 循环视图模型，并组装新的ViewData 传给 Pages\ArticlesRP\_ArticleSectionRP.cshtml.*@
```

```
@{
    var index = 0;

    foreach (var section in Model.Article.Sections)
    {
        await Html.PartialAsync("_ArticleSectionRP",
                        section,
                        new ViewDataDictionary(ViewData)
                        {
                            { "index", index }
                        });

        index++;
    }
}
```

Pages/Shared/_AuthorPartialRP.cshtml 是 **ReadRP.cshtml** 标记文件引用的第一个部分视图：

```
@model string
<div>
    <h3>@Model</h3>
    引用于/Pages/Shared/_AuthorPartialRP.cshtml.
</div>
```

Pages/ArticlesRP/_ArticleSectionRP.cshtml 是 **ReadRP.cshtml** 标记文件引用的第二个部分视图：

```
@using PartialViewsSample.ViewModels
@model ArticleSection

<h3>@Model.Title Index: @ViewData["index"]</h3>
<div>
    @Model.Content
</div>
```

2. MVC

示例应用中的以下标记显示 Views/Articles/Read.cshtml 视图。此视图包含两个部分视图。第二个部分视图将模型和 ViewData 传入部分视图。ViewDataDictionary 构造函数重载可用于传递新 ViewData 字典，同时保留现有的 ViewData 字典。

```
@model PartialViewsSample.ViewModels.Article

<h2>@Model.Title</h2>
@* 把作者的名字传给 Views\Shared\_AuthorPartial.cshtml *@
@await Html.PartialAsync("_AuthorPartial", Model.AuthorName)
@Model.PublicationDate

@* 循环视图模型，并组装新的 ViewData 传给 Views\Articles\_ArticleSection.cshtml.
*@
```

```
@{
    var index = 0;

    foreach (var section in Model.Sections)
    {
        await Html.PartialAsync("_ArticleSection",
                        section,
                        new ViewDataDictionary(ViewData)
                        {
                            { "index", index }
                        });

        index++;
    }
}
```

Views/Shared/_AuthorPartial.cshtml 是 Read.cshtml 标记文件引用的第一个部分视图：

```
@model string
<div>
    <h3>@Model</h3>
    引用于/Views/Shared/_AuthorPartial.cshtml.
</div>
```

Views/Articles/_ArticleSection.cshtml 是 Read.cshtml 标记文件引用的第二个部分视图：

```
@using PartialViewsSample.ViewModels
@model ArticleSection

<h3>@Model.Title Index: @ViewData["index"]</h3>
<div>
    @Model.Content
</div>
```

在运行时，部分视图在父标记文件中引用并输出页面内容，而父标记文件（页面视图）本身在共享的_Layout.cshtml 内被隐式引用并输出页面内容。

4.5　控　制　器

4.5.1　什么是控制器

控制器（Controller）在 MVC 架构模式中响应 HTTP 请求并负责与 Model 和 View 之间协调和传递数据，是由一组业务逻辑类似的程序方法组成，这些方法被称之为 Action。控制器将这样的 Action 集合到一起，可以共同应用路由、缓存和授权等通用规则集。

根据惯例，控制器类：

- 存放在项目的 Controllers 文件夹中。
- 继承自 Microsoft.AspNetCore.Mvc.Controller。
- 是一个可实例化的类，至少符合以下条件中的一项：
    - ✧ 类名称带有 Controller 后缀。
    - ✧ 继承自带有 Controller 后缀的类。
    - ✧ [Controller]特性应用于该类。

示例：

```
public class HomeController : Controller
{
    public IActionResult Index()
    {
        return view();
    }
}
```

控制器类不能含有关联的[NonController]特性，并遵循 Explicit Dependencies Principle（显式依赖关系原则）。可以使用以下几种方法实现此原则：

- 如果多个控制器操作需要相同的服务，考虑使用构造函数来注入这些依赖关系。
- 如果该服务仅需要一个 Action 方法，考虑使用 Action 来注入依赖关系。

通常情况下，控制器负责请求的初始处理和模型的实例化操作，并将业务逻辑的处理结果返回至正确的视图或 API 调用方。而具体的业务处理通常交给处理这些业务的服务。

4.5.2　Action

Action 是控制器的具体实现，控制器上的公有方法（除了那些带有[NonAction]特性的方法）均为 Action。Action 上的参数会绑定请求数据，并使用模型绑定进行验证。ModelState.IsValid 属性值指示模型绑定和验证是否成功。

Action 方法可以返回任何内容，但是通常返回生成响应的 IActionResult（或异步方法的 Task<IActionResult>）的实例。

1. 控制器帮助程序可用的方法

控制器通常继承自 Controller 类。继承 Controller 会提供三种用于访问帮助程序的方法：

（1）空响应正文的方法

没有包含 Content-Type 属性的 HTTP 响应标头，缺少对响应正文的描述,其中有两种结果类型：

- HTTP 状态代码

返回 HTTP 状态代码。用于帮助程序的常见方法是 BadRequest、NotFound 和 Ok，例如"return BadRequest();"执行时生成 400 状态代码。

- 重定向

使用 Redirect、LocalRedirect、RedirectToAction 或 RedirectToRoute 返回一个到 Action 的重

定向或指定目标的重定向。例如，"return RedirectToAction("Complete", new {id = 123});" 重定向到 Complete，并传递一个包含 id 属性的匿名对象。

重定向结果类型与 HTTP 状态代码类型的不同之处主要在于 HTTP 响应标头增加了 Location 属性。

（2）具有预定义内容类型的非空响应正文的方法

此类别中的大多数都包含一个 ContentType 属性，通过它可以设置 Content-Type 响应标头来描述响应正文。

此类别中有两种结果类型：

● 视图

返回一个使用模型呈现 HTML 的视图。例如，"return View(customer);" 将模型传递给视图以进行数据绑定。

● 已格式化的响应

返回 JSON、XML 或类似格式的数据，从而以特定方式表示某个对象。例如，"return Json(customer);" 将提供的对象串行化为 JSON 格式。

其他常见方法包括 File 和 PhysicalFile。例如，"return PhysicalFile(customerFilePath, "text/xml");" 返回 PhysicalFileResult。

（3）在与客户端协商的内容类型中设置非空响应正文的方法

通常也叫作"内容协商"，每当 Action 返回 ObjectResult 类型或除 IActionResult 实现之外的任何其他实现时，都会应用内容协商。返回非 IActionResult（例如 object）的操作也会返回上述的"已格式化的响应"。

此类型的一些帮助程序可用的方法包括 BadRequest、CreatedAtRoute 和 Ok。这些方法的示例分别为"return BadRequest(modelState);""return CreatedAtRoute("routename", values, newobject);"和"return Ok(value);"。

4.5.3　横切关注点

应用程序通常会有一些需要跨越模块共享的业务流程。比如：需要身份验证才能访问购物车的应用、在某些页面上缓存数据的应用。要在某个操作方法之前或之后执行逻辑，可使用筛选器，这样能够有效减少代码重复。MVC 模式可在控制器或 Action 级别上应用大多数筛选器特性（例如[Authorize]），具体取决于业务所需的粒度级别。

通常情况下，错误处理和响应缓存都是横切关注点，将在 4.8 节中详细讲解筛选器。

4.6　路　由

3.6 节讲了 ASP.NET Core 路由的基础知识，大多数的 MVC 应用程序都可以使用默认的路由模板。本节将讲述在使用默认的路由配置无法满足要求时可选的解决方案。

4.6.1　自定义路由

在一些特定场景中默认路由模板不能满足要求时，我们可以自定义一些路由规则，在 Startup.Configure 的 app.UseEndpoints 注册时增加配置：

1. 带路径参数的路由

增加路由配置：

```
endpoints.MapControllerRoute(
    name: "PathParameterRoute",
    pattern: "{controller}/{action}/{name}/{age}");
```

此路由适配 URL：

- /profile/welcome/lilei/20

不适配 URL：

- /profile/welcome/lilei

如果我们希望不在路径中设置 age 也可以被路由到，那么可以将 age 指定为可选参数，将模板中的{age}修改为{age?}：

```
endpoints.MapControllerRoute(
    name: "PathParameterRoute",
    pattern: "{controller}/{action}/{name}/{age?}");
```

此路由适配 URL：

- /profile/welcome/lilei/20
- /profile/welcome/lilei
- /profile/welcome/lilei?age=20

2. 固定前后缀的路由

固定前缀增加路由配置：

```
endpoints.MapControllerRoute(
    name: "PrefixRoute",
    pattern: "my/{controller}/{action}");
```

此路由适配 URL：

- /my/todo/list
- /my/profile/index

固定后缀增加路由配置：

```
endpoints.MapControllerRoute(
```

```
        name: "SuffixRoute",
        pattern: "{controller}/{action}.html");
```

此路由适配 URL：

- /todo/list.html
- /profile/index.html

固定后缀的路由可以适用于伪静态等需求，固定前后缀可以根据自己的需求结合使用。当然，也可以在路由模板中间设定固定值。

4.6.2　混合路由

ASP.NET Core 应用可以混合使用常规路由和特性路由。通常将常规路由用于为浏览器处理 HTML 页面的控制器（Controller），将特性路由用于处理 REST API 的控制器。

Action 既支持常规路由，也支持特性路由。通过在 Controller 或 Action 上放置路由可实现特性路由。不能通过常规路由访问定义特性路由的 Action，反之亦然。Controller 上的任何路由特性使 Controller 中的所有 Action 都有可用的路由。

特性路由和常规路由使用相同的路由引擎。

4.6.3　动态路由

在一些特定场景中需要动态定义路由，并在应用程序运行时添加或删除，例如：

- 多语言网站，在增加支持新语言的内容时需要动态定义路由。
- CMS 类型的系统中，负责内容的管理员可能会需要动态添加一些新页面，而这些新页面要求使用已有的控制器或者使用源码中硬编码的路由信息。
- 在多租户应用中，租户路由可以在运行时动态激活或者取消激活。

本节以多语言文档场景为例来说明动态路由的实践。假设在项目中有大量的说明文档需要支持多语言版本，如 DocController：

- 英语：/en/doc/list。
- 德语：/de/datei/liste。
- 波兰语：/pl/plik/lista。

那么该如何满足这一要求呢？我们可以使用新特性 MapDynamicControllerRoute 来替代默认的 MVC 路由，并将其指向我们自定义的 DynamicRouteValueTransformer 类，该类实现了我们之前提到的路由值转换。

Startup 类配置：

```
public class Startup
{
    public void ConfigureServices(IServiceCollection services)
    {
        services.AddMvc().SetCompatibilityVersion
```

```
(CompatibilityVersion.Latest);

        services.AddSingleton<TranslationTransformer>();
        services.AddSingleton<TranslationDatabase>();
    }

    public void Configure(IApplicationBuilder app)
    {
        app.UseRouting();
        app.UseEndpoints(endpoints =>
        {
            endpoints.MapDynamicControllerRoute<TranslationTransformer>
("{language}/{controller}/{action}");
        });
    }
```

增加 TranslationTransformer 类，继承 DynamicRouteValueTransformer：

```
public class TranslationTransformer : DynamicRouteValueTransformer
{
    private readonly TranslationDatabase _translationDatabase;

    public TranslationTransformer(TranslationDatabase translationDatabase)
    {
        _translationDatabase = translationDatabase;
    }

    public override async ValueTask<RouteValueDictionary>
TransformAsync(HttpContextcontext, RouteValueDictionary values)
    {
        if (!values.ContainsKey("language")
         || !values.ContainsKey("controller")
         || !values.ContainsKey("action")) return values;

        var language = (string)values["language"];
        var controller = await _translationDatabase.Resolve(language,
          (string)values["controller"]);

        if (controller == null) return values;
        values["controller"] = controller;

        var action = await _translationDatabase.Resolve(language,
          (string)values["action"]);

        if (action == null) return values;
        values["action"] = action;

        return values;
```

```
    }
}
```

增加 TranslationDatabase 类:

```
public class TranslationDatabase
{
    private static Dictionary<string, Dictionary<string, string>>
Translations = new Dictionary<string, Dictionary<string, string>>
    {
        {
            "en", new Dictionary<string, string>
            {
                { "doc", "doc" },
                { "list", "list" }
            }
        },
        {
            "de", new Dictionary<string, string>
            {
                { "datei", "doc" },
                { "liste", "list" }
            }
        },
        {
            "pl", new Dictionary<string, string>
            {
                { "plik", "doc" },
                { "lista", "list" }
            }
        },
    };

    public async Task<string> Resolve(string lang, string value)
    {
        var normalizedLang = lang.ToLowerInvariant();
        var normalizedValue = value.ToLowerInvariant();
        if (Translations.ContainsKey(normalizedLang)
            && Translations[normalizedLang]
              .ContainsKey(normalizedValue))
        {
            return Translations[normalizedLang][normalizedValue];
        }

        return null;
    }
}
```

　　从代码中可以看出，我们定义了一个 TranslationTransformer 类，它继承了 DynamicRouteValue Transformer 类。这个类将负责把特定语言路由值转换为应用可以匹配到 controller/action 的路由值字典，而这些值通常不能直接和应用中的任何 controller/action 匹配。简单来说，在德语应用场景下，controller 名会从"Datei"转换成"Doc"，action 名会从"Liste"转换成"List"。

　　TranslationTransformer 类被作为泛型类型参数传入 MapDynamicControllerRoute 方法中，必须在依赖注入容器中注册。

　　最后，还需要注册一个 TranslationDatabase 类，在这个转换器中提取 3 个路由参数：language、controller、action，然后我们需要在模拟用的数据库类中找到其对应的翻译。如前文所述，我们通常希望从数据库中查找对应的内容，因为使用这种方式，我们可以在应用程序生命周期的任何时刻动态地影响路由。为了说明这一点，可以使用 TranslationDatabase 类来模拟数据库操作，这里我们可以把它想象成一个真正的数据库仓储服务。

　　到目前为止，我们已经很好地解决了这个问题。通过在 MVC 应用中启用这个设置，我们就可以向之前定义的 3 个路由发送请求了。

- 英语：/en/doc/list。
- 德语：/de/datei/liste。
- 波兰语：/pl/plik/lista。

　　每个请求都会命中 DocController 控制器和 List 的 Action。也可以将这个方法进一步扩展到其他的控制器。最重要的是，如果新增一种语言或者路由别名映射到现有语言中的 controller/actions，不需要更改任何代码，甚至不需要重启程序。

　　注意，在本文中，我们只关注路由转换，这里仅仅是为了演示 ASP.NET Core 3.1 中的动态路由特性。如果想在应用程序中实现本地化，则需要阅读 ASP.NET Core 3.1 的本地化指南，因为需要根据语言的路由值设置正确的 CurrentCulture。

4.7　区　域

区域（Areas）是一项 MVC 功能，用于将相关功能组织到一个单独的组中：

- 控制器和 Action 的路由命名空间。
- 视图、Razor 页面的文件夹结构。

应用可以在不同的区域中存在多个具有相同名称的控制器。通过向 Area 和 Controller 添加另一个路由参数，可使用区域为路由创建层次结构。本节将介绍路由如何与区域交互。

　　下面的示例将 MVC 配置为采用默认常规路由，并为 Area 的 Blog 指定 Area 路由：

```
app.UseEndpoints(endpoints =>
{
    endpoints.MapAreaControllerRoute("blog_route", "Blog",
        "Manage/{controller}/{action}/{id?}");
    endpoints.MapControllerRoute("default_route",
```

```
"{controller}/{action}/{id?}");
    });
```

在前面的代码中，调用 MapAreaControllerRoute 来创建"blog_route"。第二个参数"Blog"是区域名称。

当匹配 URL 路径（如 /Manage/Users/AddUser）时，"blog_route" 路由会生成 {area = Blog, controller=Users, action=AddUser} 的路由值。area 路由值由 area 的默认值生成。MapAreaControllerRoute 创建的路由等效于以下内容：

```
app.UseEndpoints(endpoints =>
{
    endpoints.MapControllerRoute("blog_route",
"Manage/{controller}/{action}/{id?}",
        defaults: new { area = "Blog" }, constraints: new { area = "Blog" });
    endpoints.MapControllerRoute("default_route",
"{controller}/{action}/{id?}");
    });
```

MapAreaControllerRoute 通过提供区域名称"Blog"以使用默认值和约束来创建路由。默认值确保路由始终生成{ area = Blog, ... }，而约束则要求在生成 URL 时使用{ area = Blog, ... }。

由于常规路由取决于设置的顺序，因此要将具有区域的路由优先配置到没有区域的路由之前。

使用前面的示例，路由值 { area = Blog, controller = Users, action = AddUser }对应以下的操作：

```
using Microsoft.AspNetCore.Mvc;

namespace MyNetCoreMVC.Namespace1
{
    [Area("Blog")]
    public class UsersController : Controller
    {
        // GET /manage/users/adduser
        public IActionResult AddUser()
        {
            var area =
ControllerContext.ActionDescriptor.RouteValues["area"];
            var actionName = ControllerContext.ActionDescriptor.ActionName;
            var controllerName =
ControllerContext.ActionDescriptor.ControllerName;

            return Content($"area name:{area}" +
                $" controller:{controllerName} action name: {actionName}");
        }
    }
}
```

[Area]特性用于将控制器标记为区域的一部分。此控制器位于 Blog 区域。没有[Area]特性的控制器不是任何区域的成员，在通过路由提供 area 路由值时不会匹配到。在下面的示例中，只有

所列出的第一个控制器才能与路由值 { area = Blog, controller = Users, action = AddUser } 匹配。

```
using Microsoft.AspNetCore.Mvc;

namespace MyNetCoreMVC.Namespace1
{
    [Area("Blog")]
    public class UsersController : Controller
    {
        // GET /manage/users/adduser
        public IActionResult AddUser()
        {
            var area =
ControllerContext.ActionDescriptor.RouteValues["area"];
            var actionName = ControllerContext.ActionDescriptor.ActionName;
            var controllerName =
ControllerContext.ActionDescriptor.ControllerName;

            return Content($"area name:{area}" +
                $" controller:{controllerName}  action name: {actionName}");
        }
    }
}


using Microsoft.AspNetCore.Mvc;

namespace MyNetCoreMVC.Namespace2
{
    // Matches { area = Zebra, controller = Users, action = AddUser }
    [Area("Zebra")]
    public class UsersController : Controller
    {
        // GET /zebra/users/adduser
        public IActionResult AddUser()
        {
            var area =
ControllerContext.ActionDescriptor.RouteValues["area"];
            var actionName = ControllerContext.ActionDescriptor.ActionName;
            var controllerName =
ControllerContext.ActionDescriptor.ControllerName;

            return Content($"area name:{area}" +
                $" controller:{controllerName}  action name: {actionName}");
        }
    }
}
```

```
using Microsoft.AspNetCore.Mvc;

namespace MyNetCoreMVC.Namespace3
{
    // Matches { area = string.Empty, controller = Users, action = AddUser }
    // Matches { area = null, controller = Users, action = AddUser }
    // Matches { controller = Users, action = AddUser }
    public class UsersController : Controller
    {
        // GET /users/adduser
        public IActionResult AddUser()
        {
            var area =
ControllerContext.ActionDescriptor.RouteValues["area"];
            var actionName = ControllerContext.ActionDescriptor.ActionName;
            var controllerName =
ControllerContext.ActionDescriptor.ControllerName;

            return Content($"area name:{area}" +
                $" controller:{controllerName}  action name: {actionName}");
        }
    }
}
```

前两个控制器是区域成员，仅在 area 路由值提供其各自的区域名称时匹配。第三个控制器不是任何区域的成员，只能在路由没有为 area 提供任何值时匹配，缺少 area 值相当于 area 的值为 null 或空字符串。

在区域内执行操作时，area 的路由值可用作路由的环境值，以便于生成 URL，如以下示例所示：

```
app.UseEndpoints(endpoints =>
{
    endpoints.MapAreaControllerRoute(name: "duck_route",
                                     areaName: "Duck",
                                     pattern:
"Manage/{controller}/{action}/{id?}");
    endpoints.MapControllerRoute(name: "default",
                                 pattern:
"Manage/{controller=Home}/{action=Index}/{id?}");
});

using Microsoft.AspNetCore.Mvc;

namespace MyNetCoreMVC.Namespace4
```

```
{
    [Area("Duck")]
    public class UsersController : Controller
    {
        // GET /Manage/users/GenerateURLInArea
        public IActionResult GenerateURLInArea()
        {
            //设置 Url 地址
            var url = Url.Action("Index", "Home");
            // 返回路径 /Manage/Home/Index
            return Content(url);
        }

        // GET /Manage/users/GenerateURLOutsideOfArea
        public IActionResult GenerateURLOutsideOfArea()
        {
            //设置路径，area 设置为空地址
            var url = Url.Action("Index", "Home", new { area = "" });
            // 返回路径 /Manage
            return Content(url);
        }
    }
}
```

下面的代码生成**/Zebra/Users/AddUser** 的 URL：

```
public class HomeController : Controller
{
    public IActionResult About()
    {
        var url = Url.Action("AddUser", "Users", new { Area = "Zebra" });
        return Content($"URL: {url}");
    }
}
```

4.8 筛 选 器

通过使用 ASP.NET Core 中的筛选器，可在请求处理管道中的特定阶段之前或之后运行代码。
内置筛选器可以处理如下任务：

- 授权（防止用户访问未获授权的资源）。
- 响应缓存（对请求管道进行短路处理，以便返回缓存的响应）。
- 可以创建自定义筛选器，用于处理横切关注点。横切关注点的示例包括错误处理、缓存、配置、授权和日志记录。筛选器可以避免复制代码。例如，错误处理异常筛选器可以合并错误处理。

本节适用于 Razor Pages、API 控制器和具有视图的控制器。筛选器无法直接与 Razor 组件一起使用。筛选器只能在以下情况下间接影响组件:

● 该组件嵌入在页面或视图中。
● 页面或控制器/视图使用此筛选器。

4.8.1 筛选器的工作原理

筛选器在 ASP.NET Core 操作调用管道(有时称为筛选器管道)内运行。筛选器管道在 ASP.NET Core 选择了要执行的 Action 之后运行,如图 4-10 所示。

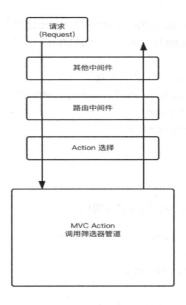

图 4-10

每种筛选器类型都在筛选器管道中的不同阶段执行:

● 授权筛选器最先运行,用于确定是否已针对请求为用户授权。如果请求未获授权,授权筛选器可以让管道中断。
● 资源筛选器:
  ❖ 授权后运行。
  ❖ OnResourceExecuting 在筛选器管道的其他处理之前运行,比如在模型绑定之前运行。
  ❖ OnResourceExecuted 在筛选器管道的其他处理完成之后运行。
● Action 筛选器:
  ❖ 在调用 Action 方法之前和之后立即运行。
  ❖ 可以更改传递到 Action 中的参数。
  ❖ 可以更改从 Action 返回的结果。
  ❖ 不可在 Razor Pages 中使用。

- 异常筛选器在往响应正文写入任何内容之前，对未经处理的异常应用全局策略。
- 结果筛选器在执行操作结果之前和之后立即运行。不过，仅当 Action 方法成功执行时，它们才会运行。

图 4-11 展示了筛选器类型在筛选器管道中的交互方式。

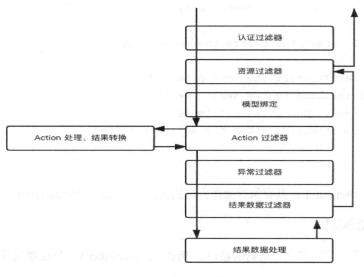

图 4-11

4.8.2　实　现

通过不同的接口定义，筛选器同时支持同步和异步实现。同步筛选器在其管道之前和之后运行。例如，OnActionExecuting 在调用操作方法之前调用。OnActionExecuted 在操作方法返回之后调用。

```
public class MySampleActionFilter : IActionFilter
{
    public void OnActionExecuting(ActionExecutingContext context)
    {
        // Do something before the action executes.
        MyDebug.Write(MethodBase.GetCurrentMethod(),
context.HttpContext.Request.Path);
    }

    public void OnActionExecuted(ActionExecutedContext context)
    {
        // Do something after the action executes.
        MyDebug.Write(MethodBase.GetCurrentMethod(),
context.HttpContext.Request.Path);
    }
}
```

异步筛选器定义有 On-Stage-ExecutionAsync 方法。例如，OnActionExecutionAsync：

```
public class SampleAsyncActionFilter : IAsyncActionFilter
{
    public async Task OnActionExecutionAsync(
        ActionExecutingContext context,
        ActionExecutionDelegate next)
    {
        // Do something before the action executes.

        // next() calls the action method.
        var resultContext = await next();
        // resultContext.Result is set.
        // Do something after the action executes.
    }
}
```

SampleAsyncActionFilter 具有执行操作方法的 ActionExecutionDelegate(next)。

1. 多个筛选器阶段

可以在单个类中实现多个筛选器的接口。例如，ActionFilterAttribute 类可实现：

- 同步：IActionFilter 和 IResultFilter。
- 异步：IAsyncActionFilter 和 IAsyncResultFilter。
- IOrderedFilter。

筛选器接口的同步和异步版本不能同时调用，运行时会先查看筛选器是否实现了异步接口，如果是，则调用该异步接口。如果不是，则调用它的同步接口。如果在一个类中同时实现了异步和同步接口，则仅调用异步方法。使用抽象类（如 ActionFilterAttribute）时，将为每种筛选器类型仅重写（Override）同步方法或仅重写异步方法。

2. 内置筛选器特性

ASP.NET Core 包含许多可子类化和自定义的基于特性的内置筛选器。例如，以下结果筛选器会往响应信息中添加标头：

```
public class AddHeaderAttribute : ResultFilterAttribute
{
    private readonly string _name;
    private readonly string _value;

    public AddHeaderAttribute(string name, string value)
    {
        _name = name;
        _value = value;
    }
```

```
    public override void OnResultExecuting(ResultExecutingContext context)
    {
        context.HttpContext.Response.Headers.Add( _name, new string[]
{ _value });
        base.OnResultExecuting(context);
    }
}
```

通过使用特性，筛选器可接收参数，如前面的示例所示。将 AddHeaderAttribute 添加到控制器或操作方法中，并指定 HTTP 标头的名称和值：

```
[AddHeader("Author", "Rick Anderson")]
public class SampleController : Controller
{
    public IActionResult Index()
    {
        return Content("Examine the headers using the F12 developer tools.");
    }
}
```

使用浏览器的"开发人员工具"等来检查标头。在响应信息的标头中，将显示 author: Rick Anderson。

以下为 ActionFilterAttribute 的实现代码：

```
public class MyActionFilterAttribute : ActionFilterAttribute
{
    private readonly PositionOptions _settings;

    public MyActionFilterAttribute(IOptions<PositionOptions> options)
    {
        _settings = options.Value;
        Order = 1;
    }

    public override void OnResultExecuting(ResultExecutingContext context)
    {
        context.HttpContext.Response.Headers.Add(_settings.Title,
                                    new string[] { _settings.Name });
        base.OnResultExecuting(context);
    }
}
```

● 从配置系统读取标题和名称。与前面的示例不同，不需要将筛选器参数添加到代码中。
● 将标题和名称添加到响应信息的标头。

使用选项模式从配置系统中选择配置选项。例如，在 appsettings.json 文件中：

```
{
    "Position": {
```

```
        "Title": "编辑器",
        "Name": "Joe Smith"
    },
    "Logging": {
        "LogLevel": {
            "Default": "Information",
            "Microsoft": "Warning",
            "Microsoft.Hosting.Lifetime": "Information"
        }
    },
    "AllowedHosts": "*"
}
```

在 StartUp.ConfigureServices 中：

```
public void ConfigureServices(IServiceCollection services)
{
    services.Configure<PositionOptions>(
            Configuration.GetSection("Position"));
    services.AddScoped<MyActionFilterAttribute>();

    services.AddControllersWithViews();
}
```

- PositionOptions 类通过 "Position" 配置段将位置选项添加到服务容器。
- MyActionFilterAttribute 被添加到服务容器。

PositionOptions 类如下所示：

```
public class PositionOptions
{
    public string Title { get; set; }
    public string Name { get; set; }
}
```

将 MyActionFilterAttribute 应用于 Index2 方法的代码如下：

```
[AddHeader("Author", "Rick Anderson")]
public class SampleController : Controller
{
    public IActionResult Index()
    {
        return Content("Examine the headers using the F12 developer tools.");
    }

    [ServiceFilter(typeof(MyActionFilterAttribute))]
    public IActionResult Index2()
    {
        return Content("Header values by configuration.");
```

```
    }
```

在响应信息的标头中，在调用 Sample/Index2 时会显示出 author: Rick Anderson 和 Editor: Joe Smith。

筛选器不能应用于 Razor 页面，但可应用于 Razor 页面模型。将 MyActionFilterAttribute 和 AddHeaderAttribute 应用于 Razor 页面模型的代码如下：

```
[AddHeader("Author", "Rick Anderson")]
[ServiceFilter(typeof(MyActionFilterAttribute))]
public class IndexModel : PageModel
{
    public void OnGet()
    {
    }
}
```

多种筛选器接口具有所对应的特性，这些特性可用作自定义实现的基类，如下：

- ActionFilterAttribute。
- ExceptionFilterAttribute。
- ResultFilterAttribute。
- FormatFilterAttribute。
- ServiceFilterAttribute。
- TypeFilterAttribute。

4.9　模型绑定器

4.9.1　什么是模型绑定

控制器和 Razor 页面处理来自 HTTP 请求的数据。例如，路由数据可以提供一个记录键，而发布的表单域可以为模型的属性提供一个值。通过编写代码来检索这些值并将它们从字符串转换为.NET 类型，这个过程不但烦琐，而且容易出错。模型绑定可用于自动化这个过程。模型绑定系统从各种源（如路由数据、表单域和 URL 字符串参数）中检索数据，在方法参数和公有属性 Razor 中为控制器和页面提供数据，可将字符串数据转换为.NET 类型以及更新复杂类型的属性。

假设有以下操作方法：

```
[HttpGet("{id}")]
public ActionResult<Pet> GetById(int id, bool dogsOnly)
```

并且应用收到一个带有以下 URL 的请求：

```
http://contoso.com/api/pets/2?DogsOnly=true
```

那么在路由系统选择该 Action 方法之后，模型绑定将执行以下步骤：

- 查找 GetById 的第一个参数，该参数是一个名为 id 的整数。
- 查找 HTTP 请求中的可用源，并在路由数据中查找 id="2"。
- 将字符串"2"转换为整数 2。
- 查找 GetById 的下一个参数，该参数是一个名为 dogsOnly 的布尔值。
- 在字符串中查找"DogsOnly=true"。名称匹配不区分字母大小写。
- 将字符串"true"转换为布尔值 true。

然后，该框架会调用 GetById 方法，为 id 参数传入 2，并为 dogsOnly 参数传入 true。

在上面的示例中，模型绑定目标可以是简单类型的方法参数，也可以是复杂类型的属性。成功绑定每个属性后，将对属性进行模型验证。有关绑定到模型的数据以及任意绑定或验证错误的记录都存储在 ControllerBase.ModelState 或 PageModel.ModelState 中。为查明该过程是否成功，应用会检查 ModelState.IsValid 标志。

4.9.2　目　标

模型绑定会尝试查找以下类型目标的值：

- 请求路由到的控制器 Action 方法的参数。
- 请求路由到 Razor 的页处理程序方法的参数。
- 控制器或 PageModel 类的公有属性（由特性指定）。

1. [BindProperty]特性

可应用于控制器或 PageModel 类的公有属性，指定模型绑定以该属性为目标：

```
public class EditModel : InstructorsPageModel
{
    [BindProperty]
    public Instructor Instructor { get; set; }
```

2. [BindProperties]特性

可应用于控制器或 PageModel 类，指定模型绑定以该类的所有公有属性为目标：

```
[BindProperties(SupportsGet = true)]
public class CreateModel : InstructorsPageModel
{
    public Instructor Instructor { get; set; }
```

3. HTTP GET 请求的模型绑定

默认情况下，不绑定 HTTP GET 请求的属性。通常，GET 请求只需一个记录 ID 的参数。记录 ID 用于查找数据库中的项。因此，无须绑定包含模型实例的属性。在需要将属性绑定到 GET 请求中的数据时，需将 SupportsGet 属性设置为 true：

```
[BindProperty(Name = "ai_user", SupportsGet = true)]
public string ApplicationInsightsCookie { get; set; }
```

4.9.3　源

默认情况下，模型绑定以键-值对的形式从 HTTP 请求中的以下源获取数据：

- 表单域。
- 请求正文。
- 路由数据。
- URL 字符串参数。
- 上传的文件。

对于每个目标参数或属性，按照之前列表中指示的顺序扫描源，例外情况如下：

- 路由数据和查询的字符串仅用于简单类型。
- 上传的文件仅绑定到实现 IFormFile 或 IEnumerable<IFormFile>的目标类型。

如果默认源不正确，可使用下列特性之一来指定源：

- [FromQuery]: 从 URL 字符串获取值。
- [FromRoute]: 从路由数据中获取值。
- [FromForm]: 从已发布的表单域中获取值。
- [FromBody]: 从请求正文中获取值。
- [FromHeader]: 从 HTTP 标头中获取值。

这些特性的使用方式包括：

- 分别添加模型特性，如下所示：

```
public class Instructor
{
    public int ID { get; set; }

    [FromQuery(Name = "Note")]
    public string NoteFromQueryString { get; set; }
}
```

- 选择性地在构造函数中指定模型名称。目的是应对属性名称与请求中的字符串不匹配的情况。例如，请求中的字符串可能是名称中带有特殊字符的标头，如下所示：

```
public void OnGet([FromHeader(Name = "Accept-Language")] string language)
```

1. [FromBody] 特性

[FromBody]特性从一个 HTTP 请求的正文获取数据绑定到对应的属性。

[FromBody]特性应用到复杂类型参数时，该类型的任何绑定源属性都将被忽略。例如，下面的示例代码 Create 操作指定从正文绑定其 pet 参数：

```
public ActionResult<Pet> Create([FromBody] Pet pet)
```

Pet 类指定从 URL 字符串参数获取数据绑定到 Breed 属性：

```
public class Pet
{
    public string Name { get; set; }

    [FromQuery]
    public string Breed { get; set; }
}
```

在上面的示例代码中 Breed 属性的[FromQuery]特性将不会生效。

输入格式化程序只读取正文，不绑定源特性。如果在正文中找到合适的值，则使用该值填充 Breed 属性。

不要将[FromBody]应用于每个操作方法的多个参数。输入格式化程序读取请求流后，无法再次读取该流以绑定其他 [FromBody] 参数。

2. 其他源

源数据由"值提供程序"提供给模型绑定系统。可以编写并注册自定义值提供程序，这些提供程序从其他源中获取用于模型绑定的数据，例如来自 Cookie 或会话状态的数据。要从新的源中获取数据，可执行以下操作：

- 创建用于实现 IValueProvider 的类。
- 创建用于实现 IValueProviderFactory 的类。
- 在 Startup.ConfigureServices 中注册工厂类。

示例应用包括从 Cookie 中获取值的值提供程序和工厂示例。Startup.ConfigureServices 中的注册代码如下：

```
services.AddRazorPages()
    .AddMvcOptions(options =>
{
    options.ValueProviderFactories.Add(new CookieValueProviderFactory());
    options.ModelMetadataDetailsProviders.Add(
        new ExcludeBindingMetadataProvider(typeof(System.Version)));
    options.ModelMetadataDetailsProviders.Add(
        new SuppressChildValidationMetadataProvider(typeof(System.Guid)));
})
.AddXmlSerializerFormatters();
```

以上代码将自定义值提供程序置于所有内置值提供程序之后。要将其置于列表中的首位，可调用 Insert(0, new CookieValueProviderFactory())而不是调用 Add。

4.9.4 不存在模型属性的源

默认情况下，如果找不到模型属性的值，则会发生创建模型的状态错误。该属性设置为 null 或默认值：

- 可以将 null 的简单类型设置为 null。
- 不可以将 null 的值类型设置为 default(T)。例如，参数 int id 设置为 0。
- 对于复杂类型，模型绑定使用默认构造函数来创建实例，而不设置属性。
- 数组设置为 Array.Empty<T>()，但 byte[]数组设置为 null。

在模型属性的表单字段中未找到任何内容时，模型状态应失效，这时可使用[BindRequired]
特性。

注意，[BindRequired]特性适用于表单数据中的模型绑定，而不适用于请求正文中的 JSON 或
XML 数据。请求正文数据由输入格式化程序进行处理。

4.9.5　类型转换错误

如果无法将源数据转换为目标数据类型，则模型状态将被标记为无效。在具有[ApiController]
特性的 API 控制器中，无效的模型状态会回应 HTTP 400 错误状态码。

在 Razor 页面中，重新显示页面并显示一条错误消息：

```
public IActionResult OnPost()
{
    if (!ModelState.IsValid)
    {
        return Page();
    }

    _instructorsInMemoryStore.Add(Instructor);
    return RedirectToPage("./Index");
}
```

4.9.6　复杂类型

复杂类型必须具有要绑定的公有默认构造函数和公有可写属性。进行模型绑定时，将使用公
有默认构造函数来实例化类。

对于复杂类型的每个属性，模型绑定会优先查找名称模式是"前缀.属性名"的源。如果未找
到，则查找不含前缀的属性名。

例如，假设复杂类型是以下 Instructor 类：

```
public class Instructor
{
    public int ID { get; set; }
    public string LastName { get; set; }
    public string FirstName { get; set; }
}
```

1. 前缀=参数名称

如果要绑定的模型是一个名为 instructorToUpdate 的参数：

```
public IActionResult OnPost(int? id, Instructor instructorToUpdate)
```

模型绑定从查找键 instructorToUpdate.ID 的源开始操作。如果未找到,则查找不含前缀的 ID。

2. 前缀=属性名称

如果要绑定的模型是控制器或 PageModel 类的一个名为 Instructor 的属性:

```
[BindProperty]
public Instructor { get; set; }
```

那么模型绑定将从查找键 Instructor.ID 的源开始操作。如果未找到,则查找不含前缀的 ID。

3. 自定义前缀

如果要绑定的模型是名为 instructorToUpdate 的参数,并且 Bind 属性指定 Instructor 作为前缀:

```
public IActionResult OnPost(int? id, [Bind(Prefix = "Instructor")] Instructor
instructorToUpdate)
```

那么模型绑定将从查找键 Instructor.ID 的源开始操作。如果未找到,则查找不含前缀的 ID。

4. 复杂类型目标的属性

多个内置特性可用于控制复杂类型的模型绑定:

- [BindRequired]
- [BindNever]
- [Bind]

5. [BindRequired]特性

只能应用于模型属性,不能应用于方法参数。如果无法对模型属性进行绑定,就会导致模型绑定状态错误。示例如下:

```
public class InstructorWithCollection
{
    public int ID { get; set; }

    [DataType(DataType.Date)]
    [DisplayFormat(DataFormatString = "{0:yyyy-MM-dd}",
ApplyFormatInEditMode = true)]
    [Display(Name = "Hire Date")]
    [BindRequired]
    public DateTime HireDate { get; set; }
```

6. [BindNever]特性

只能应用于模型属性,不能应用于方法参数,设置模型绑定不绑定该属性。示例如下:

```
public class InstructorWithDictionary
```

```
{
    [BindNever]
    public int ID { get; set; }
}
```

7. [Bind]特性

可应用于类或方法参数。用于指定模型绑定中应包含的模型属性。

在以下示例中，当调用任意处理程序或操作方法时，只绑定 Instructor 模型的指定属性 LastName、FirstMidName、HireDate：

```
[Bind("LastName,FirstMidName,HireDate")]
public class Instructor
```

在下面的示例中，当调用 OnPost 方法时，只绑定 Instructor 模型的指定属性 LastName、FirstMidName、HireDate：

```
[HttpPost]
public IActionResult OnPost([Bind("LastName,FirstMidName,HireDate")]
Instructor instructor)
```

[Bind]特性可用于防止"创建"方案中出现过度发布的情况。由于被排除的属性要设置为 null 或默认值，而不是保持不变，因此它在"编辑"方案中无法工作欠佳。为了防止过度发布的情况，建议使用视图模型，而不是使用[Bind]特性。

4.9.7　集　合

针对简单类型集合的目标，模型绑定将查找参数名或属性名的匹配项。如果找不到匹配项，它将查找可支持的不含前缀的格式。例如：

● 假设要绑定的参数是名为 selectedCourses 的数组：

```
public IActionResult OnPost(int? id, int[] selectedCourses)
```

● 表单或查询字符串数据可以采用以下的格式：

```
selectedCourses=1050&selectedCourses=2000
selectedCourses[0]=1050&selectedCourses[1]=2000
[0]=1050&[1]=2000
selectedCourses[a]=1050&selectedCourses[b]=2000&selectedCourses.index=a&s
electedCourses.index=b
 [a]=1050&[b]=2000&index=a&index=b
```

● 只有表单数据支持以下格式：

```
selectedCourses[]=1050&selectedCourses[]=2000
```

● 对于前面所有的示例格式，模型绑定将数组的两项传递给 selectedCourses 参数：
　◇　selectedCourses[0]=1050

◇ selectedCourses[1]=2000

使用下标的数字格式(... [0] ... [1] ...)必须确保编号从零开始按顺序进行递增。如果下标编号中存在任何间隔，则间隔后面的所有项都将被忽略。例如，如果下标是 0 和 2，而不是 0 和 1，则第二个项会被忽略（即小标为 2 的项被忽略）。

4.9.8 字 典

对于字典（Dictionary）目标，模型绑定会查找参数名或属性名的匹配项。如果找不到匹配项，它将查找可支持的不含前缀的格式。例如：

- 假设目标参数是名为 selectedCourses 的 Dictionary<int, string>：

```
public IActionResult OnPost(int? id, Dictionary<int, string> selectedCourses)
```

- 发布的表单或查询字符串数据可以类似如下：

```
selectedCourses[1050]=Chemistry&selectedCourses[2000]=Economics
[1050]=Chemistry&selectedCourses[2000]=Economics
selectedCourses[0].Key=1050&selectedCourses[0].Value=Chemistry&
selectedCourses[1].Key=2000&selectedCourses[1].Value=Economics
[0].Key=1050&[0].Value=Chemistry&[1].Key=2000&[1].Value=Economics
```

- 对于前面所有的示例格式，模型绑定将字典的两项传递给 selectedCourses 参数：
  - ◇ selectedCourses["1050"]="Chemistry"
  - ◇ selectedCourses["2000"]="Economics"

4.9.9 模型绑定路由数据和 URL 字符串参数的全局行为

ASP.NET Core 路由值和 URL 字符串参数值的处理程序：

- 将值视为固定区域性。
- URL 的区域性应固定。

相反，来自表单数据的值要进行区分区域性的转换。这是设计使然，目的是让 URL 可在各个区域设置中共享。

如果要对 ASP.NET Core 路由值和 URL 字符串参数值的提供程序进行区分区域性的转换，则：

- 继承自 IValueProviderFactory。
- 从 QueryStringValueProviderFactory 或 RouteValueValueProviderFactory 复制代码。
- 使用 CultureInfo.CurrentCulture 替换传递给值提供程序构造函数的区域性值。
- 将 MVC 选项中的默认值提供程序工厂替换为新的工厂。

```
public void ConfigureServices(IServiceCollection services)
{
    services.AddControllersWithViews(options =>
    {
```

```
        var index = options.ValueProviderFactories.IndexOf(

options.ValueProviderFactories.OfType<QueryStringValueProviderFactory>().Sing
le());
        options.ValueProviderFactories[index] = new
CulturedQueryStringValueProviderFactory();
    });
}

public class CulturedQueryStringValueProviderFactory : IValueProviderFactory
{
    public Task CreateValueProviderAsync(ValueProviderFactoryContext
context)
    {
        if (context == null)
        {
            throw new ArgumentNullException(nameof(context));
        }

        var query = context.ActionContext.HttpContext.Request.Query;
        if (query != null && query.Count > 0)
        {
            var valueProvider = new QueryStringValueProvider(
                BindingSource.Query,
                query,
                CultureInfo.CurrentCulture);

            context.ValueProviders.Add(valueProvider);
        }

        return Task.CompletedTask;
    }
}
```

4.9.10　特殊数据类型

模型绑定可以处理一些特殊的数据类型。

- IFormFile 和 IFormFileCollection：HTTP 请求中包含的上传文件。以及支持多个文件的 IEnumerable<IFormFile>。
- CancellationToken：用于取消异步控制器中的活动。
- FormCollection：用于从提交的表单数据中检索所有的值。

4.9.11　输入格式化程序

模型绑定器使用输入格式化程序处理 HTTP 请求正文中的 JSON、XML 或其他格式的数据。

ASP.NET Core 框架默认集成了处理 JSON 格式数据的输入格式化程序。当然，也可以自行为其他内容类型添加其他格式化程序。

ASP.NET Core 基于 Consumes 特性来选择输入格式化程序。如果没有配置该特性，则将采用 HTTP Hander 中的 Content-Type 标头的设置。

要使用内置 XML 输入格式化程序，需要执行以下操作：

- 安装 Microsoft.AspNetCore.Mvc.Formatters.Xml NuGet 包。
- 在 Startup.ConfigureServices 中，调用 AddXmlSerializerFormatters 或 AddXmlData ContractSerializerFormatters。

```
services.AddRazorPages().AddMvcOptions(options =>
{
    options.ValueProviderFactories.Add(new CookieValueProviderFactory());
    options.ModelMetadataDetailsProviders.Add(
        new ExcludeBindingMetadataProvider(typeof(System.Version)));
    options.ModelMetadataDetailsProviders.Add(
        new SuppressChildValidationMetadataProvider(typeof(System.Guid)));
})
.AddXmlSerializerFormatters();
```

- 将 Consumes 特性应用于在请求正文中使用 XML 的控制器类或操作方法。

```
[HttpPost]
[Consumes("application/xml")]
public ActionResult<Pet> Create(Pet pet)
```

使用输入格式化程序自定义模型绑定

若要自定义从 HTTP 请求正文读取和处理数据，需要配置输入格式化程序使用的 API。本段内容介绍如何自定义基于 System.Text.Json 的输入格式化程序。包含自定义 ObjectId 属性 Id 的模型示例如下：

```
public class ModelWithObjectId
{
    public ObjectId Id { get; set; }
}
```

使用 System.Text.Json 时，若要自定义模型绑定过程，还需要创建派生自 JsonConverter<T> 的类：

```
internal class ObjectIdConverter : JsonConverter<ObjectId>
{
    public override ObjectId Read(
        ref Utf8JsonReader reader, Type typeToConvert, JsonSerializerOptions
options)
    {
        return new ObjectId(JsonSerializer.Deserialize<int>(ref reader,
options));
```

```
    }

    public override void Write(
        Utf8JsonWriter writer, ObjectId value, JsonSerializerOptions options)
    {
        writer.WriteNumberValue(value.Id);
    }
}
```

将 JsonConverterAttribute 特性应用到此类型来使用自定义转换器。在下面的示例中，为 ObjectId 类型配置 ObjectIdConverter 来作为其自定义转换器：

```
[JsonConverter(typeof(ObjectIdConverter))]
public struct ObjectId
{
    public ObjectId(int id) =>
        Id = id;

    public int Id { get; }
}
```

4.9.12　从模型绑定中排除指定类型

模型绑定和验证系统的行为由 ModelMetadata 驱动。可通过添加 MVC 的配置 ModelMetadataDetailsProviders 来指定需要排除的模型绑定或验证。

若要排除指定类型的所有模型绑定，可在 Startup.ConfigureServices 中添加 ExcludeBindingMetadataProvider。例如，排除对 System.Version 类型所有模型的模型绑定：

```
services.AddRazorPages()
    .AddMvcOptions(options =>
{
    options.ValueProviderFactories.Add(new CookieValueProviderFactory());
    options.ModelMetadataDetailsProviders.Add(
        new ExcludeBindingMetadataProvider(typeof(System.Version)));
})
    .AddXmlSerializerFormatters();
```

若要排除指定类型的属性验证，可在 Startup.ConfigureServices 中添加 SuppressChildValidation MetadataProvider。例如，禁用对 System.Guid 类型的属性验证：

```
services.AddRazorPages()
    .AddMvcOptions(options =>
{
    options.ValueProviderFactories.Add(new CookieValueProviderFactory());
    options.ModelMetadataDetailsProviders.Add(
        new ExcludeBindingMetadataProvider(typeof(System.Version)));
    options.ModelMetadataDetailsProviders.Add(
        new SuppressChildValidationMetadataProvider(typeof(System.Guid)));
```

```
})
.AddXmlSerializerFormatters();
```

4.9.13　手动模型绑定

在个别特定情况下需要手动处理模型绑定关系，此时可以使用 TryUpdateModelAsync 方法。ControllerBase 和 PageModel 类上都默认定义了此方法。重载的方法允许指定要使用的前缀和值提供程序。如果模型绑定失败，该方法返回 false。示例如下：

```
if (await TryUpdateModelAsync<InstructorWithCollection>(
    newInstructor,
    "Instructor",
    i => i.FirstMidName, i => i.LastName, i => i.HireDate))
{
    _instructorsInMemoryStore.Add(newInstructor);
    return RedirectToPage("./Index");
}
PopulateAssignedCourseData(newInstructor);
return Page();
```

TryUpdateModelAsync 使用的值可以从表单数据、URL 字符串参数和路由数据中获取。TryUpdateModelAsync 通常有以下特点：

- 与控制器和视图的 Razor 页面和 MVC 应用一起使用，以防止过度发布。
- 不用于 Web API（除非需要处理表单数据、URL 字符串参数和路由数据）。若使用 JSON 格式的 Web API，则使用输入格式化程序将请求正文反序列化为对象。

第5章

基于 ASP.NET Core 的 Web API

随着智能手机和高速移动网络的兴起，单纯的 PC 浏览器已经无法满足用户随时随地上网的需求。我们往往需要针对不同的终端开发定制的版本，为了提升开发效率，前后端分离的需求越来越被重视，前端主要负责页面的展现和交互逻辑，后端主要负责业务和数据接口，同一份数据接口，可以定制开发多个客户端版本；此时后端通常以 Web 接口的形式提供服务，这样的 Web 接口服务就被称作 Web API。本章会介绍搭建和开发基于 ASP.NET Core 的 Web API 服务。

5.1　创建 ASP.NET Core 的 Web API 项目

接下来就来看一下怎样基于 ASP.NET Core 来开发 Web API 服务。首先需要创建一个 Web API 项目，与创建 MVC 项目类似：

01 打开 Visual Studio 2019，从初始页选择"创建新项目"（见图 5-1）或从"文件"菜单中选择"新建"→"项目"（见图 5-2）。

图 5-1

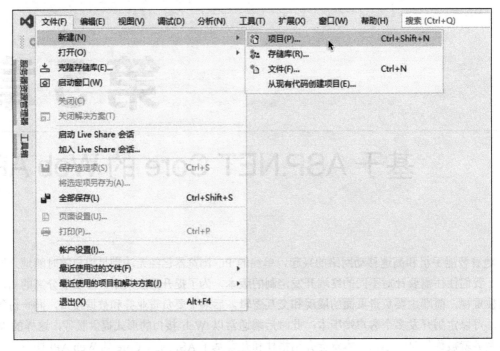

图 5-2

02 选择 "ASP.NET Core Web 应用程序" 模板，单击 "下一步" 按钮，如图 5-3 所示。

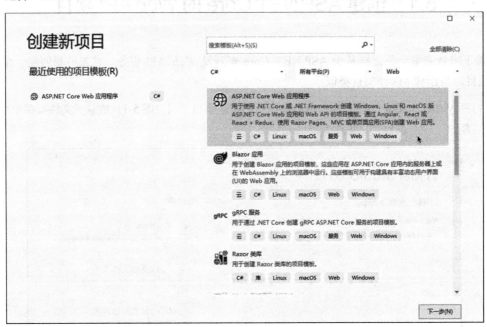

图 5-3

03 将项目命名为 **MyNetCoreAPI**（可以根据情况选择项目存储的位置），然后单击 "创建" 按钮，如图 5-4 所示。

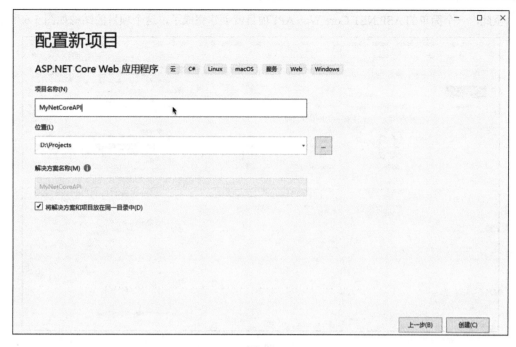

图 5-4

04 在 "创建新的 ASP.NET Core Web 应用程序" 对话框中，确认选择 ".NET Core" 和 "ASP.NET Core 3.1"（见图 5-5），再选择 "Web 应用程序（MVC）" 模板。

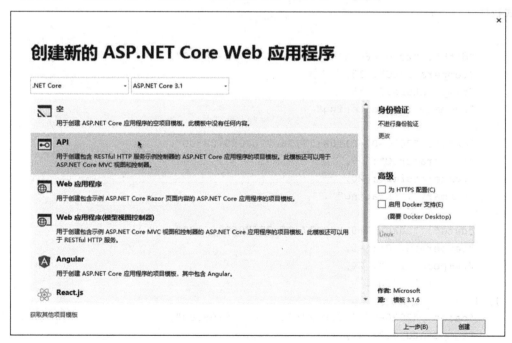

图 5-5

05 在 "创建新的 ASP.NET Core Web 应用程序" 对话框右侧选择 "不进行身份验证"，并取消勾选 "为 HTTPS 配置" 和 "启用 Docker 支持" 复选框，然后单击 "创建" 按钮。

至此，一个简单的 ASP.NET Core Web API 项目就创建完成了，这个项目的结构如图 5-6 所示。

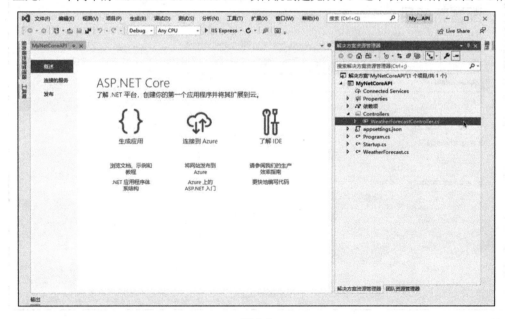

图 5-6

项目模板默认添加了天气预报的 API（WeatherForecast）用以演示，从浏览器调用 Get 方法以测试应用。单击绿色启动按钮"IIS Express"后，就可以将项目运行起来，并返回如下的 JSON 格式数据：

```json
[{
    "date": "2020-06-30T08:27:36.7766782+08:00",
    "temperatureC": 13,
    "temperatureF": 55,
    "summary": "Sweltering"
}, {
    "date": "2020-07-01T08:27:36.7767055+08:00",
    "temperatureC": -7,
    "temperatureF": 20,
    "summary": "Bracing"
}, {
    "date": "2020-07-02T08:27:36.7767063+08:00",
    "temperatureC": -5,
    "temperatureF": 24,
    "summary": "Chilly"
}, {
    "date": "2020-07-03T08:27:36.7767066+08:00",
    "temperatureC": 37,
    "temperatureF": 98,
    "summary": "Balmy"
}, {
    "date": "2020-07-04T08:27:36.776707+08:00",
```

```
"temperatureC": 48,
"temperatureF": 118,
"summary": "Scorching"
}]
```

5.2　带有 Swagger 的 Web API 帮助页

什么是 Swagger？在使用 Web API 时，了解其中的各接口对开发人员来说可能是一项挑战。Swagger 也称为 OpenAPI，解决了为 Web API 生成有用文档和帮助页的问题。它具有诸如交互式文档、客户端 SDK 生成和 API 可发现性等优点。Swagger 与语言无关的规范，用于描述 REST API，是一个基于 YAML、JSON 语言的文档自动生成和代码自动生成的在线工具。Swagger 不仅能提供接口文档，还能提供简单的传参测试。

5.2.1　Swashbuckle.AspNetCore

Swashbuckle.AspNetCore 是一个开源项目，用于生成 ASP.NET Core Web API 的 Swagger 文档。

Swashbuckle.AspNetCore 有三个主要组成部分：

- Swashbuckle.AspNetCore.Swagger：将 SwaggerDocument 对象公开为 JSON 终结点的 Swagger 对象模型和中间件。
- Swashbuckle.AspNetCore.SwaggerGen：从路由、控制器和模型直接生成 SwaggerDocument 对象的 Swagger 生成器。它通常与 Swagger 终结点中间件结合，以自动公开 Swagger JSON。
- Swashbuckle.AspNetCore.SwaggerUI：Swagger UI 工具的嵌入式版本。它解析 Swagger JSON 以构建描述可自定义的丰富 Web API 功能。这个工具的嵌入式版本包括针对公有方法的内置测试工具。

1. 安装 Swashbuckle.AspNetCore

使用 NuGet 安装：

01 右击 "解决方案资源管理器" → "管理 NuGet 包" 中的项目。

02 将 "包源" 设置为 "nuget.org"。

03 在搜索框中输入 "Swashbuckle.AspNetCore"。

04 从 "浏览" 选项卡中选择最新的 "Swashbuckle.AspNetCore" 包，然后单击 "安装" 按钮。

2. 添加并配置 Swagger 中间件

在 Startup 类中，导入以下命名空间以便使用 OpenApiInfo 类：

```
using Microsoft.OpenApi.Models;
```

将 Swagger 生成器添加到 Startup.ConfigureServices 方法中的服务集合中：

```
public void ConfigureServices(IServiceCollection services)
{
    services.AddControllers();

    // Register the Swagger generator, defining 1 or more Swagger documents
    services.AddSwaggerGen();
}
```

启动应用，并导航到 http://localhost:\<port\>/swagger/v1/swagger.json。生成的描述终结点的文档显示在 swagger.json 中。

可在 http://localhost:\<port\>/swagger 找到 Swagger UI。通过 Swagger UI 浏览 API，并将其合并到其他计划中。

5.2.2　Swagger 规范

Swagger 流的核心是 Swagger 规范，默认情况下是名为 swagger.json 的文档，它由 Swagger 工具链（或其第三方实现）根据服务所生成。它描述了 API 的功能以及使用 HTTP 对其进行访问的方式。Swagger 流驱动 Swagger UI，并由工具链来启用发现和生成客户端代码。下面是缩减的 Swagger 规范的示例代码：

```json
{
  "openapi": "3.0.1",
  "info": {
    "title": "MyNetCoreAPI",
    "version": "1.0"
  },
  "paths": {
    "/WeatherForecast": {
      "get": {
        "tags": [
          "WeatherForecast"
        ],
        "responses": {
          "200": {
            "description": "Success",
            "content": {
              "text/plain": {
                "schema": {
                  "type": "array",
                  "items": { "$ref": "#/components/schemas/WeatherForecast" }
                }
              },
              "application/json": {…},
              "text/json": {…}
            }
          }
```

```
            }
          }
        }
      },
      …
    }
```

5.2.3　Swagger UI

Swagger UI 提供了基于 Web 的 UI，用生成的 Swagger 规范来提供有关服务的信息。Swashbuckle 和 NSwag 均包含 Swagger UI 的嵌入式版本，因此可通过中间件注册调用将该嵌入式版本托管在 ASP.NET Core 应用中。 Web UI 如图 5-7 所示。

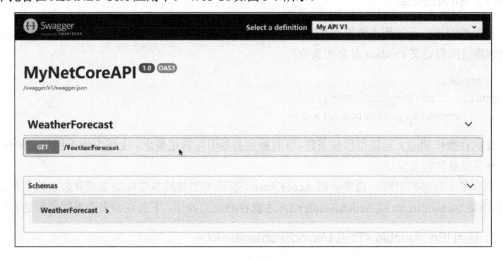

图 5-7

控制器中的每个公有操作方法都可以在 UI 中进行测试。单击方法名称可展开方法相关的信息。添加所有必要的参数，然后单击 Try it out 按钮，如图 5-8 所示。

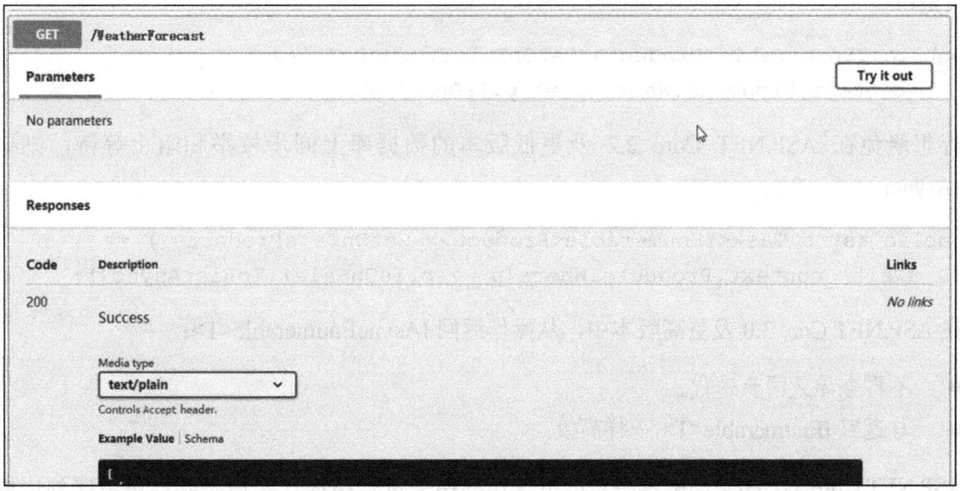

图 5-8

5.3 ASP.NET Core Web API 中控制器的返回类型

ASP.NET Core 提供以下 Web API 控制器的返回类型选项：

- 特定类型
- IActionResult
- ActionResult<T>

本节将说明每种返回类型的最佳适用情况。

5.3.1 特定类型

最简单的操作返回基本数据类型或复杂数据类型（如 string 或自定义对象类型）。例如，以下操作将返回自定义 Product 对象的集合：

```
[HttpGet]
public List<Product> Get() =>
    _repository.GetProducts();
```

在执行操作期间无须防范已知条件，返回特定类型即可满足要求。上述操作不接受任何参数，因此不需要参数约束验证。

当有多个返回类型时，通常会将 ActionResult 返回类型与基本数据类型或复杂数据类型混合使用，需要 IActionResult 或 ActionResult <T> 才能容纳此类操作。下面说明多个返回类型的示例。

1. 返回 IEnumerable <T>或 IAsyncEnumerable<T>

在 ASP.NET Core 2.2 及更低版本中，从操作返回 IEnumerable<T>会导致序列化程序同步集合迭代。因此会阻止调用，并且可能会导致线程池资源不足。为了说明这一点，假设 Entity Framework (EF) Core 用于满足 Web API 的数据访问需求。在序列化期间，将同步枚举以下操作的返回类型：

```
public IEnumerable<Product> GetOnSaleProducts() =>
    _context.Products.Where(p => p.IsOnSale);
```

若想避免在 ASP.NET Core 2.2 及更低版本的数据库上同步枚举和阻止等待，则要调用 ToListAsync：

```
public async Task<IEnumerable<Product>> GetOnSaleProducts() =>
    await _context.Products.Where(p => p.IsOnSale).ToListAsync();
```

在 ASP.NET Core 3.0 及更高版本中，从操作返回 IAsyncEnumerable<T>：

- 不再会导致同步迭代。
- 与返回 IEnumerable<T> 一样高效。

ASP.NET Core 3.0 和更高版本将对以下操作的结果进行缓冲，然后将其提供给序列化程序：

```
public IEnumerable<Product> GetOnSaleProducts() =>
    _context.Products.Where(p => p.IsOnSale);
```

考虑将操作签名的返回类型声明为 IAsyncEnumerable<T> 以保证异步迭代。最终，迭代模式以要返回的基本类型为基础。MVC 自动对实现 IAsyncEnumerable<T> 的任何具体类型进行缓冲。

以下操作会将销售价格的产品记录返回为 IEnumerable<Product>：

```
[HttpGet("syncsale")]
public IEnumerable<Product> GetOnSaleProducts()
{
    var products = _repository.GetProducts();
    foreach (var product in products)
    {
        if (product.IsOnSale)
        {
            yield return product;
        }
    }
}
```

上述操作的 IAsyncEnumerable<Product>等效于：

```
[HttpGet("asyncsale")]
public async IAsyncEnumerable<Product> GetOnSaleProductsAsync()
{
    var products = _repository.GetProductsAsync();

    await foreach (var product in products)
    {
        if (product.IsOnSale)
        {
            yield return product;
        }
    }
}
```

自 ASP.NET Core 3.0 起，前面两个操作均为非阻塞性的。

5.3.2　IActionResult 类型

当操作中可能有多个 ActionResult 返回类型时，适合使用 IActionResult 返回类型。ActionResult 类型表示多种 HTTP 状态代码。派生自 ActionResult 的任何非抽象类都限定为有效的返回类型。此类别中的某些常见返回类型为 BadRequestResult (400)、NotFoundResult (404) 和 OkObjectResult(200)，或者使用 ControllerBase 类中的便利方法从操作返回 ActionResult 类型。例如，"return BadRequest();"是"return new BadRequestResult();"的简写形式。

由于这种类型的操作具有多个返回类型和路径，因此需要大量使用[ProducesResponseType]特性。此特性可针对 Swagger 等工具生成的 Web API 帮助页来生成更多描述性的响应的信息。

[ProducesResponseType]用于指定返回的类型和 HTTP 状态代码。

1. 同步操作

参考以下同步操作，其中有两种可能的返回类型：

```
[HttpGet("{id}")]
[ProducesResponseType(StatusCodes.Status200OK)]
[ProducesResponseType(StatusCodes.Status404NotFound)]
public IActionResult GetById(int id)
{
    if (!_repository.TryGetProduct(id, out var product))
    {
        return NotFound();
    }
    return Ok(product);
}
```

在上述操作中：

- 当 id 代表的产品不在基础数据存储中时，返回 404 状态代码。NotFound 方法为 "return new NotFoundResult();" 的简写调用。
- 如果产品确实存在，则返回状态代码 200 及 Product 对象。Ok 方法为 "return new OkObjectResult(product);" 的简写调用。

2. 异步操作

参考以下异步操作，其中有两种可能的返回类型：

```
[HttpPost]
[Consumes(MediaTypeNames.Application.Json)]
[ProducesResponseType(StatusCodes.Status201Created)]
[ProducesResponseType(StatusCodes.Status400BadRequest)]
public async Task<IActionResult> CreateAsync(Product product)
{
    if (product.Description.Contains("XYZ Widget"))
    {
        return BadRequest();
    }
    await _repository.AddProductAsync(product);
    return CreatedAtAction(nameof(GetById), new { id = product.Id }, product);
}
```

在上述操作中：

- 当产品说明包含 "XYZ Widget" 时，返回 400 状态代码。BadRequest 方法为 "return new BadRequestResult();" 的简写调用。
- 在创建产品后，CreatedAtAction 方法生成 201 状态代码。调用 CreatedAtAction 的替代方法是 "return new CreatedAtActionResult(nameof(GetById), "Products", new { id = product.Id }, product);"。在此代码路径中，将在响应正文中返回 Product 对象，并在 Location 响应标头

中提供包含新建产品的 URL。

例如,以下模型指明请求必须包含 Name 和 Description 属性。未在请求中提供 Name 和 Description 会导致模型验证失败。

```
public class Product
{
    public int Id { get; set; }
    [Required]
    public string Name { get; set; }
    [Required]
    public string Description { get; set; }
}
```

如果[ApiController] 应用 ASP.NET Core 2.1 或更高版本中的属性,则模型验证错误将返回 400 状态代码。

5.3.3　ActionResult <T>类型

ASP.NET Core 2.1 引入了 Web API 控制器操作的 ActionResult<T>返回类型。它支持从 ActionResult 派生的返回类型或特定的返回类型。ActionResult<T>通过 IActionResult 类型可提供以下优点:

- [ProducesResponseType] Type 可以排除特性的属性。例如, [ProducesResponseType(200, Type = typeof(Product))] 简化为 [ProducesResponseType(200)]。此操作的预期返回类型改为根据 ActionResult<T> 中的 T 进行推断。
- 隐式强制转换运算符支持将 T 和 ActionResult 均转换为 ActionResult<T>。将 T 转换为 ObjectResult,也就是将 "return new ObjectResult(T);" 简化为 "return T;"。

C#不支持对接口使用隐式强制转换运算符。因此,必须使用 ActionResult<T>才能将接口转换为具体类型。例如,在下面的示例中,使用 IEnumerable 不起作用:

```
[HttpGet]
public ActionResult<IEnumerable<Product>> Get() =>
    _repository.GetProducts();
```

上面代码的一种修复方法是返回 "_repository.GetProducts().ToList();"。

大多数操作具有特定返回类型。执行操作期间可能出现意外情况,不返回特定类型就是其中可能出现的意外情况之一。例如,操作的输入参数可能无法通过模型验证。在这种情况下,通常会返回相应的 ActionResult 类型,而不是特定类型。

1. 同步操作

请参考以下同步操作,其中有两种可能的返回类型:

```
[HttpGet("{id}")]
[ProducesResponseType(StatusCodes.Status200OK)]
[ProducesResponseType(StatusCodes.Status404NotFound)]
public ActionResult<Product> GetById(int id)
```

```
{
    if (!_repository.TryGetProduct(id, out var product))
    {
        return NotFound();
    }
    return product;
}
```

在上述操作中：

● 当产品不在数据库中时返回状态代码 404。

● 如果产品确实存在，则返回状态代码 200 及相应的 Product 对象。ASP.NET Core 2.1 之前，"return product;" 行必须是 "return Ok(product);"。

2. 异步操作

请参考以下异步操作，其中有两种可能的返回类型：

```
[HttpPost]
[Consumes(MediaTypeNames.Application.Json)]
[ProducesResponseType(StatusCodes.Status201Created)]
[ProducesResponseType(StatusCodes.Status400BadRequest)]
public async Task<ActionResult<Product>> CreateAsync(Product product)
{
    if (product.Description.Contains("XYZ Widget"))
    {
        return BadRequest();
    }
    await _repository.AddProductAsync(product);
    return CreatedAtAction(nameof(GetById), new { id = product.Id }, product);
}
```

在上述操作中：

● 在以下情况下，ASP.NET Core 运行时返回 400 状态代码（BadRequest）：
  ✧ [ApiController]已应用该属性，并且模型验证失败。
  ✧ 产品说明包含 "XYZ Widget"。

● 在创建产品后，CreatedAtAction 方法生成 201 状态代码。在此代码路径中，将在响应正文中返回 Product 对象，并在 Location 响应标头中提供包含新建产品的 URL。

5.4 Web API 约定

ASP.NET Core 2.2 及更高版本附带了一种方法，它可提取常见的 API 文档并将其应用于多个操作、控制器或某程序集内的所有控制器。Web API 约定是使用修饰单独操作的替代方案 [ProducesResponseType]。

使用 Web API 约定，可以约束 Action 的返回类型、返回状态码、命名要求等，以便更好地定义和组织 API。

5.4.1　应用 Web API 约定

约定不是组合而成的，每个 Action 可能只与一个约定相关联。更明确的约定优先于不太明确的约定。当具有相同优先级的两个或更多约定应用于某个操作时，选择哪个约定就是不确定的。有以下几种可将约定应用于操作的选项（明确性依次降低）：

（1）Microsoft.AspNetCore.Mvc.ApiConventionMethodAttribute 适用于各个操作，并指定应用的约定类型和约定方法。在以下示例中，默认约定类型的 Microsoft.AspNetCore.Mvc.DefaultApiConventions.Put 约定方法将应用于 Update 操作：

```
// PUT api/contactsconvention/{guid}
[HttpPut("{id}")]
[ApiConventionMethod(typeof(DefaultApiConventions),
                nameof(DefaultApiConventions.Put))]
public IActionResult Update(string id, Contact contact)
{
    var contactToUpdate = _contacts.Get(id);

    if (contactToUpdate == null)
    {
        return NotFound();
    }

    _contacts.Update(contact);

    return NoContent();
}
```

Microsoft.AspNetCore.Mvc.DefaultApiConventions.Put 约定方法可将以下属性应用于操作：

```
[ProducesDefaultResponseType]
[ProducesResponseType(StatusCodes.Status204NoContent)]
[ProducesResponseType(StatusCodes.Status404NotFound)]
[ProducesResponseType(StatusCodes.Status400BadRequest)]
```

（2）Microsoft.AspNetCore.Mvc.ApiConventionTypeAttribute 应用于控制器，将指定的约定类型应用于控制器上的所有操作。约定方法都标记有提示，可确定要应用于控制器的约定方法。在以下示例中，默认的约定集将应用于 ContactsConventionController 中的所有操作：

```
[ApiController]
[ApiConventionType(typeof(DefaultApiConventions))]
[Route("api/[controller]")]
public class ContactsConventionController : ControllerBase
{
```

（3）Microsoft.AspNetCore.Mvc.ApiConventionTypeAttribute 应用于程序集，将指定的约定类型应用于当前程序集中的所有控制器。建议将程序集级别的属性应用于 Startup.cs 类。在以下示例中，默认的约定集将应用于程序集中的所有操作：

```
[assembly: ApiConventionType(typeof(DefaultApiConventions))]
namespace ApiConventions
{
    public class Startup
    {
    }
}
```

5.4.2 创建 Web API 约定

如果默认 API 约定不能满足需要，则可创建自己的约定：

● 带有方法的静态类型。
● 能够对操作定义响应类型和命名要求。

1. 响应类型

这些方法使用 [ProducesResponseType] 或 [ProducesDefaultResponseType] 属性进行批注。例如：

```
public static class MyAppConventions
{
    [ProducesResponseType(StatusCodes.Status200OK)]
    [ProducesResponseType(StatusCodes.Status404NotFound)]
    public static void Find(int id)
    {
    }
}
```

如果没有更具体的元数据属性，则将此约定应用于程序集可强制实现以下内容：

● 该约定方法应用于所有名为 Find 的操作。
● Find 操作上存在名为 id 的参数。

2. 命名要求

[ApiConventionNameMatch] 和 [ApiConventionTypeMatch] 属性可应用于约定方法，确定它们所要应用的操作。例如：

```
[ProducesResponseType(StatusCodes.Status200OK)]
[ProducesResponseType(StatusCodes.Status404NotFound)]
[ApiConventionNameMatch(ApiConventionNameMatchBehavior.Prefix)]
public static void Find(
    [ApiConventionNameMatch(ApiConventionNameMatchBehavior.Suffix)]
    int id)
```

　　{ }

在上面的示例中：

- 应用于该方法的 Prefix 选项表示，该约定可匹配前缀是 Find 的任何操作。匹配的操作可以是 Find、FindPet 和 FindById。
- 应用于该方法的 Suffix 选项表示，该约定可匹配带有唯一以标识符作为后缀结尾的所有方法，示例包括 id 或 petId 等参数。与此类似，可将 ApiConventionTypeMatch 应用于参数，以约束参数类型。params[]参数用于指定无须显式匹配的剩余参数。

第6章

ASP.NET Core 中的数据库访问

在开发系统的过程中通常少不了要持久化数据，而持久化数据通常免不了要使用数据库；数据库系统经过了几十年的发展，现如今有着众多的种类：关系型数据库、非关系型数据库、内存数据库、时序数据库、图数据库等。本章以主流的关系型数据库 MySQL 为例，介绍如何在 ASP.NET Core 中使用 Entity Framework Core 访问和操作数据库。

6.1　Entity Framework Core

Entity Framework Core 是轻量化、可扩展、开源和跨平台的常用 Entity Framework 数据访问框架。Entity Framework 是一个对象关系映射（ORM）框架，能使开发人员用关系型数据定义特定领域的对象，并且开发人员不再需要编写大量的数据库访问代码。使用 Entity Framework，开发人员用 Linq 帮助它进行查询，检索出的数据自动生成强类型对象。EF 提供变动追踪、身份验证、延迟加载、查询编译等，使开发人员更加专注于他们的业务逻辑而不是数据访问模块的开发。

Entity Framework Core（简称 EF Core）支持多种主流数据库的驱动，具体如下：

- SQL Server
- SQLite
- EF Core 内存数据库
- Azure Cosmos DB SQL API
- MySQL
- MariaDB
- PostgreSQL
- Oracle
- Microsoft Access 文件
- SQL Server Compact

- Firebird
- Teradata
- Progress OpenEdge
- Db2
- Informix
- MySQL MyCAT 服务

要使用 EF Core 框架，则需要安装相应的数据库驱动包，本节以 MySQL 数据库为例。下面介绍一下如何使用 NuGet 安装 MySQL 数据库驱动包。以第 5 章的 MyNetCoreAPI 项目为例，打开 MyNetCoreAPI 项目后，依次选择"工具"→"NuGet 包管理器"→"管理解决方案的 NuGet 程序包"→"浏览"，搜索 MySql.Data.EntityFrameworkCore，选择一个大于等于 8.0 的版本下载安装，如图 6-1 所示。

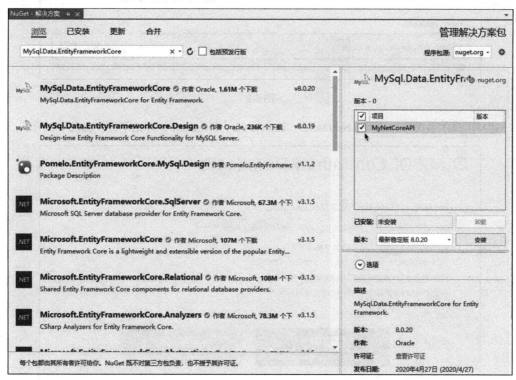

图 6-1

6.2　安装并运行 MySQL

访问 MySQL 官网（https://dev.mysql.com/downloads/mysql/）下载新版 MySQL（本节以 Windows 系统为例）。

01 进入官网后，选择自己的系统，如"Microsoft Windows"，并选择系统的位数，然后单击"Download"

按钮，如图 6-2 所示。

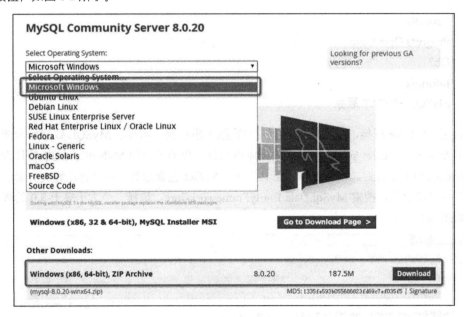

图 6-2

02 在接下来的页面中，选择 "No thanks，just start my download." 开始下载，如图 6-3 所示。

图 6-3

下载完成后，将 zip 包解压到指定的目录，如 C:\MySQL；然后需要在该目录中创建 MySQL 配置文件 "my.ini"，内容如下：

```
[client]
# 设置 MySQL 客户端默认的字符集
default-character-set=utf8mb4

[mysqld]
# 设置 3306 端口
port = 3306
# 设置 MySQL 的安装目录
basedir= C:\\MySQL
# 设置 MySQL 数据库数据的存放目录
datadir= C:\\MySQL\\data
# 允许最大连接数
max_connections=20
# 服务端使用的字符集默认为 8 比特编码的 latin1 字符集
character-set-server=utf8mb4
# 创建新表时将使用的默认存储引擎
default-storage-engine=INNODB
```

6.2.1　启动 MySQL

以管理员身份启动 CMD 命令行工具，再切换到如下目录：

```
cd C:\MySQL\bin
```

初始化 MySQL：

```
mysqld --initialize --console
```

执行完成后，会打印输出 root 用户的初始密码，例如：

```
...
2020-07-01T01:28:31.537392Z 5 [Note] [MY-010454] [Server] A temporary
password is generated for root@localhost: TCms&3Ask9Ne
...
```

TCms&3Ask9Ne 就是初始密码，需要记录下来；后续登录时需要用到，建议在登录后修改掉系统提供的这个 root 初始密码。

输入以下安装命令：

```
mysqld install
```

启动输入以下命令即可：

```
net start mysql
```

6.2.2　创建数据库

启动 CMD 命令行工具，输入以下格式的命令：

```
cd C:\mysql\bin
```

```
mysql -h localhost -u root -p
```

按回车键确认，如果安装正确且 MySQL 正在运行，就会得到以下响应，否则表示 MySQL 没有成功启动：

```
Enter password:
```

输入初始密码后即可成功登录 MySQL 数据库。

提供用户修改初始密码（会自行更换为 YourPassword）：

```
ALTER USER 'root'@'localhost' identified by 'YourPassword';
```

创建数据库：

```
CREATE DATABASE my_netcore CHARACTER SET utf8mb4;
use my_netcore;
CREATE TABLE 'user' (
  id int(11) AUTO_INCREMENT,
  name varchar(50) NOT NULL,
  password varchar(100) NOT NULL,
  PRIMARY KEY (id)
) ENGINE=InnoDB AUTO_INCREMENT=1;
```

6.3　数据库访问

安装好 EF Core 的 MySQL 驱动包后，接下来开始访问、操作数据库。

- 在"解决方案资源管理器"中右击项目，选择"添加"→"新建文件夹"选项，将文件夹命名为"Models"。
- 右击"Models"，选择"添加"→"类"选项，将类命名为"User"，然后单击"添加"按钮。
- 将模板代码替换为以下代码：

```
public class User
{
    public long Id { get; set; }
    public string Name { get; set; }
    public string Password { get; set; }
}
```

6.3.1　添加数据库上下文

数据库上下文是为数据模型协调 Entity Framework 功能的主类，由 Microsoft.EntityFrameworkCore.DbContext 类派生而来。

右击"Models"文件夹，选择"添加"→"类"。将类命名为 UserDbContext，然后单击"添加"按钮。

```
using Microsoft.EntityFrameworkCore;

namespace MyNetCoreAPI.Models
{
    public class UserDbContext : DbContext
    {
        public UserDbContext(DbContextOptions<UserDbContext> options)
            : base(options)
        {
        }

        public DbSet<User> Users { get; set; }
    }
}
```

在 appsettings.json 中添加一个连接字符串：

```
"ConnectionStrings": {
    "MysqlConnection": "server=localhost;userid=root;pwd=YourPassword;
port=3306;database=my_netcore; "
    }
```

打开 Startup，将 MySQL 连接注入 ConfigureServices 函数内。

```
var connection = Configuration.GetConnectionString("MysqlConnection");
services.AddDbContext<UserDbContext>(options =>
options.UseMySQL(connection));
```

6.3.2　创建控制器

01 右击"Controllers"文件夹。

02 选择"添加"→"控制器"选项。

03 选择"其操作使用 Entity Framework 的 API 控制器"，然后单击"添加"按钮。

04 在"添加其操作使用 Entity Framework 的 API 控制器"对话框中：

- 在"模型类"中选择"User(MyNetCoreAPI.Models)"。
- 在"数据上下文类"中选择"UserContext (MyNetCoreAPI.Models)"。
- 单击"添加"按钮。

至此，一个简易的 Web API 项目就完成了。单击绿色启动按钮"IIS Express"后，将项目运行起来后就可以使用 Swagger UI 调试了。

6.4 .NET Core Dapper

Dapper 是.NET 下一个轻量级的 ORM 框架，它和 Entity Framework 或 NHibernate 不同，属于轻量级、半自动的框架，也就是说实体类都要编程人员自己去编写。Dapper 没有复杂的配置文件，只用一个文件，即 SqlMapper.cs。Dapper 是通过扩展 IDbConnection 来起作用。

Dapper 同样可以使用 NuGet 安装，具体安装和使用方法不再赘述，读者可以自行查询相关的资料。

第7章

安全与身份认证

随着互联网的发展，其应用越来越广泛，对手机上各种 App 的使用、各种 Web 站点的访问占据了我们生活中零零碎碎的时间。在这缤纷多彩的互联网生态中，人们的用户信息、行为数据等都在网络世界里频繁穿梭着，这时用户信息安全的重要性就显得越发重要了。ASP.NET Core 给我们带来了强大的安全保障机制，利用 ASP.NET Core 应用框架提供给我们的现成组件库可以轻松地管理好我们应用的安全性。通过简单的配置和几行代码，就可以让我们的 ASP.NET Core 应用在互联网环境中变得更加安全可靠。

ASP.NET Core 在安全性上的功能组件主要包含身份认证、授权、数据保护、强制 HTTPS、防跨站请求伪造（XSRF/CSRF）、防开放重定向攻击、防跨站脚本攻击（XSS）、跨域请求。本章将会在以上几个领域介绍 ASP.NET Core 提供的安全性相关功能。

7.1 身份认证

身份认证（Authentication）是认定用户是谁的过程。身份认证是保障系统安全的重要环节，如果身份认证系统出现故障，就可能面临着用户信息丢失、信息破坏，甚至用户资产损失。因此，保障身份认证系统的可靠性是系统安全至关重要的一个环节。

身份认证是一个验证身份是否属实的过程，用户提供身份认证的凭据信息，然后系统根据提供的凭据信息识别出操作用户是否为本人。如果用户身份信息真实，就会通过身份认证。

这里所说的凭据信息最常见的就是用户名与密码了。套用上面的说法，身份认证就是用户提供用户名和密码，系统验证用户是否存在以及对应的密码是否正确，以确定是否为用户本人。

凭据信息并不单单只有用户名与密码一种，其实凭据信息的格式可以有很多种，甚至存储凭据信息的媒介也可以有很多种。通常用户名与密码的存储媒介可以认为是每个人的大脑记忆，或者说是生物媒介存储。其他的凭据信息有生物个体特征的指纹信息、虹膜信息、人脸外貌信息等，以及硬件加密存储的 IC 卡、U 盾、动态口令设备等。所有的信息都有一个共同的特征，就是它们都能用来识别出某个特定用户，所以身份认证的安全与否也取决于凭据信息是否易于泄露、易于伪造。

7.1.1　身份认证处理程序

身份认证处理程序是实现身份认证操作的核心类，身份认证处理程序派生自接口 IAuthenticationHandler。该接口定义了以下三种操作：身份认证（AuthenticateAsync）、挑战（ChallengeAsync）和禁止（ForbidAsync）。其中，身份认证是主要的操作。

身份认证返回 AuthenticateResult 来表明该请求的身份认证是否成功，AuthenticateResult 可以返回三种类型的结果：失败（Fail）、无结果（NoResult）和成功（Success）。如果验证成功，将会通过 AuthenticateResult 返回 AuthenticationTicket。AuthenticationTicket 将会封装用户信息，以便于在后续的授权中使用。

挑战是指当前请求访问的资源要求身份认证，但是当前请求未通过身份认证，那么后续的授权阶段就需要通过指定的身份认证方案中的身份认证处理程序来提供挑战方法，以便发起挑战。如果没有指定身份认证方案，就会使用默认身份认证方案。举个例子来说，如果我们因为长时间没有操作而导致系统登录会话超时失效，那么再次对系统进行操作时，系统一般会将页面重定向到登录页面，这个重定向的操作就是一种挑战。

禁止是指已经通过身份认证的用户尝试访问其无权访问的资源时而进入授权阶段所要执行的操作。比如某站点的普通用户想要使用 VIP 用户的功能，如果该用户没有登录，那么本次请求就是匿名访问，这时授权阶段需要发起挑战操作；如果该用户已经登录，但是授权阶段发现该用户没有权限访问该资源，那么系统可能会返回 HTTP 403 状态码，这种返回 HTTP 403 状态码的操作就是一种禁止。

7.1.2　身份认证方案

身份认证方案是 ASP.NET Core 管理身份认证的方式。一个身份认证方案代表一种身份认证机制，身份认证方案由方案名称和身份认证处理程序所组成。在授权阶段可以使用方案名称来指定该资源请求应该使用哪种身份认证方案来对用户进行身份验证。关于授权阶段，在后续章节会专门进行介绍。

身份认证方案是组成身份认证服务的关键组件。在 ASP.NET Core 应用中，一个身份认证服务可以配置多套身份认证方案，但必须指定一个默认的身份认证方案。通过方案名称可以指定使用哪个身份认证方案来认证用户身份，未指定方案名称的资源则使用默认身份认证方案来认证。

关于身份认证方案，ASP.NET Core 框架提供的一种特殊的身份认证方案就是基于策略的身份认证方案。使用基于策略的身份认证方案，我们可以将几个不同的身份认证方案组合成一个复杂的身份认证方案，这意味着我们可以基于现有的身份认证方案来拼装出复杂的身份认证方案。在这个过程中，我们不需要编写任何具体的身份认证逻辑代码。具体的示例会在后面给大家具体介绍。

7.1.3　身份认证服务

身份认证服务是 ASP.NET Core 提供身份认证能力的组件，实现了 IAuthenticationService 接口，该接口除了提供身份认证、挑战和禁止操作外，还额外提供了登录和登出接口。

```
/// <summary>
/// 提供身份认证能力
/// </summary>
public interface IAuthenticationService
{
    /// <summary>
    /// 使用指定名称的方案进行身份认证
    /// </summary>
    Task<AuthenticateResult> AuthenticateAsync(HttpContext context, string
scheme);

    /// <summary>
    /// 使用指定名称的方案进行挑战
    /// </summary>
    Task ChallengeAsync(HttpContext context, string scheme,
AuthenticationProperties properties);

    /// <summary>
    /// 使用指定名称的方案进行禁止
    /// </summary>
    Task ForbidAsync(HttpContext context, string scheme,
AuthenticationProperties properties);

    /// <summary>
    /// 使用指定名称的方案进行登录
    /// </summary>
    Task SignInAsync(HttpContext context, string scheme, ClaimsPrincipal
principal, AuthenticationProperties properties);

    /// <summary>
    /// 使用指定名称的方案进行登出
    /// </summary>
    Task SignOutAsync(HttpContext context, string scheme,
AuthenticationProperties properties);
}
```

身份认证服务是多套身份认证方案的封装，通过参数指定使用具体的身份认证方案，就可以调用指定的身份认证方案来进行身份认证操作。

身份认证服务是对外提供身份认证能力的接口，其他组件想要使用身份认证的能力就需要通过身份认证服务。

7.1.4 身份认证中间件

ASP.NET Core 的身份认证机制是基于中间件实现的，身份认证中间件调用

IAuthenticationServcie 服务进行身份认证。在 ASP.NET Core 项目中，只需要通过两步代码配置就可以开启身份认证功能。

首先在 Startup 类的 ConfigureServices 方法中通过 AddAuthentication 扩展方法把身份认证服务 IAuthenticationService 注册到 DI 服务容器中。AddAuthentication 方法返回 AuthenticationBuilder，通过 AuthenticationBuilder 可以添加各种身份认证方案。

```
public void ConfigureServices(IServiceCollection services)
{
    services.AddControllers();
    services.AddAuthentication();
}
```

然后在 Startup 类的 Configure 方法中应用身份认证中间件。

```
public void Configure(IApplicationBuilder app, IWebHostEnvironment env)
{
    app.UseRouting();
    app.UseAuthentication();
    app.UseEndpoints(endpoints =>
    {
        endpoints.MapControllers();
    });
}
```

这里需要注意一个细节，上面代码示例中的 UseAuthentication 必须在 UseRouting 之后调用，以便路由信息可用身份验证决策，并且 UseAuthentication 必须在 UseEndPoints 之前调用，以便用户在经过身份验证后才能访问终结点。

身份认证中间件一般不控制请求处理流程，无论认证是否通过都不会中断请求处理。通常身份认证中间件是要配合授权中间件来完成资源访问控制的。

7.1.5 添加基于策略的身份认证方案

基于策略的身份认证方案可以聚合多套身份认证方案的操作方法，比如可以使用 A 方案的身份认证、使用 B 方案的挑战和禁止来组成一个新的身份认证方案。

```
public void ConfigureServices(IServiceCollection services)
{
    services.AddControllers();
    var authenticationScheme = "MyPolicy";
    services.AddAuthentication(authenticationScheme)
        .AddJwtBearer(JwtBearerDefaults.AuthenticationScheme, options =>
            Configuration.Bind("JwtSettings", options))
        .AddCookie(CookieAuthenticationDefaults.AuthenticationScheme,
options =>
            Configuration.Bind("CookieSettings", options))
        .AddPolicyScheme(authenticationScheme, authenticationScheme, options => {
            options.ForwardAuthenticate =
```

```
JwtBearerDefaults.AuthenticationScheme;
            options.ForwardChallenge =
CookieAuthenticationDefaults.AuthenticationScheme;
            options.ForwardForbid =
CookieAuthenticationDefaults.AuthenticationScheme;
        });
    }
```

上面的代码示例添加了三个身份认证方案，分别是 JwtBearer、Cookie 和 MyPolicy，并且定义了 MyPolicy 方案为默认身份认证方案，MyPolicy 是一个策略方案，它将身份认证重定向到 JwtBearer 方案的身份认证上，将挑战和禁止重定向到 Cookie 方案上。

基于策略的身份认证方案可以通过 AuthenticationSchemeOptions 来配置操作重定向的策略。

7.1.6　用户信息模型

在介绍自定义身份认证处理程序之前需要先讲讲身份信息的模型。身份认证通过后，身份认证处理程序会返回身份认证票根，即 AuthenticationTicket。AuthenticationTicket 是 ASP.NET Core 封装认证信息的类。AuthenticationTicket 又包含了 ClaimsPrincipal，ClaimsPrincipal 可以理解为用户主体，由一组 ClaimIdentity 组成。ClaimsIdentity 可以理解为身份证明，一个用户主体可以有多个身份证明，就好比身份证、驾驶证都可以代表唯一具体的人一样。ClaimsIdentity 包含了一组 Claim，Claim 就是好比身份证上的姓名、性别、籍贯等信息。一个用户通过身份认证后，就会用以上类来组织用户信息。后续的授权等其他中间件就可以使用这些信息来进行功能设计。

7.1.7　添加自定义身份认证处理程序

ASP.NET Core 中添加自定义身份认证方案非常简单，通过继承抽象类 AuthenticationHandler<TOptions>就可以很方便地实现自己的身份认证方案。

```
protected abstract Task<AuthenticateResult> HandleAuthenticateAsync();
```

抽象类中仅需要实现一个名为 HandleAuthenticateAsync 的抽象方法。该方法需要实现的逻辑很简单，如果用户提供的认证信息认证通过，则利用用户信息构造一个 AuthenticationTicket 实例，并通过 AuthenticationResult.Success 方法返回构造的认证结果。如果认证失败，则通过 AuthenticationResult.NoResult 方法构造认证结果。如果认证发生异常，则通过 AuthenticationResult.Fail 方法构造认证结果。下面通过一个非常简单的示例来演示自定义身份认证方案的实现。

```
public class MyAuthenticationHandler :
AuthenticationHandler<AuthenticationSchemeOptions>
    {
        private HttpContextAccessor httpContextAccessor;

        public MyAuthenticationHandler(
            HttpContextAccessor httpContextAccessor,
            IOptionsMonitor<AuthenticationSchemeOptions> options,
            ILoggerFactory logger,
```

```
            UrlEncoder encoder,
            ISystemClock clock)
        : base (options, logger, encoder, clock)
    {
        this.httpContextAccessor = httpContextAccessor;
    }
    protected override Task<AuthenticateResult> HandleAuthenticateAsync()
    {
        try
        {
            var password =
httpContextAccessor.HttpContext.Request.Query["password"].ToString();
            if (password == "admin")
            {
                ClaimsIdentity identity = new ClaimsIdentity();
                identity.AddClaim(new Claim(ClaimTypes.Name, "admin"));
                ClaimsPrincipal principal = new ClaimsPrincipal(identity);
                AuthenticationTicket ticket =
                    new AuthenticationTicket(principal, Scheme.Name);
                return Task.FromResult(AuthenticateResult.Success(ticket));
            }
            else
            {
                return Task.FromResult(AuthenticateResult.NoResult());
            }
        }
        catch (Exception ex)
        {
            Logger.LogError(ex, "身份认证发生错误");
            return Task.FromResult(AuthenticateResult.Fail(ex));
        }
    }
}
```

示例实现的身份认证方式为：只要请求的 QueryString 中包含 password 参数并且参数值为 admin，则身份认证通过。

```
public void ConfigureServices(IServiceCollection services)
{
    services.AddControllers();
    var authenticationScheme = "MyPolicy";
    services.AddAuthentication(authenticationScheme)
        .AddScheme<AuthenticationSchemeOptions, MyAuthenticationHandler>(
            authenticationScheme,
            options => Configuration.Bind(authenticationScheme, options));
}
```

将自定义身份认证方案 MyPolicy 添加到身份认证服务中，并且将 MyPolicy 作为默认身份认证方案。至此，自定义身份认证方案就添加成功了。

7.2 授 权

授权（Authorization）决定了一个用户在系统里能干什么。对于 ASP.NET Core 应用来说，授权决定了一个用户能够访问哪些资源路径。授权与 7.1 节讲的身份认证是依赖和被依赖的关系，ASP.NET Core 将身份认证与授权设计成了相对独立的两个功能模块，两个模块的职责分工非常明确，前者解决用户是谁的问题，后者解决用户能干什么的问题。从功能上来看，授权是基于身份认证的结果而做出的，从逻辑上来说，只有知道用户是谁才能确定用户能干什么。

ASP.NET Core 提供了简单授权、基于角色的授权、基于策略的授权，多样的授权方式在通过简单的 Attribute 修饰就能满足大部分应用场景。授权中重要的两个 Attribute 就是 AuthorizeAttribute 和 AllowAnonymousAttribute，所有的授权配置都离不开这两个 Attribute。同时，ASP.NET Core 对授权方案的扩展也非常方便，在本节的最后会介绍如何自定义授权处理程序来实现自定义授权逻辑。

7.2.1 简单授权

简单授权就是指该资源只要是认证用户即可访问，如果想要访问资源需要简单授权，那么在相应的 Controller 或 Action 上修饰[Authorize]即可。

如果希望整个 Controller 都需要简单授权，那么在 Controller 上修饰[Authorize]。

```
[Authorize]
public class AccountController : Controller
{
    public ActionResult Login() { }
    public ActionResult Logout() { }
}
```

以上代码配置的效果是使得整个 AccountController 都只有通过身份认证的用户才可以访问。

如果只希望某个具体的 Action 需要简单授权，就在具体的 Action 上修饰[Authorize]。

```
public class AccountController : Controller
{
    public ActionResult Login() { }
    [Authorize]
    public ActionResult Logout() { }
}
```

以上代码配置的效果是只有经过身份认证的用户才可以访问 Logout。

此外，如果希望 Controller 下的某个 Action 允许匿名用户访问，那么其他资源都必须配置为需要简单授权，这种场景下可以使用[AllowAnonymous]修饰那个 Action。

```
[Authorize]
public class AccountController : Controller
{
    [AllowAnonymous]
```

```
    public ActionResult Login() { }
    public ActionResult Logout() { }
}
```

注意，AllowAnonymousAttribute 的起效优先级高于 AuthorizeAttribute，一旦 Controller 或者 Action 上修饰了[AllowAnonymous]，无论是否修饰了[Authorize]，整个 Controller 或者 Action 都将是允许匿名访问的，任何 [Authorize]都将被忽略。

简单授权只能区分认证用户与匿名用户，对于简单场景还可以应付，如果需要区分多个角色，并给多个角色不同的操作权限，那么简单授权就不够用了。下一节就来介绍基于角色的授权，以满足多角色的应用场景。

7.2.2　基于角色的授权

基于角色的授权简单来说就是一个资源必须要指定角色的用户才能够访问。基于角色的授权必须在 Controller 或 Action 上指定哪些角色可以访问该资源。

AuthorizeAttribute 有一个公开的 string 类型的属性 Roles。通过这个属性可以指定哪些角色可以访问特定资源。认证用户是否属于某个角色可以通过 ClaimsPrincipal 类的 IsInRole 方法进行验证，ASP.NET Core 基于角色的授权就是通过这个方法来确定当前用户是否属于某个角色用户的。当前用户属于角色属性如何设置呢？很简单，ClaimsIdentity 的属性 RoleClaimType 会告诉 ASP.NET Core 哪个 Claim 存储了用户的角色信息。

比如某个 Controller 需要管理员角色才能访问：

```
[Authorize(Roles = "管理员")]
public class AdministrationController : Controller
{
}
```

还可以指定多个角色都可以访问，多个角色间用逗号分隔：

```
[Authorize(Roles = "人力资源经理,财务")]
public class SalaryController : Controller
{
}
```

这样只有"人力资源经理"和"财务"角色的用户才可以访问 SalaryController。

如果用多个[Authorize(Roles='SomeRole')]修饰 Controller 或 Action，那么访问的用户必须是所有指定角色的成员，例如：

```
[Authorize(Roles = "销售")]
[Authorize(Roles = "经理")]
public class CustomerInfoController : Controller
{
}
```

上面例子里的 CustomerInfoController 就需要用户同时是"销售"和"经理"两个角色的成员才能访问。

7.2.3 基于策略的授权

基于策略的授权是更灵活的授权方式，我们先来了解 ASP.NET Core 的授权模型。与身份认证相似，ASP.NET Core 由授权处理程序、授权需求、授权方案、授权服务构成。其中，授权服务同身份认证服务一样，作为授权服务接口对外提供授权能力。授权方案是组织授权机制的概念，一个授权方案可以包含多个授权需求，只有满足了所有授权需求才算通过了授权方案，而授权需求可以关联多个授权处理程序，任意一个授权处理程序返回授权成功，则表示该授权方案下的授权需求被满足了。

ASP.NET Core 提供了一个授权策略，实现了建造者模式，通过 AuthorizationPolicyBuilder 可以方便地构建 AuthorizationPolicy。基于 AuthorizationPolicyBuilder，可以方便地设置授权策略的授权需求，下面演示一下如何通过授权策略来实现角色授权：

```
services.AddAuthorization(config =>
{
    config.AddPolicy("RequireAdmin", new AuthorizationPolicyBuilder()
        .RequireRole("管理员")
        .Build());
});
```

除了 AuthorizeAttribute 上可以设置的角色外，还可以设置 Claim 需求：

```
services.AddAuthorization(config =>
{
    config.AddPolicy("RequireZhao", new AuthorizationPolicyBuilder()
        .RequireClaim("姓", "赵")
        .Build());
});
```

该授权策略需要当前认证用户姓"赵"。如果被授权的姓氏规则比较复杂，不利于枚举出来，那么推荐使用 RequireAssertion 来实现。比如上面的功能还可以用如下方式来实现：

```
services.AddAuthorization(config =>
{
    config.AddPolicy("RequireIdCard", new AuthorizationPolicyBuilder()
        .RequireAssertion(context=>context.User.FindFirst("姓").Value=="赵")
        .Build());
});
```

除此之外，还可以通过实现了 IAuthorizationRequirement 的授权需求来关联自定义的授权处理程序来实现更灵活的授权规则设计。

7.2.4 授权中间件

同身份认证一样，ASP.NET Core 的授权机制也是通过中间件来实现的。在 ASP.NET Core 应用中添加授权支持非常简单。把服务组件注册到 DI 容器的代码如下：

```
public void ConfigureServices(IServiceCollection services)
```

```
{
    services.AddControllers();
    services.AddAuthentication();
    services.AddAuthorization();
}
```

在 Startup 类的 Configure 方法中应用授权中间件：

```
public void Configure(IApplicationBuilder app, IWebHostEnvironment env)
{
    app.UseRouting();
    app.UseAuthentication();
    app.UseAuthorization();
    app.UseEndpoints(endpoints =>
    {
        endpoints.MapControllers();
    });
}
```

7.2.5 授权处理程序

授权处理程序继承自接口 IAuthorizationHandler，授权处理程序负责具体授权逻辑的实现，我们可以通过自定义授权处理程序实现自定义授权逻辑。

```
/// <summary>
/// 实现该类的接口能够决定是否允许用户访问资源
/// </summary>
public interface IAuthorizationHandler
{
    /// <summary>
    /// 决定是否允许用户访问资源
    /// </summary>
    /// <param name="context">授权处理上下文</param>
    Task HandleAsync(AuthorizationHandlerContext context);
}
```

一般我们不直接实现 IAuthorizationHandler 接口，而是继承 AuthorizationHandler<TRequirement> 抽象类。TRequirement 实现了 IAuthorizationRequirement 接口，该接口没有任何成员方法，只是作为标记类用于表示一种授权需求，简单点说就是如果通过了 AuthorizationHandler<TRequirement> 授权处理程序则表示满足了 TRequirement 的需求。

AuthorizationHandlerContext 类包含了授权判断需要的信息，读者可以通过调试去看看 context 内都有哪些信息，这也是非常重要的框架学习技能，通过调试可以获取到很多文档都没有描述到的信息。最终根据设计好的授权逻辑判断出当前请求用户是否有权限访问该资源路径，如果授权通过了，就调用 Succeed 方法，并且将相关联的 IAuthorizationRequirement 传递给 Succeed 方法，用以表示该授权需求已被满足；如果授权不通过，则调用 Fail 方法表示该授权需求不满足。下一节介绍如何通过自定义授权处理程序来实现授权逻辑。

7.2.6　自定义授权处理程序

在本节我们来设计一个简单的自定义授权处理程序。现在有一个需求，某个功能只允许姓"赵"的用户访问，下面通过自定义授权处理程序来实现这个需求。

首先定义一个授权需求：

```
public class MyAuthorizationRequirement : IAuthorizationRequirement
{
}
```

继承泛型抽象类 AuthorizationHandler<MyAuthorizationRequirement>：

```
public class MyAuthorizationHandler :
AuthorizationHandler<MyAuthorizationRequirement>
{
    protected override Task HandleRequirementAsync(
        AuthorizationHandlerContext context,
        MyAuthorizationRequirement requirement)
    {
        if(context.User.Identity.Name.StartsWith("赵"))
        {
            context.Succeed(requirement);
        }
        else
        {
            context.Fail();
        }
        return Task.CompletedTask;
    }
}
```

授权判断逻辑非常简单，如果用户的名称以"赵"开头，就通过调用 context.Succeed(requirement)进行授权。

7.3　集成 IdentityServer4

IdentityServer4 是 ASP.NET Core 平台下的一个 OAuth 2.0 以及 OpenID Connect 的实现。它非常方便地提供了身份认证、授权以及第三方认证服务对接，并且支持自定义方式来满足开发者不同场景下各式各样的需求。IdentityServer4 作为一个成熟的认证授权框架，是受到 OpenID Connect官方认证的服务端实现。IdentityServer 开源且免费，在重视知识产权的今天，我们可以放心地基于 IdentityServer4 搭建认证平台开发商业应用。

IdentityServer 通过 IdentityResource、ApiScope、ApiResource、Client 这些概念来实现身份的认证和资源的权限控制。

IdentityResource 是指用户 ID、姓名、手机号等用户信息，比如 OpenID Connect 规范就定义了一组标准的 IdentityResource。除此之外，我们也可以自定义 IdentityResource，这些概念很像 ASP.NET Core 中身份认证的 Claim，定义了程序能访问到的用户信息。

ApiScope 可以认为是 API 的一种标签，而 ApiResource 就是对 API 在授权场景下的抽象。如果需要对客户端能否访问某个 API 进行控制，就要定义 ApiScope 和 ApiResource。

Client 通过 Request Token 限制了哪些应用可以访问对应的 API 资源。每个 Client 都会有一个唯一的 Client ID，通过设置一个秘钥可以加强用户信息安全性，关键的是通过设置 AllowedApiScopes，框架就可以控制这个 Client 可以访问哪些 ApiResource（Resource 是和 Scope 相关联的）。

如果不是很明白这些概念也没有特别大的关系，IdentityServer4 的官方站点示例文档非常齐全，可以通过边摸索边理解的方式去了解这些概念。调试本身也是一种很好的学习方法。

与 ASP.NET Core 身份认证集成

ASP.NET Core 本身的一套身份认证机制能够提供用户的身份识别，使用 ASP.NET Core 官方设计的标准身份认证接口有利于应用的维护和扩展。能否让 IdentityServer4 也使用标准的 ASP.NET Core 身份认证接口呢？答案当然是肯定的，IdentityServer4 提供了一个专门的 NuGet 包来实现，包名叫 IdentityServer4.AspNetIdentity。

如何与 ASP.NET Core 身份认证集成呢？首先 IdentityServer4 的集成符合 ASP.NET Core 添加组件的老套路，注册 DI 以及配置中间件管道。

```
public void ConfigureServices(IServiceCollection services)
{
    services.AddDbContext<ApplicationDbContext>(options =>

options.UseSqlServer(Configuration.GetConnectionString("DefaultConnection")));

    services.AddIdentity<ApplicationUser, IdentityRole>()
        .AddEntityFrameworkStores<ApplicationDbContext>()
        .AddDefaultTokenProviders();

    // 注册其他组件服务
    services.AddTransient<IEmailSender, EmailSender>();

    services.AddMvc();

    // 配置 identity server
    services.AddIdentityServer()
        .AddDeveloperSigningCredential()
        .AddInMemoryPersistedGrants()
        .AddInMemoryIdentityResources(Config.GetIdentityResources())
        .AddInMemoryApiResources(Config.GetApiResources())
        .AddInMemoryClients(Config.GetClients())
        .AddAspNetIdentity<ApplicationUser>();
}
```

这里要注意，AddIdentityServer 扩展方法必须要在 AddIdentity 之后调用，因为 IdentityServer 覆盖了某些 ASP.NET Core 身份认证的配置。如果顺序反过来，那么这些覆盖配置就会被 ASP.NET Core 身份认证的配置所覆盖。

接下来就是配置中间件管道了，由于使用 IdentityServer 来完成身份认证，因此原来 ASP.NET Core 的授权中间件就不需要了。

```
public void Configure(IApplicationBuilder app, IHostingEnvironment env)
{
    if (env.IsDevelopment())
    {
        app.UseDeveloperExceptionPage();
        app.UseBrowserLink();
        app.UseDatabaseErrorPage();
    }
    else
    {
        app.UseExceptionHandler("/Home/Error");
    }

    app.UseStaticFiles();

    // app.UseAuthentication();
    // 启用 UseIdentityServer，就不需要框架内置的授权中间件了
    app.UseIdentityServer();

    app.UseMvc(routes =>
    {
        routes.MapRoute(
            name: "default",
            template: "{controller=Home}/{action=Index}/{id?}");
    });
}
```

这样既可以使用 OAuth 2.0 或者是 OpenID Connect 的能力，又能在 ASP.NET Core 的生态中享受生态发展带来的无限可能。

7.4　数据保护

本章开头的时候就说过，Web 应用程序有非常大的用户信息安全保障需求，通常需要将用户敏感数据进行加密存储。基于这样的需求，ASP.NET Core 框架提供了一个简单的、易于使用的加密 API 供开发人员来保护敏感数据。

ASP.NET Core 数据保护是为了 Web 场景下易于使用而设计的，只适用于 Web 上短期加密的需求，不要使用 ASP.NET Core 数据保护 API 来做长期的加密场景。

7.4.1 数据保护入门

ASP.NET Core 数据保护 API 的使用非常简单，使用步骤如下：

（1）使用数据保护提供程序创建数据保护程序。

（2）调用 Protect 方法加密要保护的数据。

（3）调用 Unprotect 方法解密被保护的数据。

ASP.NET Core 配置数据保护支持非常简单，只需将其添加到 DI 容器中，这样就可以方便地利用依赖注入系统来使用数据保护 API。下面就来演示如何通过 DI 接收数据保护提供程序，首先是把数据保护组件添加到 DI 容器：

```
public void ConfigureServices(IServiceCollection services)
{
    services.AddControllers();
    services.AddDataProtection();
}
```

在 Action 中通过[FromServices]模型绑定注入 Action：

```
[ApiController]
[Route("[controller]")]
public class DataProtectController : ControllerBase
{
    [HttpGet]
    public string RunDemo([FromServices] IDataProtectionProvider provider)
    {
        string input = "要保护的数据";
        string output = "";

        var protector = provider.CreateProtector("用途说明");
        // 加密数据
        string protectedPayload = protector.Protect(input);
        output += $"加密后的数据：{protectedPayload}";

        // 解密数据
        string unprotectedPayload = protector.Unprotect(protectedPayload);
        output += $"解密后的数据：{unprotectedPayload}";
        return output;
    }
}
```

上面的代码简单演示了数据保护 API 的使用，是否是非常简单易用呢？CreateProtector 方法传入的"用途说明"是用来实现多个场景下的数据保护隔离的。举个例子，使用"绿色"用途说明创建的数据保护程序，是无法解密使用"蓝色"用途说明创建的数据保护程序的。

IDataProtectionProvider 和 IDataProtector 的实例对于多个调用方是线程级安全的。这就意味着通过调用 CreateProtector 获取的 IDataProtector 在多线程环境下使用是安全的，不会出现意外的情况。

7.4.2　用户机密管理

前面说到数据保护的用途说明是用来实现数据保护隔离的，这是非常重要的数据安全配置。在部署过程中，不应该将这种敏感数据存储在源代码中，开发测试环境中也不应该配置与生产环境一样的"用途说明"。这时有两种方式来实现敏感数据的配置：其中一种就是通过环境变量来传递，这样就可以通过参数的方式将机密信息传递给 ASP.NET Core 程序，避免了在源码仓库里配置机密信息；另一种方式就是 ASP.NET Core 独有的用户机密管理，用户机密管理其实是依赖配置提供程序来实现的。

启用密钥存储，在项目目录中运行机密管理工具的 init 命令：

```
dotnet user-secrets init
```

上面这条命令将 UserSecretsId 元素添加到 .csproj 项目文件的 PropertyGroupzhong。一般来说，UserSecretsId 就是一个 GUID，它是随机产生并且是项目唯一的。

```
<PropertyGroup>
    <TargetFramework>netcoreapp3.1</TargetFramework>
    <UserSecretsId>42ECA004-D6D8-4DB9-80A2-B82D326798FD</UserSecretsId>
</PropertyGroup>
```

机密管理配置文件是存储在本地机器文件系统上的 JSON 配置文件。在 Windows 系统中，它存储在 %APPDATA%\Microsoft\UserSecrets\<user_secrets_id>\secrets.json 中，将 <user_secrets_id> 与项目文件中的 UserSecretsId 进行替换就能得到机密配置文件的真实路径。

通过机密管理工具的 set 命令可以设置项目的机密配置项：

```
dotnet user-secrets set "ServiceApiKey" "12345"
```

通过机密管理工具的 remove 命令可以删除项目的机密配置项：

```
dotnet user-secrets remove "ServiceApiKey"
```

通过机密管理工具的 clear 命令可以清空项目的机密配置项：

```
dotnet user-secrets clear
```

7.4.3　小　结

ASP.NET Core 数据保护 API 提供了非常便捷的加密解密 API 接口。在数据传输过程中需要保障数据安全的场景下，ASP.NET Core 数据保护是首选的 API 接口。

7.5　强制 HTTPS

数据保护只能在服务端加密解密，而浏览器和 Web 服务器之间频繁地传输用户行为数据的安全性就不是很适合用数据保护来保障。保障浏览器和 Web 服务器之间的安全性最合适的方式还是使用 HTTPS 进行通信，强制 HTTPS 就是强制浏览器采用 HTTPS 请求 Web 服务器以保障通信安全。

强制 HTTPS，简单的方式可以利用 HTTP 状态码 301 或 302，采用浏览器重定向的方式来实现。国际互联网工程组织 IETF 定义了 HTTP 严格传输安全协议（HSTS）来实现互联网安全策略机制，HSTS 的规范性更强，但是 HSTS 需要浏览器支持。开启 HSTS 后，浏览器会阻止应用通过 HTTP 发送任何通信，并且阻止用户使用不受信任或无效的证书，浏览器将禁止用户发送暂时信任此类证书的提示，HSTS 将会是未来互联网安全策略的标准。

7.5.1　RequireHttpsAttribute

使用[RequireHttps]修饰 Controller 和 Action，可以令 Controller 和 Action 的 HTTP GET 请求被重定向到 HTTPS。除了 GET 请求，其他的请求将会返回 HTTP 403 禁止状态码。

RequireHttpsAttribute 有个布尔属性 Permanent 可供配置，它控制返回给浏览器的 HTTP 重定向状态码是临时的（301）还是永久的（302）。

7.5.2　HTTPS 重定向中间件

UseHttpsRedirection 可以应用 HTTPS 重定向中间件。

```
public void Configure(IApplicationBuilder app, IWebHostEnvironment env)
{
    if (env.IsDevelopment())
    {
        app.UseDeveloperExceptionPage();
    }
    app.UseHttpsRedirection();

    app.UseRouting();
    app.UseEndpoints(endpoints =>
    {
        endpoints.MapControllers();
    });
}
```

仅仅应用 HTTPS 重定向中间件还不能按照预期自动重定向到 HTTPS。想要中间件正常工作，还需要另一个步骤：配置端口。HTTPS 重定向中间件必须要配置 HttpsRedirectionOptions.HttpsPort 后才能发挥正常功能，通常只要应用开启了 HTTPS 监听端口，那么中间件就可以通过 IServerAddressesFeature 来间接发现 HTTPS 端口。在开发中，只要在 launchsettings.json 配置 HTTPS URL 即可。

除了 HttpsPort，HttpsRedirectionOptions 还有一个属性 HttpsRedirectionOptions，默认值为 StatusCodes.Status307TemporaryRedirect (307)，建议不修改这个属性，更不建议修改为 StatusCodes.Status301MovedPermanently，永久跳转将会被浏览器缓存，不利于应用配置调整。

HTTPS 重定向中间件的一种替代方法是使用 URL 重写中间件（AddRedirectToHttps）。AddRedirectToHttps 还可以在执行重定向时设置状态代码和端口。重定向到 HTTPS 时，如果不需要其他的重定向规则，建议还是使用 HTTPS 重定向中间件。关于 URL 重写中间件，本书将会在第 13 章 ASP.NET Core 高级内容部分单独进行介绍。

7.5.3 HTTP 严格传输安全协议

在应用配置中应用 HTTP 严格传输安全协议（HSTS）的中间件（UseHsts）：

```
public void Configure(IApplicationBuilder app, IWebHostEnvironment env)
{
    if (env.IsDevelopment())
    {
        app.UseDeveloperExceptionPage();
    }
    else
    {
        app.UseExceptionHandler("/Error");
        app.UseHsts();
    }
    app.UseHttpsRedirection();

    app.UseRouting();
    app.UseEndpoints(endpoints =>
    {
        endpoints.MapControllers();
    });
}
```

由于 HSTS 是由客户端强制执行并且高度缓存的，因此不建议在开发环境中执行。

默认情况下，中间件会排除本地回环地址（也称为环回地址）。

- localhost：IPv4 回环地址。
- 127.0.0.1：IPv4 回环地址。
- [::1]：IPv6 回环地址。

更详细的 HSTS 相关信息，可参阅 https://hstspreload.org/。

7.6 防跨站请求伪造

上一节通过强制 HTTPS 保障了 Web 应用与客户的浏览器之间通信的安全，使得服务端与浏览器之间传输的信息可以有效地防止网络窃听和篡改。我们的应用是不是就非常安全了呢？答案肯定不是，在现在的网络应用中，其实还有很多的安全重点。虽然我们的浏览器已经做了非常多的安全限制，但是网络中的攻击者总是能够找到各种各样的攻击方式，从而在未经我们允许的前提下窃取用户的身份信息，甚至造成用户的财产损失。跨站请求伪造（XSRF/CSRF）就是其中的一类攻击手法。

7.6.1　什么是跨站请求伪造

什么是跨站请求伪造（XSRF/CSRF）呢？这个就需要先讲一下浏览器的 Cookie 了。在前面的章节中介绍了，身份认证需要一个用户的凭据，一般情况下，站点在通过了用户名密码身份认证后会给用户颁发一种新的身份凭据，在后续的用户访问过程中就不再需要提供用户名密码了。这个身份凭据就是通过浏览器的 Cookie 机制来实现的。Web 应用程序通过设置 Cookie（一个普通 HTTP 返回的标头信息）将身份凭据信息传输给浏览器，浏览器就会自动将 Cookie 保存到本地文件系统，并且这个 Cookie 与 Web 应用程序的域名是绑定的，它会在后续的每一次页面浏览或接口请求中都带上这个域名下的所有未过期 Cookie。这套机制其实没什么问题，而且对于 Web 开发来说也很友好，我们不必针对每个接口去考虑如何传输用户身份凭据，这一切都是自动的。但是也正是因为它是自动的，就给了攻击者可乘之机。试想一下，如果我们刚刚访问了网上银行，而这个网上应用的 Web 应用也没有针对跨站请求伪造做好安全防护，而且没有退出网上银行的登录，那么从理论上来说只要一个执行转账的请求发起到网上银行的 Web 应用服务器上，那么我们的钱就会莫名其妙得被转走了。虽然现在的网络攻击不可能这么简单，但是在网银系统早期的时候，网银里的钱被转走确实是实实在在地发生过。

上面提到的发起转账请求就是跨站请求伪造的关键点，在没有防护的前提下，仅仅需要 HTML 代码就能实现。假设我们访问了一个有恶意目的的站点 www.bad-crook-site.com，它觊觎我们网银 your-banking.com 里的钱。

```
<h1>恭喜您，您获得一个大奖！</h1>
<form action="http://your-banking.com/api/account" method="post">
    <input type="hidden" name="转账" value="withdraw">
    <input type="hidden" name="金额" value="1000000">
    <input type="submit" value="点击领取大奖">
</form>
```

这里涉及 www.bad-crook-site.com 和 your-banking.com 两个域名，这个特点就是攻击手法名称中"跨站"的来源。除了通过虚假信息引诱用户提交请求外，还可以通过各种手段利用 JavaScript 进行自动提交，通过 CSS 将表单整个隐藏。这就意味着，只要我们浏览了某个未知的恶意网页就可能会中招。当然，中招的前提肯定是我们的真实身份凭据没有被清除，换句话说我们没有在使用完网银后及时地从网银中注销自己的登录。

7.6.2　同步令牌模式

ASP.NET Core 提供了同步令牌模式（STP）来防范跨站请求伪造，STP 原理也很简单，通过自动向 form 标记中添加唯一且不可预测的隐藏表单字段，并且这个令牌与通过认证的身份凭据是绑定的。这个令牌是通过 FormTagHelper 自动添加的，但是自动添加的 form 需要符合以下条件：

- method="post"。
- action=" "或者未提供 action 属性。

比如：

```
<form method="post">
```

```
   ...
</form>
```

当然，我们也可以通过@Html.AntiForgeryToken 显式添加：

```
<form action="/" method="post">
   @Html.AntiForgeryToken()
</form>
```

这样表单提交的时候将会自动将该令牌自动传回服务端，如果 form 表单提交时没有提供令牌或者令牌与用户身份不匹配，那么该请求就会被拒绝。

使用同步令牌模式来预防请求伪造非常简单，首先还是老套路，把服务添加到依赖容器，但是不需要显式添加，在调用以下方法时都会将防请求伪造中间件加入到依赖注入容器中：

- AddMvc
- MapRazorPages
- MapControllerRoute
- MapBlazorHub

当然，也可以通过 IServiceCollection 的 AddAntiforgery 扩展方法来显式添加：

```
services.AddAntiforgery(options =>
{
    // 设置防 CSRF 属性
    options.FormFieldName = "AntiforgeryFieldname";
    options.HeaderName = "X-CSRF-TOKEN-HEADERNAME";
    options.SuppressXFrameOptionsHeader = false;
});
```

给 form 标记添加令牌后，还需要对后台处理程序进行配置，以支持 CSRF 的后端验证。ASP.NET Core 框架预先提供了三个用于处理防伪令牌的过滤器：

- ValidateAntiForgeryToken
- AutoValidateAntiforgeryToken
- IgnoreAntiforgeryToken

AutoValidateAntiforgeryToken 一般应用在 Controller 上，ValidateAntiForgeryToke 和 IgnoreAntiforgeryToken 一般应用在 Action 上。

AutoValidateAntiforgeryToken 仅对 POST 的 Action 进行防伪令牌的验证，所以一般用于批量设置。

7.7　防开放重定向攻击

需要身份认证的 Web 应用一般在用户登录页登录成功后会将页面重定向到登录之前的页面，而这个功能一般是通过登录页 URL 中特定的查询字符串参数来实现的，并且一般这个参数的名称也相对固定，比如叫 returnUrl。而开放重定向攻击就是基于上面描述的重定向过程实现的一种攻击，攻击者可以利用这个 returnUrl 将用户重定向到外部的恶意站点上，而这个页面和真实站点的登录页一模一样。用户会以为自己的用户名和口令信息填写错误而重新输入，攻击者就是通过这个伪装的页面获取了用户的账户和口令，开放重定向攻击的原理和钓鱼站点的原理是非常类似的。

知晓了开放重定向攻击的原理之后，其实只要已知的 URL 执行重定向就可以避免这一类攻击，从本质上来说 Web 应用程序需要将所有用户提供的数据都视为不可信数据。在 ASP.NET Core 中，我们通过 Controller 的 LocalRedirect 方法或者 URL 的 IsLocalUrl 方法就可以防范此类攻击。通过这两个方法，我们可以保障不跳转到应用之外的 URL。

LocalRedirect 方法与 Redirect 方法的区别就是：如果恶意用户尝试跳转其他站点的 URL，那么方法将会抛出异常。

```
public IActionResult SomeAction(string redirectUrl)
{
    return LocalRedirect(redirectUrl);
}
```

IsLocalUrl 方法能够判断是否是站点内的 URL，如果不是，就可以选择将页面重定向到默认地址。

```
private IActionResult RedirectToLocal(string returnUrl)
{
    if (Url.IsLocalUrl(returnUrl))
    {
        return Redirect(returnUrl);
    }
    else
    {
        return RedirectToAction(nameof(HomeController.Index), "Home");
    }
}
```

7.8 防跨站脚本

跨站脚本攻击（XSS）是指利用网页开发时留下的漏洞，通过各种巧妙的方法将包含恶意目的脚本（通常是 JavaScript）注入用户浏览的网页。

通过表单提交、查询字符串等方式，攻击者有可能将包含恶意目的跨站脚本注入用户页面。如果对用户提交的内容不进行验证、编码或转义，那么系统就容易被跨站脚本攻击。

用户一旦访问了被跨站脚本攻击的网页，攻击者就可以窃取 Cookie 和会话令牌，以浏览用户的身份执行各种系统操作。

7.8.1　防范跨站脚本攻击

跨站脚本攻击的漏洞本质是用户可通过提交内容执行自定义脚本，所以最根本的防御原则就是在将动态内容（特别是用户提交的内容）加载到网页中时确保没有非应用内的脚本可以被执行，常用的手段就是对动态内容进行编码。

7.8.2　使用 Razor 的 HTML 编码

通过 HtmlEncoder.Encode 方法可以对字符串进行 HTML 编码。不安全的字符将会以 HTML 字符实体的方式进行编码。

```
@using System.Text.Encodings.Web;
@inject HtmlEncoder encoder;

@{
    var untrustedInput = "<\"123\">";
}

@encoder.Encode(untrustedInput)
```

上面的代码运行之后，页面输出内容如下：

```
&lt;&quot;123&quot;&gt;
```

当使用@指令输出字符串内容时，Razor 引擎会自动使用 HtmlEncoder 对输出变量进行编码。所以上面的代码可以简写如下：

```
@{
    var untrustedInput = "<\"123\">";
}

@untrustedInput
```

有时，我们不需要对输出内容进行转码，可以通过 HtmlString 直接输出字符串内容。

```
@(new Microsoft.AspNetCore.Html.HtmlString("<b>Hello World!</b>"))
```

7.8.3　使用 Razor 的 JavaScript 编码

通过 JavaScriptEncoder 方法可以对字符串进行编码，不安全的字符将会以 16 进制 Unicode 编码的方式被转义。

```
@using System.Text.Encodings.Web;
@inject JavaScriptEncoder encoder;

@{
    var untrustedInput = "<\"123\">";
}
```

```
<script>
  document.write("@encoder.Encode(untrustedInput)");
</script>
```

上面的代码运行后，页面输出内容如下：

```
<script>
  document.write("\u003C\u0022123\u0022\u003E");
</script>
```

7.8.4　小　结

通过各种编码器将危险字符（实现执行自定义脚本的关键字符）转义成安全字符串，可以在很大程度上防止跨站脚本攻击。读者需要掌握这些基本编码器的特点，在合适的场景中使用合适的编码器来对 HTML 输出内容进行编码。

7.9　跨域请求

要知道什么叫跨域请求，首先需要了解一下什么叫同源。

这里通过一个 URL 的案例来进行讲解。对于 https://example.com/foo.html 这个 URL 来说，https 叫协议，example.com 叫域名，而省略的 https 默认端口号是 443，包含相同的协议、域名和端口的 URL 则称为同源。

一个页面请求另一个不同域名、协议或端口的 HTTP 资源时，浏览器发起的请求就是跨域请求。比如 https://example.com/index.html 页面中有一段脚本需要访问 https://xiaobao100.com/userinfo 接口获取用户信息，那么这个请求就是跨域请求。

浏览器中通过脚本发起 HTTP 请求有很多种方式，常见的就是 XMLHttpRequest 和 FetchAPI。出于安全原因，脚本发起的跨域 HTTP 请求会受到浏览器限制。这个限制又常被称为同源策略，同源策略其实是浏览器规定的一项君子协议，阻止了 Web 应用在没有受到异源服务器允许的情况下的请求。这个允许的标准格式就叫跨域资源共享（CORS）。

7.9.1　跨域资源共享

为了解决在某些场景下的跨域请求需求，W3C 组织针对这种需求提出了跨域资源共享（CORS）的解决方案，简单讲就是通过适当放宽浏览器安全限制来满足这一应用场景。跨域资源共享规定了一组服务端的 HTTP 标头字段，服务器利用这些 HTTP 标头可以声明通过浏览器哪些源站有权访问哪些资源。同时它也规定了对于某些会对服务器数据产生副作用的 HTTP 请求方法，浏览器必须首先使用 OPTIONS 方法发起一个预检请求（Preflight Request）来检验服务端是否允许该跨域请求。

7.9.2　启用 CORS 中间件

了解了 CORS 之后，接下来就可以了解 ASP.NET Core 是如何支持 CORS 的。

注册 CORS 相关服务，ASP.NET Core CORS 的核心代码都在 Microsoft.AspNetCore.Cors. Infrastructure 命名空间下。

AddCors 扩展方法除了添加 CORS 核心服务组件外，还可以配置跨域策略。跨域策略可以配置多套，不同的跨域策略使用策略名来区分。

下面的代码演示了使用扩展方法 AddCors 添加 Cors 相关服务组件和一个名为 AllowXiaobao100Origin 的跨域策略，该策略允许域名 https://www.xiaobao100.com 能够访问该 Web 应用。

```
readonly string AllowXiaobao100Origin = "AllowXiaobao100Origin";
public void ConfigureServices(IServiceCollection services)
{
    services.AddCors(options =>
    {
        options.AddPolicy(AllowXiaobao100Origin,
        builder =>
        {
            builder.WithOrigins("https://www.xiaobao100.com");
        });
    });

    // 添加其他服务组件
}
```

AddPolicy 有两个重载方法：

```
public void AddPolicy (string name, CorsPolicy policy);

public void AddPolicy (string name, Action<CorsPolicyBuilder>
configurePolicy);
```

第二种重载方法中的 CorsPolicyBuilder 类是跨域策略的建造者模式的具体实现。利用 CorsPolicyBuilder 可以方便地配置并生成 CorsPolicy。通过 CorsPolicyBuilder，可以非常方便地设置跨域策略，包括设置允许的源、设置允许的 HTTP 方法、设置允许的请求标头、设置允许的返回标头、设置跨域中的身份凭据传递、设置预检查的过期时间。

在 Startup 类的 Configure 方法中，使用 UseCors 扩展方法来启用 CORS 中间件。

```
public void Configure(IApplicationBuilder app, IHostingEnvironment env)
{
    if (env.IsDevelopment())
    {
        app.UseDeveloperExceptionPage();
    }
    app.UseRouting();
    app.UseCors();
    app.UseEndpoints(endpoints =>
    {
```

```
        endpoints.MapControllers();
    });
}
```

7.9.3 配置需要 CORS 的资源路径

可以在 Controller 或者 Action 上应用[EnableCors]来对 Controller 或 Action 启用 CORS。

无参的[EnableCors]将会应用默认的跨域策略，传入跨域策略名的[EnableCors("{Policy String}")]可以应用具体策略名的跨域策略。

```
[Route("api/[controller]")]
[ApiController]
public class WidgetController : ControllerBase
{
    [EnableCors("AnotherPolicy")]
    [HttpGet]
    public ActionResult<IEnumerable<string>> Get()
    {
        return new string[] { "green widget", "red widget" };
    }

    [EnableCors]            // 默认策略
    [HttpGet("{id}")]
    public ActionResult<string> Get(int id)
    {
        switch (id)
        {
            case 1:
                return "green widget";
            case 2:
                return "red widget";
            default:
                return NotFound();
        }
    }
}
```

7.9.4 小 结

CORS 是 W3C 允许服务端放开同源策略的标准协议。CORS 不是增强安全的功能特性，它放宽了安全约束，因此启用 CORS 并不是增加安全性。CORS 允许服务端非常准确地告诉浏览器哪些源的服务器是被允许访问的，而其他源的服务器是不允许访问的。因此 CORS 只是比之前的跨域技术（比如 JSONP）更安全，也更灵活。

第8章

基于 SignalR 开发实时通信应用

在 ASP.NET Core 中，集成了开发实时通信的 SignalR 框架组件，屏蔽了复杂的网络通信，服务端和客户端相互调用可以像调用本地方法那么简单，我们可以通过它很方便地从服务端发送通知到客户端，这在以往的 Web 服务中很难做到。本章主要介绍 SignalR 服务端和客户端交互的实现，了解基于 SignalR 怎么开发一个实时通信的应用。

8.1 基于 SignalR 的实时通信

SignalR 是一个用于实现实时功能的开源框架，可简化将实时 Web 功能添加到应用程序的过程。它使用了多种技术来实现服务端与客户端间的双向通信，服务端可以随时将消息推送到连接的客户端。

SignalR 适用于如下场景：

- 需要高频率更新的应用，如游戏、社交网络、投票、拍卖、地图和 GPS 应用。
- 监控类应用，如公司即时更新销售数据或发出出差安全预警。
- 相互协作的应用，如白板应用和团队会议软件。
- 需要发送通知的应用，如网络、电子邮件、聊天、游戏和出差安全预警。

SignalR 提供了用于创建服务端到客户端远程过程调用（RPC）的 API。RPC 通过服务端.NET Core 代码来调用客户端的函数（或方法）。

8.1.1 数据交互传输

SignalR 使用的三种底层传输技术分别是 Web Socket、Server Sent Events 和 Long Polling，其中 Web Socket 仅支持比较现代的浏览器。SignalR 采用了回落机制，具有协商支持传输类型的功能，甚至可以协商支持 Long Polling（长轮询）。我们也可以禁用回落机制，只采用其中一种传输方式，如图 8-1 所示。

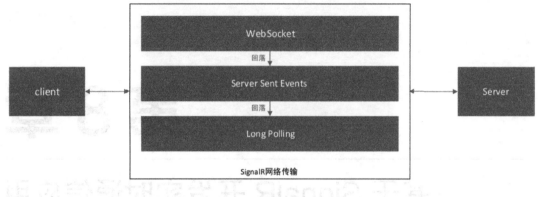

图 8-1

Web Socket 是更好的、有效的传输方式，一旦建立了连接，SignalR 就会开始发送 keep alive 消息来检查连接是否正常。如果有问题，就会抛出异常。因为 SignalR 数据交互是抽象于三种传输方式的上层，所以无论底层采用哪种方式，SignalR 的用法都是一样的。

8.1.2　Hub 中心

SignalR 使用 Hub（集线器）中心在客户端和服务器之间进行通信。

Hub 中心是一种高级管道，允许客户端和服务器分别调用彼此的方法。SignalR 自动处理跨计算机的调度，使客户端能够在服务器上调用方法，反之亦然。可以将强类型参数传递给方法以启用模型绑定。SignalR 提供了两个内置的集线器协议：基于 JSON 的文本协议和基于 MessagePack 的二进制协议。与 JSON 相比，MessagePack 通常会创建较小的消息。较早的浏览器必须支持 XHR 级别 2，才能提供 MessagePack 协议支持。

Hub 中心通过发送包含客户端方法的名称和参数的消息来调用客户端代码。作为方法参数发送的对象将使用配置的协议进行反序列化。客户端尝试将名称与客户端代码中的方法匹配。当客户端找到匹配项时，它将调用此方法并向其传递反序列化的参数数据，如图 8-2 所示。

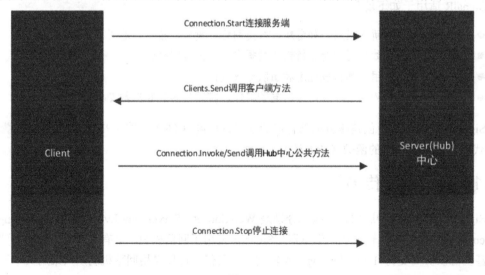

图 8-2

8.2　服务端实现

8.2.1　创建和使用 Hub

可以从 Hub 继承类并向其添加公有方法来创建 Hub 中心。客户端可以调用定义为 public 的方法。

```
using Microsoft.AspNetCore.SignalR;

public class ChatHub : Hub
{
    public Task SendMessage(string user, string message)
    {
        return Clients.All.SendAsync("ReceiveMessage", user, message);
    }
}
```

可以像在任何 C#方法中一样指定返回类型和参数（包括复杂类型和数组）。SignalR 负责处理复杂对象和数组在参数和返回值中的序列化和反序列化。

8.2.2　启用 SignalR

通过 SignalR 中心 API，我们可以在服务器调用所连接的客户端的方法。在服务器代码中，将定义由客户端调用的方法。在客户端代码中，将定义从服务器调用的方法。SignalR 使实时的客户端到服务器以及服务器到客户端的通信成为可能。

首先，SignalR 中间件需要一些服务，通过调用 services.AddSignalR 来配置（在 Startup 类中的 ConfigureServices 方法体内添加 services.AddSignalR()），我们可以在方法中传入通用配置，也可以指定特定的 Hub 配置。

```
services.AddSignalR(hubOptions =>
{
    //设置通用的 Hub 选项 options
        hubOptions.EnableDetailedErrors = false;
    hubOptions.KeepAliveInterval = TimeSpan.FromMinutes(1);
}).AddHubOptions<ChatHub>(options =>
{
    //设置指定的 Hub 选项 options
    options.EnableDetailedErrors = true;
});
```

将 SignalR 功能添加到 ASP.NET Core 应用，并通过在 Startup 类中的 Configure 方法的 app.UseEndpoints 回调来设置 SignalR 路由。我们可以使用 options 来设置 HttpConnectionDispatcherOptions 的高级选项。

```
app.UseRouting();
```

```
app.UseEndpoints(endpoints =>
{
    endpoints.MapHub<ChatHub>("/chathub", options =>
    {
        //设置传输缓存的大小
        options.TransportMaxBufferSize = 1024 * 16;
    });
});
```

8.2.3　上下文对象 Context

Hub 类具有一个 Context 属性，其中包含有关连接的信息，如表 8-1 所示。

表8-1　Context属性包含有关连接的信息说明

属　性	说　明
ConnectionId	获取由 SignalR 分配的连接 ID（唯一的 ID），每个连接都有一个连接 ID
UserIdentifier	获取用户标识符。默认情况下，SignalR 使用与连接关联的 ClaimsPrincipal 中的 ClaimTypes.NameIdentifier 作为用户标识符
User	获取与当前用户关联的 ClaimsPrincipal
Items	获取可用于在此连接范围内共享数据的键-值集合。数据可以存储在此集合中，它将在不同的集线器方法调用中持久保存
Features	获取连接上的可用功能的集合。目前，在大多数情况下不需要此集合，因此不会对其进行详细介绍
ConnectionAborted	获取一个 CancellationToken，它将在连接中止时发送通知

Context 还包含如表 8-2 所示的方法。

表8-2　Context包含的方法及说明

方　法	说　明
GetHttpContext	返回连接 HttpContext 的对象，如果连接不与 HTTP 请求关联，则为 null（即为空对象）。对于 HTTP 连接，可以使用此方法来获取 HTTP 标头和查询字符串等信息
Abort	中止连接

8.2.4　Clients 对象

Hub 类具有一个 Clients 属性，包含服务器和客户端之间通信的属性和方法，如表 8-3 所示。

表8-3　Clients对象的属性及其说明

属　性	说　明
All	在所有连接的客户端上调用方法
Caller	在调用 Hub 方法的客户端上调用方法
Others	在所有连接的客户端上调用方法，但调用方法的客户端除外

（续表）

属　　性	说　　明
AllExcept	在所有连接的客户端（指定的连接除外）上调用方法
Client	在特定连接的单个客户端上调用方法
Clients	在连接的多个客户端上调用方法
Group	对指定组中的所有连接调用方法
GroupExcept	对所有连接调用方法，指定的连接则除外
Groups	在多组连接上调用方法
OthersInGroup	对一组连接调用方法，单不包括调用该 Hub 方法的客户端
User	对与特定用户关联的单个连接调用方法
Users	对与指定用户相关联的所有连接调用方法

上述表中的每个属性或方法都返回一个包含 SendAsync 方法的对象。SendAsync 方法允许我们提供要调用的客户端方法的名称和参数。

8.2.5　向客户端发送消息

使用 Clients 对象向客户端发送消息，发送方式可以有多种形式，既可以是所有客户端，也可以是指定的客户端。发送消息是通过调用客户端的方法并向其传递参数来实现的，有下列三种方法：

- 使用 Clients.All 将消息发送到所有连接的客户端。
- 使用 Clients.Caller 将消息发回给调用方。
- 使用 Clients.Group 向组中的 SignalR 所有客户端发送一条消息。

```
public Task SendMessage(string user, string message)
{
    return Clients.All.SendAsync("ReceiveMessage", user, message);
}

public Task SendMessageToCaller(string message)
{
    return Clients.Caller.SendAsync("ReceiveMessage", message);
}

public Task SendMessageToGroup(string message)
{
    return Clients.Group("SignalR Users").SendAsync("ReceiveMessage",
message);
}
```

其他方式还有 Clients.User（指定用户）、Clients.Others（非调用方）等。

8.2.6　处理连接事件

SignalR Hub 中心 API 提供了 OnConnectedAsync 和 OnDisconnectedAsync 虚拟方法来管理和跟踪连接。

可以重写基类的 OnConnectedAsync 虚拟方法，在客户端连接到 Hub 时执行其他操作，如将其添加到指定的组。

```
public override async Task OnConnectedAsync()
{
    await Groups.AddToGroupAsync(Context.ConnectionId, "SignalR Users");
    await base.OnConnectedAsync();
}
```

可以重写 OnDisconnectedAsync 虚拟方法，我们可以在客户端断开连接时执行一些操作，例如将指定客户端其从组中移除。

```
public override async Task OnDisconnectedAsync(Exception exception)
{
    await Groups.RemoveFromGroupAsync(Context.ConnectionId, "SignalR
Users");
    await base.OnDisconnectedAsync(exception);
}
```

如果客户端通过断开连接方法断开连接（例如 connection.stop()），那么服务端无法获取到 exception 信息，参数将为 null。如果客户端由于错误（例如网络故障）而断开连接，那么 exception 参数将包含描述失败的信息，我们可以用这类来排除问题。

8.2.7　用户和组

Hub 中心的单个用户 user 可以有多个到应用的连接。例如，用户同时使用桌面 PC 以及他们的手机连接到 Hub，每个设备都有一个单独的 SignalR 连接，但它们都与同一用户关联。如果向用户发送一条消息，则所有与该用户关联的连接都将收到该消息。我们可以通过上下文访问连接的用户标识符 Context.UserIdentifier。

默认情况下，SignalR 使用与连接关联的 ClaimsPrincipal 中的 ClaimTypes.NameIdentifier 作为用户标识符。

向特定用户发送消息，方法是将用户标识符传递到 User 中心方法中的函数，示例如下：

```
public Task SendPrivateMessage(string user, string message)
{
    return Clients.User(user).SendAsync("ReceiveMessage", message);
}
```

组是与某个名称关联的连接的集合。可以将消息发送到组中的所有连接。建议将组发送到一个或多个连接，因为这些组由应用程序管理。连接可以是多个组的成员。组是类似聊天应用程序的理想之选，其中每个会议室都可以表示为一个组。通过调用 AddToGroupAsync 方法将连接添加到组或调用 RemoveFromGroupAsync 方法从组中删除连接。

```
public async Task AddToGroup(string groupName)
{
    await Groups.AddToGroupAsync(Context.ConnectionId, groupName);

    await Clients.Group(groupName).SendAsync("Send",
$"{Context.ConnectionId} has joined the group {groupName}.");
}

public async Task RemoveFromGroup(string groupName)
{
    await Groups.RemoveFromGroupAsync(Context.ConnectionId, groupName);

    await Clients.Group(groupName).SendAsync("Send",
$"{Context.ConnectionId} has left the group {groupName}.");
}
```

重新连接时，不会保留原来的组成员身份，重新建立组后，连接需要重新加入组。不能对组的成员进行计数，因为如果将应用程序扩展到多台服务器，那么此计数信息将无用。

8.2.8　服务的可扩展实现

在面临大量用户的情况下，单服务端是不够的，我们需要的服务是可扩展的。怎么实现 SignalR 服务的高可用和高可扩展呢？幸运的是，框架给我们提供了借助 Redis 的整套实现方案。

Redis 是 Key-Value 存储系统，还支持发布/订阅模型的消息传送系统。SignalR 使用 Redis 发布/订阅功能将消息转发到其他服务器。当客户端建立连接时，连接信息将传递到 Redis。当服务端要向客户端发送消息时，它将把消息发布到 Redis。Redis 知道所有连接的客户端以及它们所在的服务器，并通过所有服务器将消息发送到所有客户端，如图 8-3 所示。

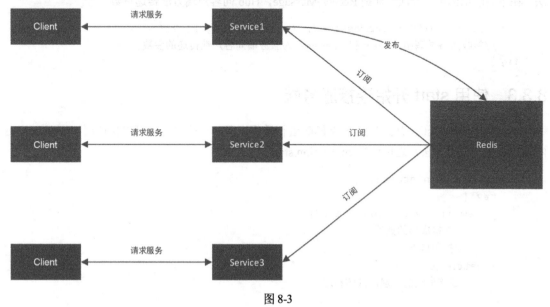

图 8-3

我们可以在配置 SignalR 服务时通过 AddStackExchangeRedis 添加对 Redis 的支持，并可以通过 Options 来设置 Redis 中存储的前缀等信息。

```
services.AddSignalR()
  .AddStackExchangeRedis(connectionString, options => {
      options.Configuration.ChannelPrefix = "MyApp";
  });
```

8.3 客户端实现

8.3.1 创建 connection 对象

通过 HubConnectionBuilder()创建客户端连接 connection，URL 为服务端开启的 SignalR 地址。在建立连接时，我们可以配置服务端 Hub 的 URL、传输协议、传输类型、日志级别、标头等功能。

```
//创建连接
const connection = new signalR.HubConnectionBuilder()
    .withUrl("/chatHub")
    .configureLogging(signalR.LogLevel.Information)
    .build();
```

（备注：使用 JavaScript 作为客户端示例，因而所有代码均为采用 JavaScript 编写的。）

8.3.2 使用 on 添加客户端方法

若要从服务端中心接收消息，首先需要使用 on 方法在 HubConnection 上添加自定义的客户端方法。在下面的示例中，方法名称是 ReceiveMessage，Hub 向客户端方法传递参数。

```
connection.on("ReceiveMessage", (user, message) => {
    //接收服务端调用，user 和 message 为服务端向客户端传递的参数
});
```

8.3.3 使用 start 开始连接服务端

通过 connection.start 开始与服务端 Hub 进行数据交互，一般情况下可以先使用 connection.on 向 connection 添加方法，之后运行 connection.start。

```
async function start() {
    try {
        await connection.start();
        //连接成功的处理
        //打印日志
    } catch (err) {
        //连接失败的处理，打印日志
    }
};
```

8.3.4　使用 invoke 调用服务端方法

通过 HubConnection 的 invoke 方法在 Hub 上调用公有方法：

```
connection.invoke("SendMessage", user, message).catch(err =>
console.error(err));
```

我们来看一下此 invoke 方法传递的参数：

- 服务端 Hub 方法的名称，例如服务端 Hub 的方法名称为 SendMessage。
- 在 Hub 方法中定义的参数，例如参数名称为 user、message。

invoke 方法调用服务器上的方法完成后，如果有返回值就将解析为返回值。如果调用期间服务器上的方法引发错误，那么我们可以进行相应的异常处理。

客户端还可以通过 HubConnection 的 send 方法调用服务 Hub 上的公有方法，有别于 invoke 方法的是 send 方法只关心向服务器发送信息。调用 send 方法不会等到服务器收到信息，因此不可能从服务器得到返回的数据或错误。

8.3.5　自动连接

在创建 connection 对象时，通过 WithAutomaticReconnect 可以把 connection 配置为自动重新连接。默认情况下，在异常退出时，connection 是不会自动重新连接的。

```
const connection = new signalR.HubConnectionBuilder()
    .withUrl("/chathub")
    .withAutomaticReconnect()
    .build();
```

在没有任何参数的情况下，WithAutomaticReconnect() 会将客户端配置为分别等待 0、2、10 和 30 秒，然后再尝试重新连接。

在开始任何重新连接尝试之前，HubConnection 都将转换为 HubConnectionState.Reconnecting 状态，并触发 Reconnecting 事件。

```
connection.onreconnecting(error => {
    //处理重连
});
```

如果客户端在其前四次尝试内成功重新连接，则 connection 将转换回 Connected 状态并激发 Reconnected 事件。这为用户提供了重新建立连接并取消排队消息的机会。

由于连接在服务器上看起来是全新的，因此 ConnectionId 将向事件处理程序提供一个新的 Reconnected 。

```
connection.onreconnected(connectionId => {
    //连接成功后的处理
});
```

如果客户端在其前四次尝试中未成功重新连接，则 HubConnection 将转换为 Disconnected 状态并触发 Closed 事件。如果我们需要一直保持连接，则需要在 closed 事件中重新连接服务端。

```
connection.onclose(error => {

    …
    //调用 connection.start
     start();
});
```

若要在断开连接之后为进行重新连接配置自定义的重新连接尝试次数，则需要让 WithAutomaticReconnect 接收一个数字数组，表示在开始每次重新连接尝试之前要等待的时间延迟（以毫秒为单位）。

```
connection = new signalR.HubConnectionBuilder()
    .withUrl("/chathub")
    ..withAutomaticReconnect([0, 2000, 10000, 30000])
    .build();
```

如果需要更好地控制计时和自动重新连接尝试的次数，则 withAutomaticReconnect 接受一个实现接口的 IRetryPolicy 对象，该对象具有一个名为 nextRetryDelayInMilliseconds 的方法。

nextRetryDelayInMilliseconds 是一个接收单个参数 RetryContext 的方法。RetryContext 具有三个属性：previousRetryCount、elapsedMilliseconds 和 retryReason。第一次重新连接尝试之前，previousRetryCount 和 elapsedMilliseconds 都是零，retryReason 包含说明导致连接丢失的错误信息。每次失败的重试次数递增一次后，将更新 previousRetryCount 和 elapsedMilliseconds，以反映到目前为止的重新连接所用的时间（以毫秒为单位），retryReason 包含说明导致上次重新连接尝试失败的错误信息。

nextRetryDelayInMilliseconds 必须返回一个值，该值表示在下一次重新连接尝试之前要等待的毫秒数。如果接收到的值为空（null），则停止重连服务端。

```
const connection = new signalR.HubConnectionBuilder()
    .withUrl("/chathub")
    .withAutomaticReconnect({
        nextRetryDelayInMilliseconds: retryContext => {
            if (retryContext.elapsedMilliseconds < 60000) {
                //返回一个数值，表示下次重新连接需要等待的毫秒数
                return Math.random() * 1000;
            } else {
                // 当超出预望、停止自动重连时，返回 null
                return null;
            }
        }
    })
    .build();
}
```

8.3.6　手动重连

有时并不期望 connection 因为网络的问题或者服务端重启导致客户端断开连接，所以我们要在 connection 关闭时重新连接服务端。下面的代码演示典型的手动重新连接方法：

```
connection.onclose(async () => {
    await start();//调用 connectin.start
})
```

如果我们需要停止与服务端的交互，可以在连接异常时不响应处理 close 事件。如果 connection 没有异常关闭，又想停止交互，就可以使用 connection.stop。

第9章

基于 Blazor 的 Web 客户端技术

WebAssembly（简称 wasm）是一个可移植、体积小、加载快并且兼容 Web 的全新格式，是由主流浏览器厂商组成的 W3C 社区组织制定的一个新规范，相比传统的 Web 开发，它具有如下特点：

● 将 JavaScript 之外其他语言和更多的库带入了 Web 编程中，例如 C++、C#等。
● 具有更好的性能表现。
● 是 JavaScript 的补充，而不是替代品。

图 9-1 展示了主流浏览器对 WebAssembly 的支持情况：

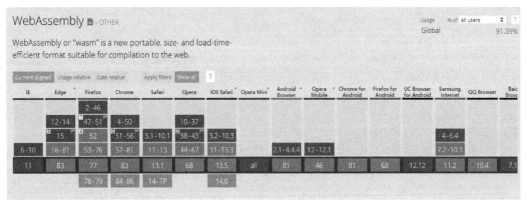

图 9-1

微软提供了 Blazor 项目作为.NET 生态对 WebAssembly 开发的支持，使得开发者使用 C#来开发 Web 浏览器应用成为可能。Blazor 具有下列特征：

● 使用 C#作为开发语言。
● 可以运行在浏览器 WebAssembly 或者服务器上。

- 支持与 JavaScript 的互操作。
- 基于.NET Standard，可以在客户端和服务端共享代码。
- 有丰富的社区开源项目支持，有丰富的组件库。
- 完全开源。

9.1 Blazor 的应用模型

Blazor 有两种应用模型，分别是 Blazor WebAssembly 和 Blazor Server。这两种模型的构建和工作方式是不同的，其中 Blazor WebAssembly 基于浏览器的 WebAssembly 能力，具有如下优点：

- 完全独立运行在浏览器上，不依赖动态服务端，下载到本地即可运行。
- 相比 JavaScript 有更好的性能，可以更好地利用客户端资源。
- 部署方便，任意的静态资源服务器均可托管，如 CDN 服务。

缺点如下：

- 仅支持浏览器支持的功能。
- 依赖浏览器对 WebAssembly 的支持。
- 不易于调试。

图 9-2 展示了 Blazor WebAssembly 模型的结构和工作方式。

与 Blazor WebAssembly 不同，Blazor Server 主要运行在服务端，由服务端负责计算和页面呈现，通过 SignalR 进行通信并将结果呈现到浏览器，它具有以下优势：

- 支持任何.NET Core 支持的 API 和功能。
- 支持任意.NET Core 的代码库。
- 更好的浏览器兼容性，不依赖浏览器对 WebAssembly 的支持。
- 其运行在服务端，易于调试。

相对应的，它的缺点主要在服务资源和网络方面：

- 执行和页面呈现分别在服务端和浏览器端，对网络延迟敏感。
- 不支持脱机工作，当无网络时无法正常工作。
- 服务器负载可能成为瓶颈。
- 必须依赖 ASP.NET Core 服务端应用。

图 9-3 展示了 Blazor Server 模型的结构和工作方式。

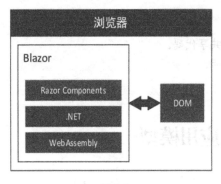
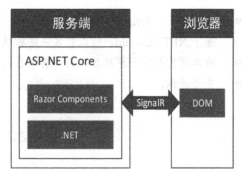

图 9-2   图 9-3

9.2　创建项目

要构建 Blazor 项目，需要下列开发工具之一：

- Windows: Visual Studio 2019 16.6 及以上版本。
- macOS: Visual Studio for Mac 8.6 及以上版本。
- Windows/macOS/Linux: Visual Studio Code with the C# extension。

使用 Visual Studio 2019 创建项目时，选择"Blazor 应用"模板即可，如图 9-4 所示。

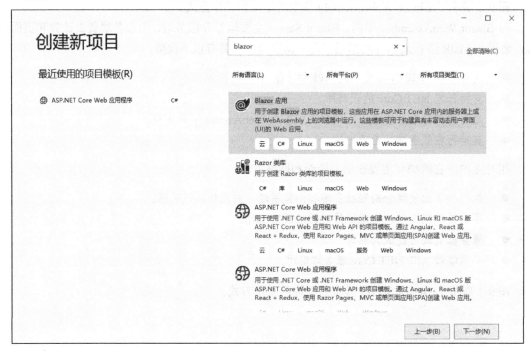

图 9-4

单击"下一步"按钮，设置项目名称、项目位置、解决方案名称，如图 9-5 所示。

图 9-5

单击"创建"按钮，进入应用模型选择界面，如图 9-6 所示。

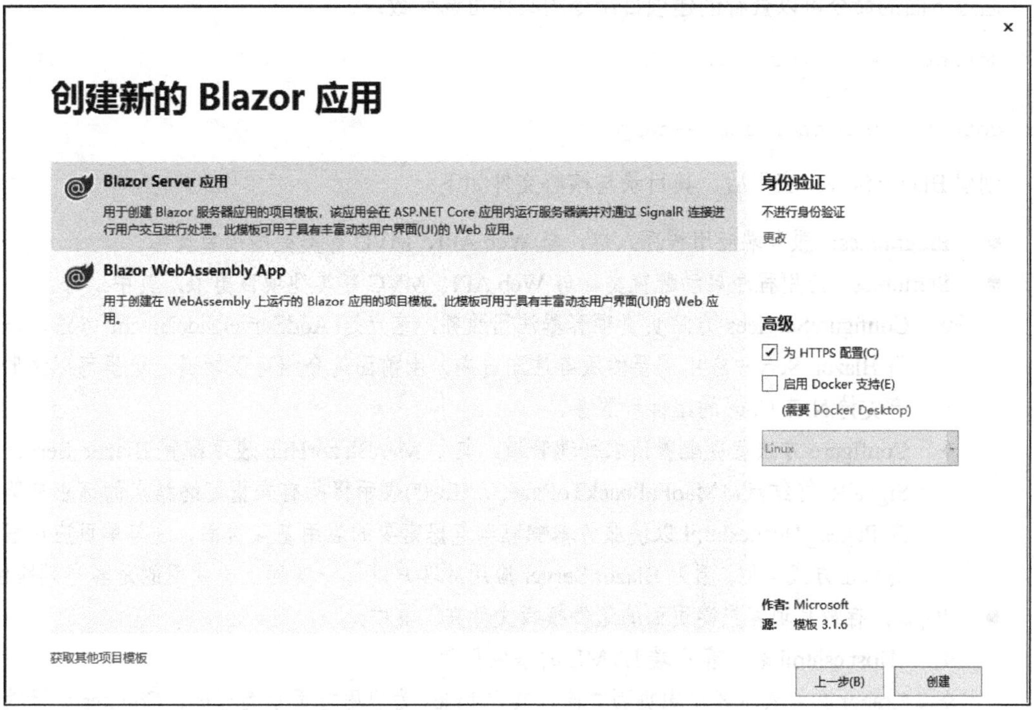

图 9-6

在左侧选择"Blazor Server 应用"或者"Blazor WebAssembly App"，在右侧可以设置"身

份验证""HTTPS 配置"和"启用 Docker 支持",然后单击"创建"按钮完成项目的创建。

如果使用 Visual Studio Code 开发,则可以通过命令行来创建项目。下面展示了在命令行当前目录下创建项目的命令:

```
# 创建 Blazor Server 应用
dotnet new blazorserver -o BlazorServerApp_Sample -f netcoreapp3.1

#创建 Blazor WebAssembly App
dotnet new blazorwasm -o BlazorApp_Sample
```

图 9-7 展示了在 D:\code 目录下创建 BlazorServerApp_Sample 的效果。

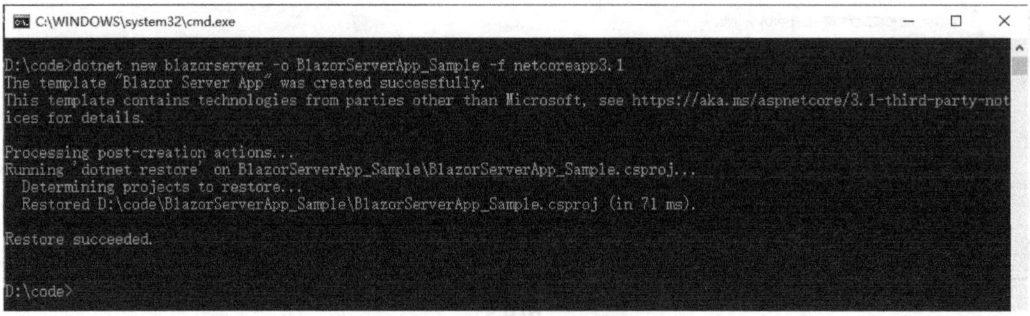

图 9-7

通过下面的命令可以查看创建项目命令的其他可选参数:

```
dotnet new blazorserver -help

dotnet new blazorwasm --help
```

创建 Blazor Server 应用后,其目录与核心文件如下:

- Program.cs: 服务端应用程序入口,与 Web API、MVC 等类型的项目类似。
- Startup.cs: 应用程序启动配置类,与 Web API、MVC 等类型项目类似。其中:
  - ✧ ConfigureServices 方法负责向容器注册服务,重点是 AddServerSideBlazor 方法,表示将 Blazor Server 应用需要的服务注册进来。由前面的介绍可以知道,这里可以注册任意支持.NET Core 的组件和服务。
  - ✧ Configure 方法负责配置请求处理管道,其中 MapBlazorHub 表示配置 Blazor Server 的 SignalR 终结点,MapFallbackToPage("/_Host")表示将所有未指定终结点的请求都路由到 Pages/_Host.cshtml 以使服务器响应浏览器需要的应用基架页面,这与单页应用程序的路由方式类似,因为 Blazor Server 应用的客户端部分实际上也使用的是客户端路由。
- Pages: 存放呈现客户端页面的组件模板文件夹。其中:
  - ✧ _Host.cshtml 表示客户端 HTML 的基架页面。
  - ✧ *.razor 文件表示客户端页面文件,其中 Index 为应用首页示例程序,Counter 为计数器示例程序,FetchData 为请求数据示例程序,Error 为错误页示例程序。
- Shared: 存放共享模板的文件夹,其中 MainLayout 表示应用母版页,所有页面共享,

NavMenu 为菜单导航组件。

- _Imports.razor：表示页面导入代码，存放了页面文件共享的代码，例如命名空间引用。
- App.razor：表示应用的根组件，应用的启动从这里开始，对 MainLayout 母板的使用也在此。
- appsettings.json：表示服务端应用配置，与 Web API、MVC 等类型的项目类似。

创建 Blazor WebAssembly App 项目目录结构有一定的差异，文件代表的含义不同：

- Program.cs：表示 Blazor WebAssembly 应用的入口。其中：
  - ✧ builder.RootComponents.Add<App>("app")表示 App 作为应用的根组件添加到组件集合中，对应 DOM 元素（<app>...</app>）。
  - ✧ builder.Services.AddXxx 向容器中注册服务，由于 Blazor WebAssembly App 项目中的代码都运行在浏览器端，因此仅能注册在浏览器的 WebAssembly 中运行的组件，如 HttpClient。
- wwwroot/index.html 表示 Blazor WebAssembly 应用在浏览器中的宿主 HTML，作用与 Blazor Server 应用的_Host.cshtml 页面类似，要使用 Blazor WebAssembly 应用则首先会请求该页面，再由其调用 Blazor WebAssembly 应用。
- Pages：与 Blazor Server 应用模板类似，存放应用的页面组件代码。
- Shared：与 Blazor Server 应用模板类似，存放共享模板的文件夹。
- _Imports.razor：与 Blazor Server 应用模板类似，存放了页面文件共享的代码，例如命名空间引用。
- App.razor：与 Blazor Server 应用模板类似，存放应用的根组件。

9.3 页面路由

与传统的页面链接方式不同，Blazor 应用使用 Router 组件来实现页面的路由。它定义在 App.razor 中，使用方式如下：

```
<Router AppAssembly="@typeof(Program).Assembly">
    <Found Context="routeData">
        <RouteView RouteData="@routeData"
DefaultLayout="@typeof(MainLayout)" />
    </Found>
    <NotFound>
        <LayoutView Layout="@typeof(MainLayout)">
            <p>Sorry, there's nothing at this address.</p>
        </LayoutView>
    </NotFound>
</Router>
```

Router 包含 Found 模板和 NotFound 模板，其中 NotFound 表示当路由未匹配到组件或页面时呈现的模板内容。

定义好 Router 后，可以在 Pages 目录下的页面文件中使用@page 指令来定义路由地址。下面是 counter 页的定义，其路由地址为 "/counter"：

```
@page "/counter"

<h1>Counter</h1>

<p>Current count: @currentCount</p>

<button class="btn btn-primary" @onclick="IncrementCount">Click me</button>

@code {
    private int currentCount = 0;

    private void IncrementCount()
    {
        currentCount++;
    }
}
```

@page 指令会被编译为 RouteAttribute，也支持与 RouteAttribute 类似的路由参数功能，以支持在页面间传递参数，例如：

```
@page "/order/{id}"
```

同样也支持 catch-all 模式：

```
@page "/{**path}"
```

相应地，也支持路由约束。下面的代码约束 id 必须为整数：

```
@page "/order/{id:int}"
```

支持的约束有 int、long、datetime、decimal、double、float、guid、bool。除了 bool 和 guid 外，其他约束都与区域格式有关，需要与设置的地区格式匹配。

可以使用 NavLink 组件作为页面跳转的链接按钮，类似于 HTLM 的<a>标签。下面是导航菜单组件 NavMenu.razor 的代码，展示了该如何使用 NavLink：

```
<div class="top-row pl-4 navbar navbar-dark">
    <a class="navbar-brand" href="">BlazorApp_Sample</a>
    <button class="navbar-toggler" @onclick="ToggleNavMenu">
        <span class="navbar-toggler-icon"></span>
    </button>
</div>

<div class="@NavMenuCssClass" @onclick="ToggleNavMenu">
    <ul class="nav flex-column">
        <li class="nav-item px-3">
            <NavLink class="nav-link" href="" Match="NavLinkMatch.All">
```

```
                <span class="oi oi-home" aria-hidden="true"></span> Home
            </NavLink>
        </li>
        <li class="nav-item px-3">
            <NavLink class="nav-link" href="counter">
                <span class="oi oi-plus" aria-hidden="true"></span> Counter
            </NavLink>
        </li>
        <li class="nav-item px-3">
            <NavLink class="nav-link" href="fetchdata">
                <span class="oi oi-list-rich" aria-hidden="true"></span> Fetch
data
            </NavLink>
        </li>
    </ul>
</div>

@code {
    private bool collapseNavMenu = true;

    private string NavMenuCssClass => collapseNavMenu ? "collapse" : null;

    private void ToggleNavMenu()
    {
        collapseNavMenu = !collapseNavMenu;
    }
}
```

9.4　数据绑定

Blazor 提供了@bind 语法来支持数据的绑定，这与前端框架 Vue 或 Angular 的绑定类似。下面的 Index.razor 代码是一个将值绑定到文本框的示例：

```
<input @bind="age" />

@code{
    int age = 20;
}
```

这段代码实现了下列功能：

- 将 age 的值绑定到 input。
- 监听 input 的 onchange 事件，同时会进行值的有效性判断，如果输出内容不是有效的 int 类型，则输出值不会被接收，而会被还原为修改之前的值。

可以通过@bind:event 指令来修改监听事件。下面的示例将监听设置为 oninput，因此会在输入过程中进行校验：

```
<input @bind="age" @bind:event="oninput"/>

@code{
    int age = 20;
}
```

默认情况下，@bind 指令对 Value 有效。要使绑定在其他属性上生效，可以使用 @bind-{ATTRIBUTE}:event 和@bind-{ATTRIBUTE}来绑定，它们必须一起出现。下面的代码展示了输出的内容也会被设置为 input 的 title 属性：

```
<input @bind="age" @bind:event="oninput" @bind-title="age"
@bind-title:event="onchange"/>

@code{
    int age = 20;
}
```

对于时间类型的数据，可以通过@bind:format 来设置格式字符串，目前仅支持 DateTime 和 DateTimeOffset：

```
<input @bind="time" @bind:format="yyyy-MM-dd" />

@code{
    DateTime time = new DateTime();
}
```

9.5 组 件

9.5.1 模板化组件

Blazor 支持以模板化组件的方式来复用模板代码，例如前面讲到的路由组件 Router 就是模板化组件，其包含了 Found 和 NotFound 两个模板部分，当路由匹配成功时展示 Found 模板部分，否则展示 NotFound 部分。下面的代码展示了 ListTemplate.razor 模板代码组件：

```
@typeparam TItem

<h3>@ListHeader</h3>
<ul>
    @foreach (var item in Items)
    {
        <li>@RowTemplate(item)</li>
    }
```

```
</ul>

@code {
    [Parameter]
    public RenderFragment ListHeader { get; set; }

    [Parameter]
    public RenderFragment<TItem> RowTemplate { get; set; }

    [Parameter]
    public IReadOnlyList<TItem> Items { get; set; }
}
```

注意，@typeparam 指定了泛型类型，这样就可以在使用时进行类型推断了。下面的代码展示了如何在页面中使用该模板组件：

```
<ListTemplate Items="list">
    <ListHeader>
        <text>我的列表</text>
    </ListHeader>
    <RowTemplate>
        <text>@context.Name</text>
    </RowTemplate>
</ListTemplate>

@code{
    List<DataModel> list = new List<DataModel>
    {
        new DataModel{ Name = "张三" },
        new DataModel{ Name = "李四"}
    };
    class DataModel
    {
        public string Name { get; set; }
    }
}
```

其中，RowTemplate 使用@context 来表示数据上下文，其实也可以通过指定 Context 在模板中使用，下面的代码段的功能与上面的代码段的功能是等效的：

```
<ListTemplate Items="list">
    <ListHeader>
        <text>我的列表</text>
    </ListHeader>
    <RowTemplate Context="dataModel">
        <text>@dataModel.Name</text>
    </RowTemplate>
</ListTemplate>
```

9.5.2 组件库

要想跨项目复用组件，可以将组件打包为组件库。可以通过"添加新项目"→"Razor 类库"模板来创建组件库，这里创建一个名为 MyComponents 的组件库，如图 9-8、图 9-9 和图 9-10 所示。

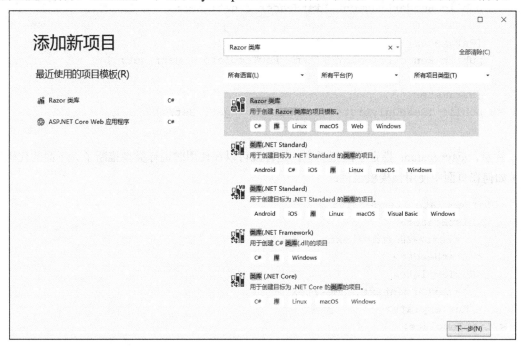

图 9-8

图 9-9

图 9-10

选中项目文件后右击，选择"添加"→"新建项"选项，在弹出的对话框中选择"Razor 组件"模板，添加 MyList.razor，如图 9-11 所示。

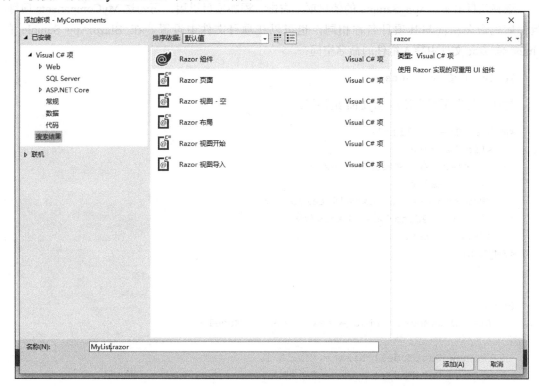

图 9-11

其代码与之前的 ListTemplate.razor 相同：

```
@typeparam TItem

<h3>@ListHeader</h3>
<ul>
    @foreach (var item in Items)
    {
        <li>@RowTemplate(item)</li>
    }
</ul>
```

```
@code {
    [Parameter]
    public RenderFragment ListHeader { get; set; }

    [Parameter]
    public RenderFragment<TItem> RowTemplate { get; set; }

    [Parameter]
    public IReadOnlyList<TItem> Items { get; set; }
}
```

选择项目 BlazorApp_Sample 的依赖项，右击，添加项目引用，再勾选 MyComponents 项目，组件库的命名空间与其项目名称相同，也可以在项目文件中设置。在 BlazorApp_Sample 的 _Imports.razor 文件中导入组件的命名空间：

```
@using MyComponents;
```

这样即可在页面中使用 MyList 组件了：

```
<MyList Items="list">
    <ListHeader>
        <text>我的列表组件</text>
    </ListHeader>
    <RowTemplate Context="dataModel">
        <text>@dataModel.Name</text>
    </RowTemplate>
</MyList>


@code{
    List<DataModel> list = new List<DataModel>
    {
        new DataModel{ Name = "张三" },
        new DataModel{ Name = "李四"}
    };
    class DataModel
    {
        public string Name { get; set; }
    }
}
```

9.6　状态管理

在构建 Blazor Server 应用时，可能需要在浏览器中存储身份令牌等信息，或者存储一些离线数据。数据可以存储在 localStorage 或 sessionStorage 中，区别如下：

- localStorage: 存储在浏览器中，多个浏览器选项卡可以共享数据，浏览器关闭后数据不会丢失，下次打开浏览器仍可继续读取。
- sessionStorage: 存储在浏览器选项卡中，多个选项卡不共享数据，刷新选项卡数据不会丢失，关闭选项卡后数据将丢失。

可以通过包 Microsoft.AspNetCore.ProtectedBrowserStorage 来实现对 localStorage 和 sessionStorage 的存取。它在提供数据时是由服务端加密过的，需要注意的是该包可能仍处于预发行状态，安装时需要勾选"包括预发行版"复选框，如图 9-12 所示。

图 9-12

在 Pages/_Host.cshtml 文件中添加脚本引用支持，并把 render-mode 设置为 Server：

```
<script src="_content/Microsoft.AspNetCore.
ProtectedBrowserStorage/protectedBrowserStorage.js"></script>
```

_Host.cshtml 的完整代码如下：

```
@page "/"
@namespace BlazorServerApp_Sample.Pages
@addTagHelper *, Microsoft.AspNetCore.Mvc.TagHelpers
@{
    Layout = null;
}

<!DOCTYPE html>
<html lang="en">
<head>
    <meta charset="utf-8" />
```

```
        <meta name="viewport" content="width=device-width, initial-scale=1.0" />
        <title>BlazorServerApp_Sample</title>
        <base href="~/" />
        <link rel="stylesheet" href="css/bootstrap/bootstrap.min.css" />
        <link href="css/site.css" rel="stylesheet" />
    </head>
    <body>
        <app>
            <component type="typeof(App)" render-mode="Server" />
        </app>

        <div id="blazor-error-ui">
            <environment include="Staging,Production">
                An error has occurred. This application may no longer respond until
reloaded.
            </environment>
            <environment include="Development">
                An unhandled exception has occurred. See browser dev tools for
details.
            </environment>
            <a href="" class="reload">Reload</a>
            <a class="dismiss"> </a>
        </div>

        <script src="_framework/blazor.server.js"></script>
        <script
src="_content/Microsoft.AspNetCore.ProtectedBrowserStorage/protectedBrowserSt
orage.js"></script>
    </body>
    </html>
```

在 Startup.cs 的 ConfigureServices 中添加服务注册：

```
services.AddProtectedBrowserStorage();
```

则可以在 razor 文件中注入 ProtectedLocalStorage 和 ProtectedSessionStorage 来使用浏览器的数据存储服务。下面展示 razor 文件中的注入代码：

```
@using Microsoft.AspNetCore.ProtectedBrowserStorage
@inject ProtectedSessionStorage ProtectedSessionStore
```

在 Index.razor 中添加读取代码：

```
<h1>@myvalue</h1>
@code{
    int myvalue;
    protected override async Task OnInitializedAsync()
    {
        myvalue = await ProtectedSessionStore.GetAsync<int>("count");
```

```
        }
    }
```

在 Counter.razor 中添加写入代码:

```
@page "/counter"
@using Microsoft.AspNetCore.ProtectedBrowserStorage
@inject ProtectedSessionStorage ProtectedSessionStore
<h1>Counter</h1>

<p>Current count: @currentCount</p>

<button class="btn btn-primary" @onclick="IncrementCount">Click me</button>

@code {
    private int currentCount = 0;

    private async Task IncrementCount()
    {
        currentCount++;

        await ProtectedSessionStore.SetAsync("count", currentCount);
    }
}
```

这样就可以单击 Counter 页的"Click me"按钮来设置值,而后即可在 Home 页读取设置的值。图 9-13 所示的 count 为 15,Home 页也显示为 15(见图 9-14)。

图 9-13

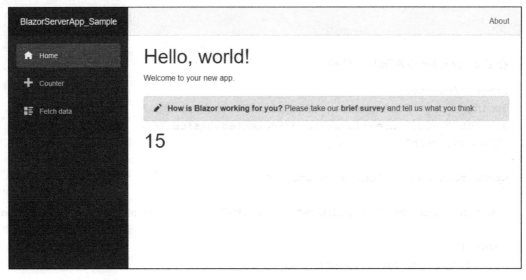

图 9-14

第 10 章

日志与监控

当我们把应用程序部署到服务器上后，要确保其持续稳定地运行，就需要对其运行状态有全面的掌控。ASP.NET Core 框架内置了日志组件和健康检查组件，它们分别具备如下能力：

- 日志组件：
  - ◇ 负责记录信息并以文本形式输出到指定位置或系统中。
  - ◇ 支持多种输出提供程序。
  - ◇ 支持灵活的输出过滤设置。
  - ◇ 丰富的第三方提供程序。
- 健康检查组件：
  - ◇ 暴露应用程序的运行状态，与探针、调度系统等基础设施交互。
  - ◇ 支持基于标签的检查项分组。
  - ◇ 支持终结点安全设置。
  - ◇ 支持自定义检查结果输出。
  - ◇ 支持主动推送健康检查结果。

通过这两个组件，能够详细掌控程序的运行状况，将信息反馈给日志分析系统、监控系统以及调度系统，可以实现精细、智能的异常警告和故障隔离，本章将详细介绍这两个组件的使用方法。

10.1　日志组件

日志组件核心有三个接口，分别是 ILoggerFactory、ILoggerProvider 和 ILogger。图 10-1 展示了它们的工作过程。

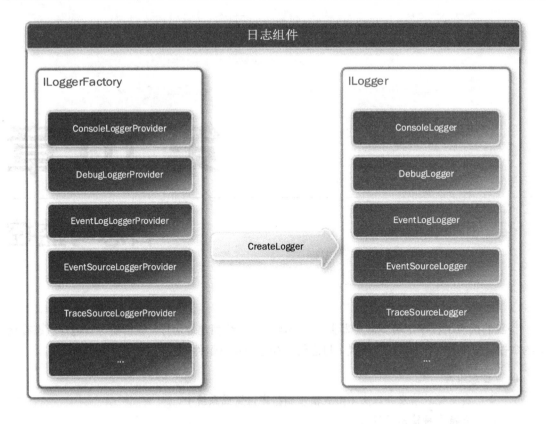

图 10-1

● ILogger: 表示日志记录器，日志内容的记录通过它来完成。

● ILoggerProvider: 表示日志记录器提供程序，不同的实现表示不同的日志记录器提供程序，
  负责创建各自独特能力的日志记录器 ILogger。例如，在图 10-1 中 ConsoleLoggerProvider
  对应的就是 ConsoleLogger。

● ILoggerFactory: 表示 ILogger 工厂，负责将多个 ILoggerProvider 聚合在一起，生成一个能
  够将日志输出到这些提供程序对应的具体 Logger 中。

在 ASP.NET Core 中，默认注册了下列日志提供程序：

● ConsoleLoggerProvider: 控制台日志提供程序，将日志打印在控制台的标准输出流中，这
  也是为什么程序在控制台运行时会展示一些详细的信息。

● DebugLoggerProvider: 调试日志提供程序，会将日志信息打印在 Visual Studio 的调试窗口，
  以方便调试。

● EventSourceLoggerProvider：事件源日志提供程序，将日志写入诊断框架的
  LoggingEventSource 中，使用 EventListener 监听名为 "Microsoft-Extensions-Logging" 的
  EventSource 来获取记录信息。

● EventLogLoggerProvider: EventLog 日志提供程序，负责将日志记录到 Windows 系统的系
  统事件日志中，可以通过事件查看器查看，这个提供程序仅当应用程序运行在 Windows
  系统下才会被注册。

在 Program.cs 中可以通过 IHostBuilder 的 ConfigureLogging 方法来配置日志提供程序。下面的代码展示了如何自定义注入日志提供程序：

```csharp
public class Program
{
    public static void Main(string[] args)
    {
        CreateHostBuilder(args).Build().Run();
    }

    public static IHostBuilder CreateHostBuilder(string[] args) =>
        Host.CreateDefaultBuilder(args)
            .ConfigureLogging(builder =>
            {
                builder.ClearProviders(); //清除默认提供程序
                builder.AddConsole();      //添加控制台提供程序
                builder.AddDebug();        //添加调试提供程序
            })
            .ConfigureWebHostDefaults(webBuilder =>
            {
                webBuilder.UseStartup<Startup>();
            });
}
```

10.1.1　日志类别

在记录日志之前，需要为日志进行分类。由 ILoggerFactory 的 CreateLogger 方法创建 ILogger 时，需要为其定义类别名称。下面的代码展示了 ILoggerFactory 的定义：

```csharp
public interface ILoggerFactory : IDisposable
{
    ILogger CreateLogger(string categoryName);
    void AddProvider(ILoggerProvider provider);
}
```

一般情况下，约定将要记录日志的类名作为类别名称。日志框架提供了泛型扩展方法来便捷地创建 ILogger。下面代码创建的两个 ILogger 类别是相同的：

```csharp
var logger = loggerFactory.CreateLogger
("Logging_Sample.Controllers.MyController");

var logger = loggerFactory.CreateLogger<MyController>();
```

通过日志类别分类可以得到如下好处：

- 提升日志的易读性。
- 方便日志分析系统进行分类分析。
- 支持日志过滤设置，针对不同类别的日志设置输出级别。

表 10-1 列出了 ASP.NET Core 内部的日志类别。

表10-1　ASP.NET Core内部的日志类别

类　别	说　明
Microsoft.AspNetCore	ASP.NET Core 诊断日志
Microsoft.AspNetCore.DataProtection	数据保护组件的日志
Microsoft.AspNetCore.HostFiltering	所允许的主机
Microsoft.AspNetCore.Hosting	HTTP 请求完成的时间和启动时间，加载了哪些承载启动程序集
Microsoft.AspNetCore.Mvc	MVC、Razor、 模型绑定、筛选器执行、视图编译和操作选择等
Microsoft.AspNetCore.Routing	路由匹配信息
Microsoft.AspNetCore.Server	服务启动、停止、连接信息、HTTP 证书信息
Microsoft.AspNetCore.StaticFiles	静态文件中间件
Microsoft.EntityFrameworkCore	Entity Framework Core 诊断、数据库活动和配置、更改检测、迁移等

10.1.2　日志级别

日志框架定义了枚举 Microsoft.Extensions.Logging.LogLevel 来表示日志的级别，按照严重程度从低到高定义，分别是：

- Trace: 0，表示跟踪信息，最详细地记录组件的运行过程，一般在线上环境不开启这类信息的记录。
- Debug: 1，表示调试信息，为方便调试而打印的信息，一般在线上环境不开启这类信息的记录，仅当需要线上诊断排错时打开。
- Information: 2，表示常规信息，期望给组件的使用者展示的信息。
- Warning: 3，警告信息，表示组件、程序运行的异常情况，这些异常不会导致程序停止或出错。
- Error: 4，错误信息，表示组件、程序出错了，导致当前执行的代码中断了，例如应用抛出了异常（Exception）。
- Critical: 5，严重错误，表示发生了导致程序崩溃或需要立即处理的严重错误信息。
- None: 6，表示不记录任何信息。

日志的级别不仅仅表示日志的严重等级，还用于日志输出的过滤设置，在日志筛选一节会详细讲到。

当记录日志时，需要指定日志的级别，或者使用 Add{LogLevel}扩展方法来记录日志。下面的代码展示两种等效的记录日志方式：

```
_logger.Log(LogLevel.Information, "the info");

_logger.LogInformation("the info");
```

日志框架提供了一组扩展方法，以方便地记录不同等级的日志：

- LogTrace

- LogDebug
- LogInformation
- LogWarning
- LogError
- LogCritical

10.1.3　日志对象与依赖注入

在之前的章节中讲过，依赖注入框架作为 ASP.NET Core 的核心组件负责了整个应用程序的对象构造，日志组件也不例外。默认情况下，ASP.NET Core 已经将日志框架的核心类型 ILoggerFactory、ILogger<T>以单例的形式注入容器中。需要注意的是，容器中并没有 ILogger 接口的注入，原因就是前面讲过的每个 ILogger 都需要指定类别，容器是无法构造一个没类别的 ILogger 的，对应的日志组件提供了泛型接口 ILogger<T>注册到容器中，其中 T 的类型名称将会是日志的类别。

因此，可以在服务组件的构造函数中注入 ILogger<T>以在类中记录日志。下面的代码展示了在 Controller 中使用日志组件的方式：

```
[ApiController]
    [Route("[controller]")]
    public class WeatherForecastController : ControllerBase
    {
        private static readonly string[] Summaries = new[]
        {
            "Freezing", "Bracing", "Chilly", "Cool", "Mild", "Warm", "Balmy",
"Hot", "Sweltering", "Scorching"
        };

        private readonly ILogger<WeatherForecastController> _logger;

        public WeatherForecastController(ILogger<WeatherForecastController>
logger)
        {
            _logger = logger; //注入泛型日志接口
        }

        [HttpGet]
        public IEnumerable<WeatherForecast> Get()
        {
            _logger.LogInformation("some info");  //记录日志
        var rng = new Random();
        return Enumerable.Range(1, 5).Select(index => new WeatherForecast
        {
            Date = DateTime.Now.AddDays(index),
            TemperatureC = rng.Next(-20, 55),
            Summary = Summaries[rng.Next(Summaries.Length)]
```

```
        })
        .ToArray();
    }
}
```

实际上，也可以通过注入 ILoggerFactory 来创建日志对象，下面的代码展示了这种方式：

```
public class MyService
    {
        ILoggerFactory _loggerFactory;

        ILogger _logger;
        public MyService(ILoggerFactory loggerFactory)
        {
            _loggerFactory = loggerFactory;

            _logger = loggerFactory.CreateLogger<MyService>();
        }


        public void DoWork()
        {
            _logger.LogWarning("some warning");
        }
    }
```

这里可以看到，ILoggerFactory 和 ILogger<T>都能达到目的，ILoggerFactory 与 ILogger<T>的区别在于，ILoggerFactory 具备创建 ILogger<T>的能力，而 ILogger<T>不具备这个能力，依据最少依赖原则和接口隔离原则，建议优先使用 ILogger<T>，只有当 ILogger<T>不满足需求、我们的类需要自行创建 ILogger<T>时才使用 ILoggerFactory。

10.1.4 事件 ID

在使用 ILogger 记录日志时，有一个可选参数 EventId，本质上是一个 Int32 的数字，其默认值为 0，可以按照需要为每个日志定义 EventId，也可以为一组日志分配相同的 EventId 以表示它们的相关性，这有助于在日志分析系统中建立索引查询。

其中默认的控制台日志提供程序支持 EventId 的显示，下面的代码展示了 EventId 的定义和使用示例：

```
public class MyLogEvents
    {
        public const int QueryEvent = 5001;
        public const int CreateEvent = 5002;
        public const int DeleteEvent = 5003;
    }
```

```
[ApiController]
    [Route("[controller]")]
    public class WeatherForecastController : ControllerBase
    {
        private static readonly string[] Summaries = new[]
        {
            "Freezing", "Bracing", "Chilly", "Cool", "Mild", "Warm", "Balmy",
"Hot", "Sweltering", "Scorching"
        };

        private readonly ILogger<WeatherForecastController> _logger;

        public WeatherForecastController(ILogger<WeatherForecastController>
logger)
        {
            _logger = logger;
        }


        [HttpGet]
        public IEnumerable<WeatherForecast> Get([FromServices]ILoggerFactory
loggerFactory)
        {
            //输出带有 EventId 的日志
            _logger.LogInformation(MyLogEvents.QueryEvent, "query weather");

            var rng = new Random();
            return Enumerable.Range(1, 5).Select(index => new WeatherForecast
            {
                Date = DateTime.Now.AddDays(index),
                TemperatureC = rng.Next(-20, 55),
                Summary = Summaries[rng.Next(Summaries.Length)]
            })
            .ToArray();
        }
    }
```

访问接口 https://localhost:5001/weatherforecast 将在控制台中得到如下输出：

```
info: Logging_Sample.Controllers.WeatherForecastController[5001]
      query weather
info: Logging_Sample.Controllers.WeatherForecastController[5001]
      query weather
```

10.1.5 使用日志模板

在记录日志时，很多情况下需要动态地记录一些可变参数的值，以尽可能反映系统当时运行的状况。因此，输出的日志内容也需要进行动态拼接生成，日志组件提供了参数化模板的日志记录方式，以支持记录动态参数的情形。需要注意的是，不使用模板可能会对性能有较大的影响。下面展示两段日志记录的代码，并说明了其区别：

```
var p1 = "小明";
var p2 = 25;

//如果 Info 级别日志输出关闭，则下面代码的字符串拼接不会执行
_logger.LogInformation("Parameter values: {p1}, {p2}", p1, p2);

//不论 Info 级别日志是否开启，下面代码的字符串拼接都会执行，因而会影响应用程序性能
_logger.LogInformation($"Parameter values: {p1}, {p2}");
```

此外，使用参数化模板的方式有利于日志提供程序实现结构化日志格式的输出（例如将信息解析为 Key-Value 的格式），以方便日志系统分类和分析（例如 Exceptionless、Serilog 等第三方日志提供程序），支持结构化的输出。

这里需要注意的是，参数模板与参数值是以位置对应的，而不是以参数名称对应的。下面的代码在控制台中的输出结果是相同的：

```
var p1 = "小明";
var p2 = 25;
_logger.LogInformation("Parameter values: {p1}, {p2}", p1, p2);

_logger.LogInformation("Parameter values: {p2}, {p1}", p1, p2);
```

建议的做法是参数按顺序对应的同时，为参数在模板中定义更友好的、具有实际意义的名称，上面的例子可以优化改进为：

```
var p1 = "小明";
var p2 = 25;
_logger.LogInformation("Parameter values: {name}, {age}", p1, p2);
```

为模板中参数定义更友好的名字，不仅仅让代码可读性更强，还有利于结构化日志提供程序输出更有意义的结构化内容，上面的例子在 Serilog 提供程序中将可以得到类似如下结果：

```
{
    "message": " Parameter values: 小明, 25",
    "name": "小明",
        "age": 25
}
```

10.1.6 日志作用域

日志的类别和日志事件 EventId 可以看作是将日志归类，当需要将一组相关的日志关联在一起时，就需要用到日志作用域，例如一次事务的处理，可能需要记录多条日志，这些日志中都记录事务 ID，通过本次的事务 ID 将一次事务处理的日志关联在一起，内置的控制台日志提供程序提供了对日志作用域的支持，但默认情况是关闭状态，需要在配置文件中把 IncludeScopes 设置为 true。下面展示 appsettings.json 的内容：

```
{
  "Logging": {
    "LogLevel": {
      "Default": "Information",
      "Microsoft": "Warning",
      "Microsoft.Hosting.Lifetime": "Information"
    },
    "Console": {
      "IncludeScopes": true
    }
  },
  "AllowedHosts": "*"
}
```

可以通过 ILogger 的 BeginScope 方法创建 Scope，其参数 state 表示在 Scope 的生命周期内记录的日志共同携带的信息。下面的代码展示了构建过程，需要注意的是要使用 using 来管理对 Scope 的释放：

```
var loggerFactory = app.ApplicationServices.GetService<ILoggerFactory>();
var logger = loggerFactory.CreateLogger("demologger");

using (var scope = logger.BeginScope(Guid.NewGuid()))
{
    logger.LogInformation("some info");
    logger.LogError("some error");
}
```

得到如下输出，其中两条信息携带了相同的 Guid：

```
info: demologger[0]
      => 798f41df-e2c0-4736-92a9-01e19d46892d
      some info
fail: demologger[0]
      => 798f41df-e2c0-4736-92a9-01e19d46892d
      some error
```

默认情况下，ASP.NET Core 为每个 HTTP 请求创建了日志上下文，因此当把控制台日志提供程序的 IncludeScopes 设置为 true 时，每个请求都会得到带有上下文的信息。

下面展示 IncludeScopes 设置为 false 时的输出情况：

```
info: Microsoft.AspNetCore.Hosting.Diagnostics[1]
      Request starting HTTP/2 GET https://localhost:5001/weatherforecast
info: Microsoft.AspNetCore.Routing.EndpointMiddleware[0]
      Executing endpoint
'Logging_Sample.Controllers.WeatherForecastController.Get (Logging_Sample)'
   info: Microsoft.AspNetCore.Mvc.Infrastructure.ControllerActionInvoker[3]
         Route matched with {action = "Get", controller = "WeatherForecast"}.
Executing controller action with signature
```

```
System.Collections.Generic.IEnumerable`1[Logging_Sample.WeatherForecast]
Get(Microsoft.Extensions.Logging.ILoggerFactory) on controller
Logging_Sample.Controllers.WeatherForecastController (Logging_Sample).
      info: Microsoft.AspNetCore.Mvc.Infrastructure.ControllerActionInvoker[1]
            Executing action method
Logging_Sample.Controllers.WeatherForecastController.Get (Logging_Sample) -
Validation state: Valid
      info: Microsoft.AspNetCore.Mvc.Infrastructure.ControllerActionInvoker[2]
            Executed action method
Logging_Sample.Controllers.WeatherForecastController.Get (Logging_Sample),
returned result Microsoft.AspNetCore.Mvc.ObjectResult in 0.0629ms.
      info: Microsoft.AspNetCore.Mvc.Infrastructure.ObjectResultExecutor[1]
            Executing ObjectResult, writing value of type
'Logging_Sample.WeatherForecast[]'.
      info: Microsoft.AspNetCore.Mvc.Infrastructure.ControllerActionInvoker[2]
            Executed action
Logging_Sample.Controllers.WeatherForecastController.Get (Logging_Sample) in
11.0378ms
      info: Microsoft.AspNetCore.Routing.EndpointMiddleware[1]
            Executed endpoint
'Logging_Sample.Controllers.WeatherForecastController.Get (Logging_Sample)'
      info: Microsoft.AspNetCore.Hosting.Diagnostics[2]
            Request finished in 16.5721ms 200 application/json; charset=utf-8
```

下面展示 IncludeScopes 设置为 true 时的输出情况：

```
      info: Microsoft.AspNetCore.Hosting.Diagnostics[1]
            => RequestPath:/weatherforecast RequestId:0HM0P3K9OM5O3:00000005,
SpanId:|82f8e9e9-487608cff539f1c4., TraceId:82f8e9e9-487608cff539f1c4,
ParentId:
            Request starting HTTP/2 GET https://localhost:5001/weatherforecast
      info: Microsoft.AspNetCore.Routing.EndpointMiddleware[0]
            => RequestPath:/weatherforecast RequestId:0HM0P3K9OM5O3:00000005,
SpanId:|82f8e9e9-487608cff539f1c4., TraceId:82f8e9e9-487608cff539f1c4,
ParentId:
            Executing endpoint
'Logging_Sample.Controllers.WeatherForecastController.Get (Logging_Sample)'
      info: Microsoft.AspNetCore.Mvc.Infrastructure.ControllerActionInvoker[3]
            => RequestPath:/weatherforecast RequestId:0HM0P3K9OM5O3:00000005,
SpanId:|82f8e9e9-487608cff539f1c4., TraceId:82f8e9e9-487608cff539f1c4,
ParentId: => Logging_Sample.Controllers.WeatherForecastController.Get
(Logging_Sample)
            Route matched with {action = "Get", controller = "WeatherForecast"}.
Executing controller action with signature
System.Collections.Generic.IEnumerable`1[Logging_Sample.WeatherForecast]
Get(Microsoft.Extensions.Logging.ILoggerFactory) on controller
Logging_Sample.Controllers.WeatherForecastController (Logging_Sample).
```

```
    info: Microsoft.AspNetCore.Mvc.Infrastructure.ControllerActionInvoker[1]
        => RequestPath:/weatherforecast RequestId:0HM0P3K9OM5O3:00000005,
SpanId:|82f8e9e9-487608cff539f1c4., TraceId:82f8e9e9-487608cff539f1c4,
ParentId: => Logging_Sample.Controllers.WeatherForecastController.Get
(Logging_Sample)
        Executing action method
Logging_Sample.Controllers.WeatherForecastController.Get (Logging_Sample) -
Validation state: Valid
    info: Microsoft.AspNetCore.Mvc.Infrastructure.ControllerActionInvoker[2]
        => RequestPath:/weatherforecast RequestId:0HM0P3K9OM5O3:00000005,
SpanId:|82f8e9e9-487608cff539f1c4., TraceId:82f8e9e9-487608cff539f1c4,
ParentId: => Logging_Sample.Controllers.WeatherForecastController.Get
(Logging_Sample)
        Executed action method
Logging_Sample.Controllers.WeatherForecastController.Get (Logging_Sample),
returned result Microsoft.AspNetCore.Mvc.ObjectResult in 0.0968ms.
    info: Microsoft.AspNetCore.Mvc.Infrastructure.ObjectResultExecutor[1]
        => RequestPath:/weatherforecast RequestId:0HM0P3K9OM5O3:00000005,
SpanId:|82f8e9e9-487608cff539f1c4., TraceId:82f8e9e9-487608cff539f1c4,
ParentId: => Logging_Sample.Controllers.WeatherForecastController.Get
(Logging_Sample)
        Executing ObjectResult, writing value of type
'Logging_Sample.WeatherForecast[]'.
    info: Microsoft.AspNetCore.Mvc.Infrastructure.ControllerActionInvoker[2]
        => RequestPath:/weatherforecast RequestId:0HM0P3K9OM5O3:00000005,
SpanId:|82f8e9e9-487608cff539f1c4., TraceId:82f8e9e9-487608cff539f1c4,
ParentId: => Logging_Sample.Controllers.WeatherForecastController.Get
(Logging_Sample)
        Executed action
Logging_Sample.Controllers.WeatherForecastController.Get (Logging_Sample) in
13.5313ms
    info: Microsoft.AspNetCore.Routing.EndpointMiddleware[1]
        => RequestPath:/weatherforecast RequestId:0HM0P3K9OM5O3:00000005,
SpanId:|82f8e9e9-487608cff539f1c4., TraceId:82f8e9e9-487608cff539f1c4,
ParentId:
        Executed endpoint
'Logging_Sample.Controllers.WeatherForecastController.Get (Logging_Sample)'
    info: Microsoft.AspNetCore.Hosting.Diagnostics[2]
        => RequestPath:/weatherforecast RequestId:0HM0P3K9OM5O3:00000005,
SpanId:|82f8e9e9-487608cff539f1c4., TraceId:82f8e9e9-487608cff539f1c4,
ParentId:
        Request finished in 20.2836ms 200 application/json; charset=utf-8
```

其中，增加了 **RequestId**、**SpanId**、**TraceId** 等信息作为作用域信息，这些信息可以用来作为调用链路追踪，使得系统在复杂的分布式系统中更容易被监控。

10.1.7　筛选日志输出

前面章节已经讲过日志级别的定义，可以根据配置或设置的最低日志级别来筛选日志，低于设置的日志级别的日志将不会被输出。下面展示一个典型的日志配置：

```
{
  "Logging": {
    "LogLevel": {
      "Default":"Error",  //表示全局默认级别，如果提供程序设置，则以提供程序设置为准
      "Microsoft": "Warning",  //表示以 Microsoft 开始的类别的日志默认输出级别
      "Microsoft.Hosting.Lifetime": "Information"
    },
    "Console": {
      "IncludeScopes": false,
      "LogLevel": {
        "Default": "Information",  //表示控制台提供程序的默认输出级别
        //表示以 Microsoft 开始的类别的日志在控制台的输出级别
        "Microsoft": "Warning",
        "MyController": "Information"
      }
    },
    "Debug": {
      "LogLevel": {
        "Default": "None" //表示 Debug 提供程序的默认输出级别
      }
    }
  },
  "AllowedHosts": "*"
}
```

这里可以看到以下几个规则：

- 优先匹配提供程序自己的配置。
- 如果没找到，则使用 Logging:LogLevel 下的配置。
- 如果没有任何配置，则使用 MinimumLevel，默认为 Information。

下面展示通过代码来设置日志默认最小级别的规则：

```
public static IHostBuilder CreateHostBuilder(string[] args) =>
    Host.CreateDefaultBuilder(args)
        .ConfigureLogging(builder =>
        {
            builder.SetMinimumLevel(LogLevel.Debug); //设置最小级别为 Debug
        })
        .ConfigureWebHostDefaults(webBuilder =>
        {
            webBuilder.UseStartup<Startup>();
        });
```

除了通过配置设置日志输出级别，还可以通过代码来添加更复杂的筛选逻辑。下面的代码展示一个日志过滤的示例：

```
public static IHostBuilder CreateHostBuilder(string[] args) =>
    Host.CreateDefaultBuilder(args).ConfigureLogging(builder =>
    {
        //添加全局过滤策略
        builder.AddFilter((category, level) =>
        {
            if (category.Contains("abc"))
            {
                return level > LogLevel.Information;
            }
            return false;
        });

        //添加 DebugLoggerProvider 的过滤策略
        builder.AddFilter<DebugLoggerProvider>((category, level) =>
        {
            if (category.Contains("efg"))
            {
                return level > LogLevel.Trace;
            }
            return level> LogLevel.Error;
        });

    })
    .ConfigureWebHostDefaults(webBuilder =>
    {
        webBuilder.UseStartup<Startup>();
    });
```

10.2　健康检查组件

随着系统架构的发展，分布式的服务架构越来越普及，应用程序在线上运行时一般以多副本的方式运行在负载均衡器之后或 Kubernetes 中。为了保障应用程序在部分副本故障的情况下仍然能够正常提供服务，负载均衡器或 Kubernetes 需要按照一定的约定来感知应用程序的运行状态，以便流量不被转发到有故障的副本，健康检查组件则提供了将应用程序运行状态暴露出来的能力。图 10-2 展示了其核心组件以及与 Kubernetes 探针一起工作的方式。

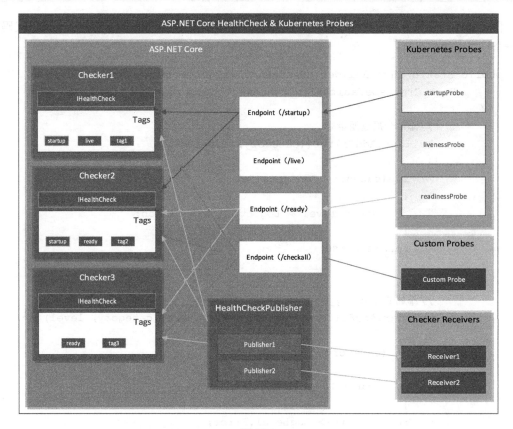

图 10-2

健康检查组件的核心包括以下部分：

- HealthCheckRegistration：表示检查项的注册定义，实现了检查项的标签定义。
- IHealthCheck：表示一个检查项，例如 RedisHealthCheck、MySqlHealthCheck 等。
- HealthStatus：表示检查结果，包含 Unhealthy、Degraded、Healthy 三种状态。
- IHealthCheckPublisher：表示检查结果发送器，负责实现主动定时检查并推送检查结果。

健康检查组件是在 ASP.NET Core 2.1 版本加入的，核心类型位于下列包中：

```
Microsoft.Extensions.Diagnostics.HealthChecks.Abstractions
Microsoft.AspNetCore.Diagnostics.HealthChecks
```

要启用健康检查需要做两步：

- 向容器注册健康检查项。
- 配置健康检查终结点。

10.2.1 注册健康检查

与其他组件一样，健康检查组件的注册也是在 Startup.cs 的 ConfigureServices 方法里注册到依赖注入容器中。下面为启用健康检查的示例代码：

```
public class Startup
    {
        public Startup(IConfiguration configuration)
        {
            Configuration = configuration;
        }

        public IConfiguration Configuration { get; }
        public void ConfigureServices(IServiceCollection services)
        {
            services.AddHealthChecks();   //启用健康检查组件

            // some code …
        }
    }
```

默认情况下检查项为空，可以作为应用程序连通性的检查。AddHealthChecks 方法返回了一个 IHealthChecksBuilder 实例，如果需要添加更多的检查项，可以使用 IHealthChecksBuilder 的 Add 方法来添加检查项：

```
services.AddHealthChecks()
    .Add(new HealthCheckRegistration("checker1", p =>
p.GetService<MyChecker>(), HealthStatus.Unhealthy, new string[] { "live" }));
```

当然，默认的 Add 方法并不易用，组件提供了一组扩展方法来帮助用户便捷地添加检查项：

- AddCheck：添加检查项，支持注入委托方法。
- AddCheck<T>：添加指定类型的健康检查项。
- AddAsyncCheck：添加异步健康检查项，支持注入委托方法。

下面为调用这些方法的示例代码：

```
services.AddHealthChecks()
        .AddCheck<MyFirstHealthCheck>("mychecker", HealthStatus.Unhealthy,
new string[] { "mychecker" })         //添加 MyFirstHealthCheck
        .AddCheck("live", () =>  //添加一个委托作为健康检查项
        {
            return Live ? HealthCheckResult.Healthy() :
HealthCheckResult.Unhealthy();
        }, new string[] { "live", "all" })
        .AddAsyncCheck("ready", async () => //添加一个异步委托作为健康检查项
        {
            return await Task.FromResult(HealthCheckResult.Healthy());
        }, new string[] { "ready" });
```

除了通过上面的方法来添加检查项以外，还要添加已经封装好的检查项。ASP.NET Core 官方已经实现了下列健康检查：

- SqlServer：内置的 SQL Server 健康检查项。
- EntityFrameworkCore：EF Core 的健康检查项，位于 NuGet 包 Microsoft.Extensions.Diagnostics. HealthChecks.EntityFrameworkCore 中。

.NET Core 的生态已经非常丰富了，社区提供了大量丰富的健康检查项组件包，其中发展最好的一个项目名为 AspNetCore.Diagnostics.HealthChecks，它的 GitHub 地址为：

```
https://github.com/xabaril/AspNetCore.Diagnostics.HealthChecks
```

这个开源项目提供了很多健康检查的包，这里列举其中最为常用的部分：

```
AspNetCore.HealthChecks.System
AspNetCore.HealthChecks.Network
AspNetCore.HealthChecks.SqlServer
AspNetCore.HealthChecks.MongoDb
AspNetCore.HealthChecks.Npgsql
AspNetCore.HealthChecks.Elasticsearch
AspNetCore.HealthChecks.Redis
AspNetCore.HealthChecks.EventStore
AspNetCore.HealthChecks.AzureStorage
AspNetCore.HealthChecks.AzureServiceBus
AspNetCore.HealthChecks.AzureKeyVault
AspNetCore.HealthChecks.Azure.IoTHub
AspNetCore.HealthChecks.MySql
AspNetCore.HealthChecks.SqLite
AspNetCore.HealthChecks.Kafka
AspNetCore.HealthChecks.RabbitMQ
AspNetCore.HealthChecks.OpenIdConnectServer
AspNetCore.HealthChecks.Oracle
AspNetCore.HealthChecks.Uris
AspNetCore.HealthChecks.Consul
AspNetCore.HealthChecks.Hangfire
AspNetCore.HealthChecks.SignalR
AspNetCore.HealthChecks.Kubernetes
```

下面为使用样例：

```
services.AddHealthChecks()
    .AddSqlServer(Configuration["Data:ConnectionStrings:Sql"])
    .AddRedis(Configuration["Data:ConnectionStrings:Redis"]);
```

10.2.2　配置健康检查终结点

完成健康检查注册后，需要通过 Endpoint 将健康检查暴露出去，供负载均衡器、Kubernetes 探针等基础设施来探测。与前面的章节内容相同，Endpoint 的暴露代码定义在 Startup.cs 的 Configure 方法中，下面为具体的示例代码：

```
public void Configure(IApplicationBuilder app, IWebHostEnvironment env)
```

```
    {
        if (env.IsDevelopment())
        {
            app.UseDeveloperExceptionPage();
        }
        else
        {
            app.UseExceptionHandler("/Error");
            // The default HSTS value is 30 days. You may want to change this
            // for production scenarios, see https://aka.ms/aspnetcore-hsts.
            app.UseHsts();
        }
        app.UseStaticFiles();

        app.UseRouting();
        app.UseAuthorization();

        app.UseEndpoints(endpoints =>
        {
            //定义终结点 /live 且该终结点仅检查包含 live 标签的检查项
            endpoints.MapHealthChecks("/live", new HealthCheckOptions
            {
                Predicate = checker => checker.Tags.Contains("live")
            });
            //定义终结点 /ready 且该终结点仅检查包含 ready 标签的检查项
            endpoints.MapHealthChecks("/ready", new HealthCheckOptions
            {
                Predicate = checker => checker.Tags.Contains("ready")
            });
            //定义终结点 /checkall 且该终结点检查所有检查项
            endpoints.MapHealthChecks("/checkall");
            //定义终结点/safecheck 且该终结点需要名 healthcheckpolicy 的策略身份认证
    endpoints.MapHealthChecks("/safecheck").RequireAuthorization("healthcheck
policy");

            endpoints.MapControllerRoute(
                name: "default",
                pattern: "{controller=Home}/{action=Index}/{id?}");
        });
    }
```

默认情况下，健康检查终结点响应的内容为 HealthStatus 的值：

- Unhealthy: 表示至少有一个检查项不健康时，此时 HTTP 的响应码为 500。
- Degraded: 表示没有 Unhealthy 的检查项且有 Degraded 的检查项时，此时 HTTP 响应码为 200。

● Healthy: 表示所有检查项都是 Healthy,此时 HTTP 响应码为 200。

如果默认的响应规则无法满足需求,可以自定义输出的内容,通过重新设置 HealthCheckOptions 的 ResponseWriter 属性即可,下面展示如何处理自定义响应:

```
public void Configure(IApplicationBuilder app, IWebHostEnvironment env)
    {
        app.UseEndpoints(endpoints =>
        {

            endpoints.MapHealthChecks("/checkall", new HealthCheckOptions
            {
                ResponseWriter = async (context, report) =>
                {
                    var text = report.Status == HealthStatus.Healthy ? "状态健
康" : "状态不健康";
                    await context.Response.WriteAsync(text);
                }
            });


            endpoints.MapControllerRoute(
                name: "default",
                pattern: "{controller=Home}/{action=Index}/{id?}");
        });
```

10.2.3 自定义健康检查项

当内置和第三方的健康检查组件无法满足需求时,可以定义自己的健康检查组件,通过实现 IHealthCheck 接口即可。下面展示一个简单的健康检查项实现:

```
public class MyFirstHealthCheck : IHealthCheck
    {
        public Task<HealthCheckResult> CheckHealthAsync(HealthCheckContext
context, CancellationToken cancellationToken = default)
        {
            var result = new HealthCheckResult(HealthStatus.Degraded);
            return Task.FromResult(result);
        }
    }
```

要使得健康检查组件更易用,建议为其定义友好的注册扩展方法:

```
public static class HealthChecksBuilderExtensions
    {
        public static IHealthChecksBuilder AddMyFirstHealthCheck(this
IHealthChecksBuilder builder, string name, HealthStatus? failureStatus = null,
IEnumerable<string> tags = null)
        {
```

```
        builder.AddCheck<MyFirstHealthCheck>(name, failureStatus, tags);
        return builder;
    }
}
```

利用扩展方法的定义，可以通过下面简单的一行代码来注册自定义健康检查项：

```
services.AddHealthChecks()
        .AddMyFirstHealthCheck("myfirstchecker", tags: new string[]
{ "live" })
```

10.2.4　检查结果发布器

除了通过终结点的方式暴露健康检查、被动地接收探测外，还可以定义 **IHealthCheckPublisher** 来主动定期推送健康检查结果，这在无法使用外部探测时非常有用。下面展示一个推送器的实现，它将信息推送到钉钉的机器人接口中，以在群聊信息中展示检查结果信息：

```
public class MyFirstHealthCheckPublisher : IHealthCheckPublisher
    {
        HttpClient httpClient;
        MyFirstHealthCheckPublisherOptions options;
        public MyFirstHealthCheckPublisher(HttpClient httpClient,
IOptions<MyFirstHealthCheckPublisherOptions> options)
        {
            this.httpClient = httpClient;
            this.options = options?.Value;
        }

        public async Task PublishAsync(HealthReport report, CancellationToken
cancellationToken)
        {
            var content = new StringBuilder("健康检查: ");
            content.AppendLine(Environment.MachineName);
            content.AppendLine($"总耗时
{report.TotalDuration.TotalMilliseconds}");
            foreach (var item in report.Entries)
            {

content.AppendLine($"{item.Key}:{item.Value.Status.ToString()},耗时
{item.Value.Duration.TotalMilliseconds},{item.Value.Description}");
            }
            var json = JsonConvert.SerializeObject(new
            {
                msgtype = "text",
                text = new
                {
                    content = content.ToString()
                }
            });
            var stringContent = new StringContent(json);
```

```
                    stringContent.Headers.ContentType = new
System.Net.Http.Headers.MediaTypeHeaderValue("application/json");
            var r = await httpClient.PostAsync(options.DingTalkUrl,
stringContent, cancellationToken);
            var str = await r.Content.ReadAsStringAsync();
        }
    }


    public class MyFirstHealthCheckPublisherOptions
    {
        public string DingTalkUrl { get; set; }
    }
```

当我们在 Startup.cs 的 ConfigureServices 方法中进行注册后，它将会每隔 10 秒进行一次健康检查并推送消息：

```
public void ConfigureServices(IServiceCollection services)
    {
//注册推送器的选项参数，将从配置中读取机器人密钥
services.Configure<MyFirstHealthCheckPublisherOptions>(Configuration.GetS
ection("MyFirstHealthCheckPublisherOptions"));
        //注册推送器到容器中，由于其依赖了 HttpClient，这里使用 AddHttpClient 方式注册
        services.AddHttpClient<IHealthCheckPublisher,
MyFirstHealthCheckPublisher>();
        services.Configure<HealthCheckPublisherOptions>(option =>
        {
            option.Period = TimeSpan.FromSeconds(10); //设置推送间隔为 10 秒
        });
    }
```

下面列出配置文件中关于 MyFirstHealthCheckPublisherOptions 的部分：

```
{
  "Logging": {
    "LogLevel": {
      "Default": "Information",
      "Microsoft": "Warning",
      "Microsoft.Hosting.Lifetime": "Information"
    }
  },
  "AllowedHosts": "*",
  "MyFirstHealthCheckPublisherOptions": {
    "DingTalkUrl":
"https://oapi.dingtalk.com/robot/send?access_token=your-token"
  }
}
```

第11章

远程调用

在前面的章节中，ASP.NET Core MVC、Web API 等能力都指的是如何处理一个入站请求，也就是一个客户端（浏览器）发起的 HTTP 请求。在实际的项目中，不仅仅是需要处理入站请求，也需要具备发起出站请求的能力来实现对远端服务的调用，例如微服务之间的调用以及访问微信、支付宝等第三方的 API。

在.NET 生态里，要实现 HTTP 远程调用时主要有三个类可以使用：HttpWebRequest、WebClient 和 HttpClient，其中 HttpWebRequest 和 WebClient 是.NET Framework 早期版本就存在的，HttpClient 是随着.NET Framework 4.5 发布的，是推荐使用的处理远程调用方式。我们可以把 HttpClient 看作是一个没有界面的浏览器，可以操作它来发起 HTTP 请求，接收并处理响应，同时 HttpClient 提供了完整的异步支持，可以很便捷地编写异步代码。

在.NET Core 2.1 及以上版本提供了全新的 SocketsHttpHandler 作为 HttpClient 默认的内部处理程序，在性能上得到了极大的提高，同时 SocketsHttpHandler 是不依赖平台的，这意味着它的行为在 Windows、Linux 等平台是一致的。

11.1　使用 HttpClient 调用远程 API

11.1.1　构造 HttpClient

HttpClient 位于 System.Net.Http 命名空间下，它有三个构造函数：

```
public HttpClient();
public HttpClient(HttpMessageHandler handler);
public HttpClient(HttpMessageHandler handler, bool disposeHandler);
```

其参数的含义如下：

● handler: 表示其内部具体的请求处理器，默认为 new HttpClientHandler()。

- disposeHandler：表示调用 HttpClient 的 Dispose 方法回收时是否同时调用内部 handler 的 Dispose 方法，默认为 true。

因此下面三行代码是等效的：

```
var client = new HttpClient();
var client = new HttpClient(new HttpClientHandler());
var client = new HttpClient(new HttpClientHandler(), true);
```

前面提到了在.NET Core 2.1 及以上版本中，HttpClientHandler 的内部实际上是使用 SocketsHttpHandler 来作为具体实现的。图 11-1 展示了 HttpClient 处理请求的过程。

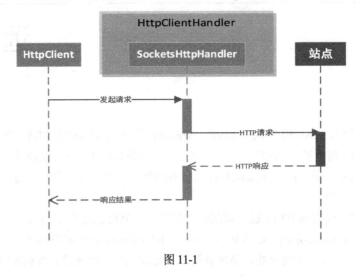

图 11-1

HttpClient 类是轻量级的类型，仅仅包含了发起 HTTP 的基本设置。SocketsHttpHandler 类则担负着连接管理、发起请求、接收响应等工作，因此在实际的使用场景中 HttpClient 对象可以轻松构造和回收，但是建议尽量复用 handler，以避免系统连接被耗尽的情况，恰好 disposeHandler 参数让我们轻松地分开管理 HttpClient 与 handler 的生命周期，后面关于 HttpClientFactory 的章节将介绍构造 HttpClient 的最佳实践。

在使用 HttpClient 实例发起请求之前，可以设置几个重要的属性：

- BaseAddress：请求的基准地址，设置该属性后，发起请求时可以使用相对地址，建议的做法是为不同的站点、服务构建不同的 HttpClient 实例并设置 BaseAddress，使用相对地址发起请求。
- DefaultRequestHeaders：默认的请求标头，该属性设置的标头信息会随着每个请求发出。
- DefaultRequestVersion：表示 HttpClient 发出 HTTP 请求的默认版本，默认值为 HttpVersion.Version11。
- MaxResponseContentBufferSize：表示读取请求响应内容时的缓冲区最大字节数，默认为 2GB。
- Timeout：表示请求的超时时间，默认为 100 秒，如果要设置无超时时间，可以将其值设置为 Timeout.InfiniteTimeSpan。

11.1.2 发出请求

HttpClient 提供一组基于 Task 的异步 API 来作为发起 HTTP 请求的方法,这些方法都是线程级安全的,可以并行地处理多个请求:

- GetAsync: 异步发起 HTTP GET 请求,最终得到 HttpResponseMessage,适用于需要自定义处理响应内容的情形。
- GetByteArrayAsync: 异步发起 HTTP GET 请求,并将响应内容序列化为 byte 数组,适用于需要将响应结果作为 byte 数组处理的情形。
- GetStreamAsync: 异步发起 HTTP GET 请求,并返回响应流,适用于需要基于流处理响应结果的情形,如下载文件。
- GetStringAsync: 异步发起 HTTP GET 请求,并将响应内容序列化为字符串,适用于将响应结果作为字符串处理的情形,如 HTML、JS、CSS 等。
- PostAsync: 异步发起 HTTP POST 请求,可以构造多种不同的 HttpContent 格式。
- PutAsync: 异步发起 HTTP PUT 请求,与 POST 类似,可以构造不同的 HttpContent 格式。
- SendAsync: 异步发起 HTTP 请求,可以构造请求使用的 HTTP 方法、请求内容等信息,适用于需要高度定制请求与响应的情形。
- CancelPendingRequests: 取消当前 HttpClient 实例上挂起的所有请求。需要注意的是,调用该方法后,仍然可以使用 HttpClient 实例继续发起其他请求。

在使用 PostAsync、PutAsync、SendAsync 时,可以构造不同类型的 HttpContent 来支持不同的应用场景,内置了如下类型:

- StreamContent: 表示将流作为提交内容。
- ReadOnlyMemoryContent: 表示将只读内存 ReadOnlyMemory 对象作为提交内容。
- ByteArrayContent: 表示将 byte 数组作为提交内容。
- StringContent: 表示将字符串作为提交内容,例如用于提交 Json 格式数据的情形。
- FormUrlEncodedContent: 表示使用 application/x-www-form-urlencoded MIME 类型编码的"键-值对"内容作为提交内容,也就是 Form 表单的方式。
- MultipartFormDataContent: 表示使用 multipart/form-data MIME 类型编码数据作为提交内容,例如多文件上传。

下面为使用 HttpClient 处理请求的示例代码:

```
var client = new HttpClient();
client.BaseAddress = new Uri("https://yourdomain.com");

//发起 GET 请求
var html = await client.GetStringAsync("/index.html");

//发起 POST 请求
var content = new StringContent("the content");
var message = await client.PostAsync("/api/update", content);
```

```
//上传文件
var fileContent = new MultipartFormDataContent();
using (var stream = System.IO.File.Open("myfile.txt",
System.IO.FileMode.Open))
{
    fileContent.Add(new StreamContent(stream), "myfile", "myfile");
    var uploadMessage = await client.PostAsync("/upload", fileContent);
}
```

11.1.3　设置代理

默认情况下，使用 HttpClient 发起请求会使用操作系统的代理设置，这个行为可以通过设置 HttpClient 的静态属性 DefaultProxy 来改变。DefaultProxy 的设置会影响所有没有显式设置 Proxy 的 handler，可以通过 System.Net.WebProxy 类构造 IWebProxy 代理来设置 DefaultProxy。

下面为设置 DefaultProxy 的示例代码：

```
HttpClient.DefaultProxy = new WebProxy("http://192.168.1.2:8080", true);
```

在实际的应用场景中，建议为特定的 HttpClient 单独设置代理，而不是设置全局代理，可以通过设置 HttpClient 的 handler 的 Proxy 属性来设置代理。下面的示例代码构造一个通过代理发起请求的 HttpClient：

```
var client = new HttpClient(new SocketsHttpHandler
{
    Proxy = new WebProxy("http://192.168.1.2:8080", true)
});
```

要禁止 HttpClient 通过代理发起请求，可以通过设置 UseProxy 为 false 来让 HttpClient 忽略所有的代理设置，包括 DefaultProxy。下面为设置 UseProxy 的示例代码：

```
var client = new HttpClient(new SocketsHttpHandler
{
    UseProxy = false
});
```

11.1.4　处理 Cookie

默认情况下，每个 handler 包含了一个 CookieContainer 实例，它负责存储 Cookie，并在 HttpClient 发起请求时携带 Cookie 内容，同时 HttpClient 也会将服务响应的 set-cookie 信息写入 CookieContainer 中。

当我们需要保存 Cookie 并在多个 HttpClient 实例间共享时，有两个选择：

● 共享同一个 handler。
● 为 handler 设置同一个 CookieContainer 实例。

下面为共享同一个 handler 的示例代码：

```
var handler = new SocketsHttpHandler();

var client1 = new HttpClient(handler, false);

var client2 = new HttpClient(handler, false);
```

需要注意的是，当需要共享 handler 时，HttpClient 的 disposeHandler 应该设置为 false，以避免 HttpClient 释放时 handler 也被释放。

下面为多个 handler 共享同一个 CookieContainer 实例的示例：

```
var cookieContainer = new CookieContainer();
cookieContainer.Add(new Cookie("key1", "value1"));

var client1 = new HttpClient(new SocketsHttpHandler
{
    CookieContainer = cookieContainer
});

var client2 = new HttpClient(new SocketsHttpHandler
{
    CookieContainer = cookieContainer
});
```

在某些场景需要禁止 HttpClient 对 Cookie 进行处理时，可以通过设置 UseCookies 为 false，避免 HttpClient 发送 cookie 信息。下面为设置的示例代码：

```
var client = new HttpClient(new SocketsHttpHandler
{
    UseCookies = false
});
```

11.2 使用 HttpClientFactory 机制管理 HttpClient

在设计应用程序时，通常情况下都会借助依赖注入框架来构造我们的服务对象，HttpClientFactory 则是我们配置和使用 HttpClient 的最佳方案。借助这个工厂模式，可以中心化地配置不同用途的 HttpClient，同时为不同的配置进行命名来加以区分。HttpClient 具备类似中间件的 DelegatingHandler，让我们具备在处理请求和响应的过程中自由添加逻辑的能力，HttpClientFactory 提供了让我们便捷地注册 DelegatingHandler 的能力，实际上 HttpClientFactory 为其创建的 HttpClient 注册基于 ILogger 的委托处理程序，从而实现可配置的日志输出能力。我们可以通过配置来定义日志的输出行为。

11.2.1 注册并使用 HttpClientFactory

HttpClientFactory 机制是在组件包 Microsoft.Extensions.Http 中实现的，默认情况下 ASP.NET

Core 框架已经包含了这个包的引用。我们仅需在 Startup.cs 文件的 ConfigureServices 方法中添加如下代码即可：

```
public class Startup
{
    public void ConfigureServices(IServiceCollection services)
    {
        services.AddHttpClient(); //注册 IHttpClientFactory
    }
}
```

这样就可以通过依赖注入获得 IHttpClientFactory 实例，从而借助工厂对象的 CreateClient 方法创建 HttpClient 对象。下面展示一个服务客户端注入 IHttpClientFactory，创建并使用 HttpClient 的过程。

定义 OrderServiceClient：

```
public class OrderServiceClient
{
    IHttpClientFactory _httpClientFactory;

    public OrderServiceClient(IHttpClientFactory httpClientFactory)
    {
        _httpClientFactory = httpClientFactory;
    }
    public async Task Get()
    {
        var client = _httpClientFactory.CreateClient();

        //使用 client 发起 HTTP 请求
        await client.GetAsync("https://localhost:5001/api/orders");
    }
}
```

将 OrderServiceClient 注册到容器中：

```
public class Startup
{
    public void ConfigureServices(IServiceCollection services)
    {
        services.AddHttpClient(); //注册 IHttpClientFactory
        services.AddTransient<OrderServiceClient>(); //注册客户端服务
    }
}
```

在 Controller 中使用 OrderServiceClient：

```
[Route("api/[controller]")]
[ApiController]
```

```
public class OrderController : ControllerBase
{
    OrderServiceClient _orderServiceClient;
    public OrderController(OrderServiceClient orderServiceClient)
    {
        _orderServiceClient = orderServiceClient;
    }
    [HttpGet("Get")]
    public async Task Get()
    {
        await _orderServiceClient.Get();
    }
}
```

实际上，我们也可以将 IHttpClientFactory 注入 Controller 中，但并不推荐这么做，最佳做法是使用命名注册和类型注册，为不同用途的客户端进行单独配置。

11.2.2　使用命名客户端

通过观察无参数的 AddHttpClient 方法的定义，可以看到其返回的是 IServiceCollection，也就是说这种注册方式并没有给我们提供配置 HttpClient 的能力。要配置 HttpClient，则需要使用命名注册。通过命名注册，我们可以利用名称来区分不同用途的客户端，并为这些客户端进行单独配置。

我们可以通过如下代码来注册命名客户端，同时为 HttpClient 设置默认根地址和默认头信息：

```
public class Startup
{
    public void ConfigureServices(IServiceCollection services)
    {
        services.AddHttpClient("orderService", client =>
        {
            client.BaseAddress = new Uri("https://localhost:5001"); //设置根地址
            client.DefaultRequestHeaders.Add("User-Agent",
"NamedOrderServiceClient");    //设置默认头
        });
        services.AddScoped<NamedOrderServiceClient>();
    }
}
```

客户端的类型定义与之前不同的是，我们通过带有名称入参的 CreateClient 方法来获取 HttpClient 对象，在发起请求时我们使用了相对路径：

```
public class NamedOrderServiceClient
{
    IHttpClientFactory _httpClientFactory;

    const string _clientName = "orderService";  //定义客户端名称
```

```
    public NamedOrderServiceClient(IHttpClientFactory httpClientFactory)
    {
        _httpClientFactory = httpClientFactory;
    }
    public async Task Get()
    {
        //使用客户端名称获取客户端
        var client = _httpClientFactory.CreateClient(_clientName);
        //使用 client 发起 HTTP 请求,这里使用相对路径来访问
        await client.GetAsync("/api/orders");
    }
}
```

11.2.3 使用类型化客户端

类型化客户端本质上与命名客户端是一样的，区别在于我们定义的类可以不显式依赖 IHttpClientFactory，而是直接注入 HttpClient。下面的代码为我们定义的类型化客户端，其中构造函数的入参类型为 HttpClient：

```
public class TypedOrderServiceClient
{
    HttpClient _client;
    public TypedOrderServiceClient(HttpClient client)
    {
        _client = client;
    }

    public async Task Get()
    {
        //使用 client 发起 HTTP 请求,这里使用相对路径来访问
        await _client.GetAsync("/api/order");
    }
}
```

下面为配置类型化客户端的代码：

```
public class Startup
{
    public void ConfigureServices(IServiceCollection services)
    {
        services.AddHttpClient<TypedOrderServiceClient>(client =>
        {
            //设置根地址
            client.BaseAddress = new Uri("https://localhost:5001");
            client.DefaultRequestHeaders.Add("User-Agent",
"TypedOrderServiceClient");    //设置默认头
```

```
        });
    }
}
```

在注册类型化客户端时，会将定义的 Client 类型与对应名称的命名客户端进行绑定，上面的注册代码会将客户端名称注册为"TypedOrderServiceClient"。

我们也可以为客户端指定名称。下面的代码将客户端命名为"MyTypedOrderServiceClient"并与类型"TypedOrderServiceClicnt"进行绑定：

```
public class Startup
{
    public void ConfigureServices(IServiceCollection services)
    {

services.AddHttpClient<TypedOrderServiceClient>("MyTypedOrderServiceClient",
    client =>
        {
            //设置根地址
            client.BaseAddress = new Uri("https://localhost:5001");
            client.DefaultRequestHeaders.Add("User-Agent",
"TypedOrderServiceClient");    //设置默认头
        });
    }
}
```

通过显式地为不同的类型定义名称，可以解决在不同组件或命名空间中类型名称相同的客户端之间的冲突，例如有两个客户端分别为：

```
class DomainA.OrderServiceClient { … }
class DomainB.OrderServiceClient { … }
```

如果我们使用不指定名称的类型化注册方式注册这两个客户端，那么这两个客户端的配置代码会作用在相同的名为"OrderServiceClient"的命名客户端上，这样会让程序的行为与预期不符。

因此，在 Startup 中集中化地注册客户端是一个好的方式，我们可以很明确地知晓注册了哪些客户端，并识别冲突隐患。

11.2.4　使用 ConfigureHttpClient

在上节的示例代码中，在使用 AddHttpClient 注册客户端时传入了一个委托，用来设置 HttpClient 的默认值，使用 IHttpClientBuilder 的扩展方法 ConfigureHttpClient 也可以达到相同的效果，实际上在 AddHttpClient 的内部也是调用了 ConfigureHttpClient 来作为委托注入的，下面编写的两组代码效果是一样的：

```
public class Startup
{
    public void ConfigureServices(IServiceCollection services)
    {
```

```
    services.AddHttpClient<TypedOrderServiceClient>(
client =>
        {
            //设置根地址
            client.BaseAddress = new Uri("https://localhost:5001");
        });
    }
}


public class Startup
{
    public void ConfigureServices(IServiceCollection services)
    {
        services.AddHttpClient<TypedOrderServiceClient>()
.ConfigureHttpClient(client =>
        {
            //设置根地址
            client.BaseAddress = new Uri("https://localhost:5001");
        });
    }
}
```

从代码可读性的角度来看，第二种写法表达的信息更完整，相比之下更推荐第二种写法，显式地调用 ConfigureHttpClient 方法。

11.2.5　使用 ConfigurePrimaryHttpMessageHandler

通过之前的章节，我们知道 HttpClient 内部是通过 HttpMessageHandler 来处理请求和响应的，实际上，客户端注册过程中我们是可以配置 HttpMessageHandler 的，具体过程如下：

```
public class Startup
{
    public void ConfigureServices(IServiceCollection services)
    {
        services.AddHttpClient<TypedOrderServiceClient>(client =>
        {
            //设置根地址
            client.BaseAddress = new Uri("https://localhost:5001");
            client.DefaultRequestHeaders.Add("User-Agent",
"TypedOrderServiceClient");    //设置默认头
        }).ConfigurePrimaryHttpMessageHandler(() => new SocketsHttpHandler
        {
            AllowAutoRedirect = false,
            UseProxy = false,
            UseCookies = false,
        });
```

```
    }
}
```

这里调用扩展方法 ConfigurePrimaryHttpMessageHandler 注入了一个返回 HttpMessageHandler 的委托方法，返回了一个 SocketsHttpHandler，并根据客户端的需要进行必要的配置，这个配置仅对名为"TypedOrderServiceClient"的客户端生效。也就是说，我们可以为不同名称的客户端配置不同的 HttpMessageHandler。

需要注意的是，这里注册的 HttpMessageHandler 会被注册到 HTTP 处理管道的最内侧，通常情况下，它就是真正发起和处理 HTTP 的程序。

11.2.6　理解生命周期

在前面的章节中，我们主要提到了如下三个关键的类型：

- IHttpClientFactory
- HttpClient
- HttpMessageHandler

其中，IHttpClientFactory 被注册为单例模式，也就是应用程序生存期间，我们获得的项目对象是同一个实例。

通过工厂对象的 CreateClient 方法，每次都会获得一个新的 HttpClient 对象。CreateClient 方法在构建 HttpClient 时为参数 disposeHandler 传入了 false，意味着在释放 HttpClient 时并不会释放内部使用的 HttpMessageHandler。这些资源由 IHttpClientFactory 进行池化，并管理其生命周期。默认情况下，内部的 HttpMessageHandler 生命周期为 2 分钟，我们也可以通过扩展方法 SetHandlerLifetime 来设置其生命周期：

```
public class Startup
{
    public void ConfigureServices(IServiceCollection services)
    {
        services.AddHttpClient<TypedOrderServiceClient>()
.SetHandlerLifetime(TimeSpan.FromSeconds(30));//设置生命周期
    }
}
```

在 HttpClientFactory 框架之前，我们一般会使用单例的 HttpClient，这样做的弊端是无法方便地处理其内部的连接资源，例如 DNS 发生变化时需要做特殊的处理。

现在，我们可以将 HttpClient 对象看作一个轻量级的普通对象，不需要持久化 HttpClient 实例，因而就避免了资源耗尽的问题。

同时，也可以灵活地设置内部 Handler 的生命周期，以应对不同的应用场景。例如，在某些场景下需要让客户端持续永远使用最新的 DNS 解析，则可以设置较短的生命周期；相反地，在某些场景下不期望应用程序启动后再刷新 DNS 解析，则设置其生命周期为永不回收。

借助工厂模式的设计，我们可以灵活定义资源池化的规则，以适应不同需求和应用场景。

11.2.7　HTTP 请求管道

HttpClient 提供了 DelegatingHandler 类型，作为一种 HttpMessageHandler 的实现，通过继承 DelegatingHandler，我们可以实现类似中间件管道的 HTTP 出站请求处理管道。图 11-2 展示了 HttpClient 请求管道的设计及处理请求的过程。

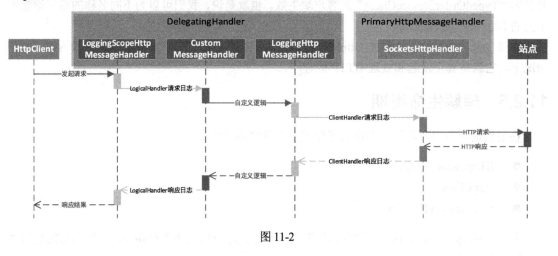

图 11-2

下面定义一个 DelegatingHandler：

```
public class RequestIdDelegatingHandler : DelegatingHandler
{
    protected override async Task<HttpResponseMessage>
SendAsync(HttpRequestMessage request, CancellationToken cancellationToken)
    {
        //处理请求
        request.Headers.Add("x-guid", Guid.NewGuid().ToString());
        //调用内部 handler
        var result = await base.SendAsync(request, cancellationToken);
        //处理响应
        return result;
    }
}
```

下面将 Handler 注册到指定的客户端中：

```
public class Startup
{
    public void ConfigureServices(IServiceCollection services)
    {
        //把管道类型注册到容器
        services.AddTransient<RequestIdDelegatingHandler>();
        //把请求管道 Handler 注册到类型化客户端的配置中
        services.AddHttpClient<TypedOrderServiceClient>()
.AddHttpMessageHandler<RequestIdDelegatingHandler>();
```

```
    }
}
```

实际上，也可以通过注册构造 RequestIdDelegatingHandler 的委托方式来注册管道 Handler：

```
public class Startup
{
    public void ConfigureServices(IServiceCollection services)
    {
        //把请求管道 Handler 注册到类型化客户端的配置中
        services.AddHttpClient<TypedOrderServiceClient>()
.AddHttpMessageHandler(() => new RequestIdDelegatingHandler());
    }
}
```

我们可以通过 AddHttpMessageHandler 来添加多个 DelegatingHandler，以满足更复杂的应用场景。需要注意的是，DelegatingHandler 的注册顺序决定了其执行的顺序。

HTTP 请求管道模型与面向切面的设计是类似的，我们可以在 HTTP 请求过程中灵活置入逻辑，以应对各种复杂的场景，例如日志记录、异常处理、失败重试、服务熔断等。

11.2.8　使用 ConfigureHttpMessageHandlerBuilder

通过观察定义可以看到，扩展方法 ConfigureHttpMessageHandlerBuilder 的入参是一个操作 HttpMessageHandlerBuilder 的委托方法，我们可以对其进行更多操作来定义创建和配置 HttpMessageHandler 的过程。

前面我们介绍了 ConfigurePrimaryHttpMessageHandler 和 AddHttpMessageHandler 方法，实际上都是通过向对应名称的 HttpClientFactoryOptions 注入操作 HttpMessageHandlerBuilder 的委托，为我们提供了配置 HttpMessageHandler 创建过程的能力，因此下面两段代码是等效的：

```
public class Startup
{
    public void ConfigureServices(IServiceCollection services)
    {
        services.AddHttpClient<MyClient>()
            .ConfigureHttpMessageHandlerBuilder(builder =>
            {
                builder.PrimaryHandler = new SocketsHttpHandler();
                builder.AdditionalHandlers.Add(new
RequestIdDelegatingHandler());
            });
    }
}

public class Startup
{
    public void ConfigureServices(IServiceCollection services)
```

```
    {
        services.AddHttpClient<MyClient>()
            .ConfigurePrimaryHttpMessageHandler(() => new
SocketsHttpHandler())
            .AddHttpMessageHandler(() => new RequestIdDelegatingHandler());
    }
}
```

从可读性的角度来看，第二段代码的编写方式使得目的表达更清晰，因此也是推荐的编写方式。通常情况下，建议调用 ConfigurePrimaryHttpMessageHandler 和 AddHttpMessageHandler 这两个扩展方法来配置 HttpMessageHandler 和请求管道。

11.2.9 关于请求日志

HttpClientFactory 框架为我们提供了两个关键的日志处理器，分别为 LogicalHandler 和 ClientHandler。

LogicalHandler 作用在整个 Http 管道的最外层，即处理请求和响应的起始部分和结束部分，也就是我们注入的 DelegatingHandler 执行之前和处理完成之后，其注册的 ILogger 类别遵循下面的规则：

```
System.Net.Http.HttpClient.{TypedClientName}.LogicalHandler
```

例如，我们的客户端类型为 TypedOrderServiceClient，则 ILogger 的类别为：

```
System.Net.Http.HttpClient.TypedOrderServiceClient.LogicalHandler
```

ClientHandler 作用在整个 HTTP 管道的最内侧，也就是配置的 PrimaryHttpMessageHandler 执行的前后，其注册的 ILogger 类别遵循下面的规则：

```
System.Net.Http.HttpClient.{TypedClientName}.ClientHandler
```

例如，客户端类型为 TypedOrderServiceClient，则 ILogger 的类别为：

```
System.Net.Http.HttpClient.TypedOrderServiceClient.ClientHandler
```

当我们将日志级别定义为 Information 时，会输出请求开始、请求结束、请求 URL、响应状态、响应耗时等信息，当我们将日志级别定义为 Trace 时，会输出请求和响应的详细标头信息。

Information 级别时的输出情况如图 11-3 所示。

```
info: System.Net.Http.HttpClient.TypedOrderServiceClient.LogicalHandler[100]
      Start processing HTTP request GET https://localhost:5001/api/order
info: System.Net.Http.HttpClient.TypedOrderServiceClient.ClientHandler[100]
      Sending HTTP request GET https://localhost:5001/api/order
info: System.Net.Http.HttpClient.TypedOrderServiceClient.ClientHandler[101]
      Received HTTP response after 158.832ms - NotFound
info: System.Net.Http.HttpClient.TypedOrderServiceClient.LogicalHandler[101]
      End processing HTTP request after 173.0531ms - NotFound
```

图 11-3

Trace 级别时的输出情况如图 11-4 所示。

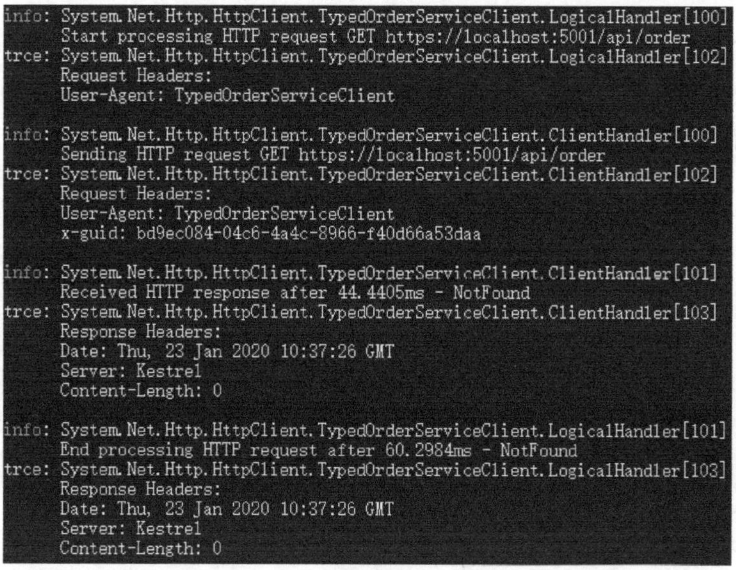

图 11-4

11.3 使用 gRPC 实现高性能远程调用

gRPC 是由谷歌公司创建并开源的一个与语言无关的高性能远程过程调用框架，其官方地址为 https://www.grpc.io。它可以高效地连接数据中心内以及数据中心之间的服务，支持负载平衡、跟踪、运行状况检查和身份验证，它还适用于最后一公里的分布式计算，将设备、移动应用程序和浏览器连接到后端服务。

gRPC 的设计是与语言无关的（即不依赖于具体的编程语言），在主流的编程语言都有实现和支持，它的通信基于 HTTP/2 协议，现在大部分的服务端宿主中间件都支持 HTTP/2 协议，在通信性能上有很大的提升，因此在性能和通用性上面得到了很好的平衡。另外，gRPC 默认使用 protocol buffers 作为序列化协议，在数据序列化性能和传输流量方面，相对于普通的 HTTP Web API 有很大优势，下面为一些适合使用 gRPC 的场景：

- 对性能有要求的微服务之间的通信。
- 跨语言异构系统间的通信。
- 需要流式处理通信时。
- 需要双向通信时。

在.NET Core 生态下，基于 HttpClient 提供了对于 gRPC 的原生支持，同时还提供了对 ASP.NET Core 的集成支持库，可以非常方便地构建并发布 gRPC 服务，这得益于 Kestrel Web Server 对 HTTP/2 的支持。

在工具链方面，提供了完善的代码生成工具，我们可以很方便地根据.proto 文件生成服务端、客户端代码。另外，Visual Studio 和 Visual Studio Code 都提供了对.proto 文件的智能提示，我们可以很轻松地完成服务定义编写工作。

11.3.1 定义接口描述

在项目目录添加 Proto 目录，右击打开快捷菜单，选择"添加"→"新建项"（见图 11-5），
打开新建文件窗口。

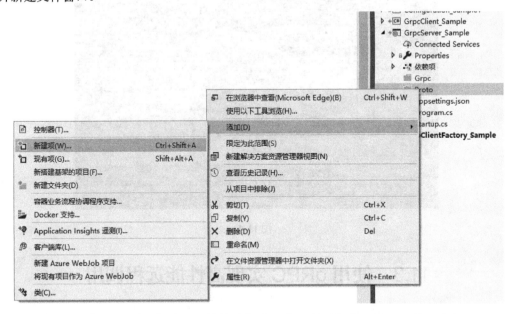

图 11-5

在右侧搜索框输入"grpc"，搜索文件模板，可以看到"协议缓冲区文件"，其后缀名为".proto"，
如图 11-6 所示。

图 11-6

在"名称"输入框中输入名称后，单击"添加"按钮，完成接口描述文件的创建。修改文件 order.proto 的定义如下：

```
syntax = "proto3";

option csharp_namespace = "GrpcServices";

package GrpcServices;

service OrderGrpc {
    rpc CreateOrder(CreateOrderCommand) returns (CreateOrderResult) {}
}

message CreateOrderCommand {
    string buyerId = 1;
    int32 productId = 2;
    double unitPrice = 3;
    double discount = 4;
    int32 units = 5;
}

message CreateOrderResult {
    int32 orderId = 1;
}
```

关于 proto 文件更详细的定义和描述可以参照官方的文档，其网址为 https://developers.google.com/protocol-buffers/docs/proto3。

11.3.2　配置服务端

在 ASP.NET Core 中配置 gRPC 服务端，需要安装下面的 NuGet 包：

```
Grpc.AspNetCore
```

选中创建的 order.proto 文件，右击，在弹出的快捷菜单中选择"属性"选项以打开"属性"窗口。我们需要将"Build Action"修改为"Protobuf compiler"、将"gRPC Stub Classes"设置为"Server only"，如图 11-7 所示。

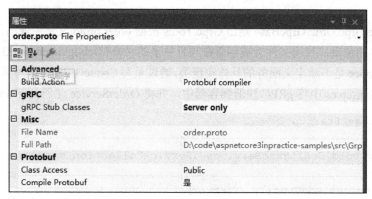

图 11-7

上述操作等同于编辑项目文件，添加"Protobuf"一节：

```
<Project Sdk="Microsoft.NET.Sdk.Web">
  <PropertyGroup>
    <TargetFramework>netcoreapp3.1</TargetFramework>
  </PropertyGroup>
  <ItemGroup>
    <PackageReference Include="Grpc.AspNetCore" Version="2.26.0" />
  </ItemGroup>
<ItemGroup>
    <None Remove="Proto\order.proto" />
  </ItemGroup>
  <ItemGroup>
    <Protobuf Include="Proto\order.proto" GrpcServices="Server" />
  </ItemGroup>
</Project>
```

创建 Grpc 目录，并创建 OrderService.cs 类文件：

```
using Grpc.Core;
using GrpcServices;
using System.Threading.Tasks;

namespace GrpcServer_Sample.Grpc
{
    public class OrderService : OrderGrpc.OrderGrpcBase
    {
        public override Task<CreateOrderResult>
CreateOrder(CreateOrderCommand request, ServerCallContext context)
        {
            //添加创建订单的内部逻辑，将订单信息存储到数据库
            return Task.FromResult(new CreateOrderResult { });
        }
    }
}
```

其中，OrderGrpc.OrderGrpcBase 是由 Grpc.Tools 根据 order.proto 文件生成的代码，其内部实现构建服务必要的逻辑，代码文件会被创建在项目目录的"obj\Debug\netcoreapp3.1"目录下。

类 OrderService 是手动定义服务的具体实现类，通过重写 CreateOrder 来编写具体的实现代码。

接下来在 Startup.cs 中将 gRPC 注册到容器中，并将 OrderService 注册到 gRPC 服务端：

```
public class Startup
{
    public void ConfigureServices(IServiceCollection services)
    {
        services.AddGrpc(); //注册 Grpc
    }
    public void Configure(IApplicationBuilder app, IWebHostEnvironment env)
```

```
    {
        if (env.IsDevelopment())
        {
            app.UseDeveloperExceptionPage();
        }
        app.UseRouting();
        app.UseEndpoints(endpoints =>
        {
            endpoints.MapGrpcService<OrderService>();  //注册 OrderService 到终结点
        });
    }
}
```

11.3.3　配置客户端

为了演示客户端，我们创建一个 GrpcClient_Sample 的项目，添加三个必要的 NuGet 包：

```
Google.Protobuf
Grpc.Net.ClientFactory
Grpc.Tools
```

编辑项目文件 GrpcClient_Sample.csproj，添加对之前创建的 order.proto 文件的引用：

```
<Project Sdk="Microsoft.NET.Sdk.Web">
  <ItemGroup>
    <Protobuf Include="..\GrpcServer_Sample\Proto\order.proto"
GrpcServices="Client" />
  </ItemGroup>
</Project>
```

注意，这里设置 GrpcServices="Client"，这样 Grpc.Tools 工具会根据 order.proto 文件生成客户端代码。在示例中，生成的客户端类型为"GrpcServices.OrderGrpc.OrderGrpcClient"，生成的代码文件位于"obj\Debug\netcoreapp3.1"目录下。

下面注册并配置客户端：

```
public class Startup
{
    public void ConfigureServices(IServiceCollection services)
    {
        services.AddGrpcClient<OrderGrpc.OrderGrpcClient>(options =>
        {
            options.Address = new Uri("https://localhost:5001");
        });
    }
}
```

接下来我们可以像使用本地服务一样使用 GrpcServices.OrderGrpc.OrderGrpcClient：

```
OrderGrpcClient service =
```

```
context.RequestServices.GetService<OrderGrpcClient>();
    var r = service.CreateOrder(new CreateOrderCommand { });
```

我们可以从容器中获取 OrderGrpcClient，也可以将其注入我们的服务中，然后调用远程方法。

11.3.4 使用 dotnet-grpc 命令行工具管理 .proto 文件引用

前面我们是通过修改.csproj 文件来添加.proto 文件引用的，实际上我们可以通过 dotnet-grpc
命令行工具来管理项目对.proto 文件的依赖。

我们可以在控制台运行如下命令来安装 dotnet-grpc 命令行工具：

```
dotnet tool install -g dotnet-grpc
```

运行结果如图 11-8 所示。

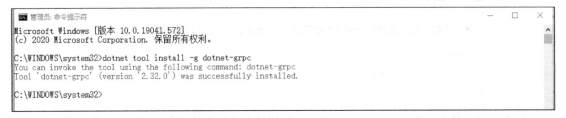

图 11-8

（1）添加文件命令 add-file：

```
dotnet grpc add-file [options] <files>
```

参数 files 表示要添加的.proto 文件路径，可以是相对于当前目录的路径，也可以是绝对路径，
还可以是基于通配符的文件匹配字符串。

添加文件的选项说明如表 11-1 所示。

表11-1 添加文件的选项及其说明

短 选 项	长 选 项	说 明
-p	--project	要操作的项目文件，如果未指定，就搜索当前目录
-s	--services	指定 gRPC 服务代码生成类型。默认是 Default，表示针对 Web 项目生成服务端和客户端，针对其他类型项目生成客户端。支持的参数有 Both、Client、Default、None、Server
-i	--additional-import-dirs	表示导入.proto 文件时要使用的其他目录，多个目录用英文分号 ";" 隔开
	--access	表示客户端生成的 C#类的访问修饰关键词是什么，默认为 Public。支持的值为 Internal 和 Public

（2）添加 URL 命令 add-url：

```
dotnet grpc add-url [options] <url>
```

参数 url 表示远程的.proto 文件地址。

添加 URL 的选项说明如表 11-2 所示。

表11-2 添加URL选项及其说明

短 选 项	长 选 项	说 明
-o	--output	指定远程文件的下载存放目录，可以是相对路径，也可以是绝对路径，这是必填选项
-p	--project	要操作的项目文件，如果未指定，就搜索当前目录
-s	--services	指定 gRPC 服务代码生成类型。默认是 Default，表示针对 Web 项目生成服务端和客户端，针对其他类型项目生成客户端。支持的参数有 Both、Client、Default、None、Server
-i	--additional-import-dirs	表示导入.proto 文件时要使用的其他目录，多个目录用英文分号 ";" 隔开
	--access	表示客户端生成的 C#类的访问修饰关键词是什么，默认为 Public。支持的值为 Internal 和 Public

（3）删除命令 remove：

```
dotnet grpc remove [options] <references>
```

参数 references 表示添加时的文件路径或 URL 地址，对应 add-file 的 file 参数和 add-url 的 url 参数。需要注意的是，remove 命令仅仅是移除项目文件中的引用，并不会删除文件本身。

删除命令的选项说明如表 11-3 所示。

表11-3 删除命令的选项及其说明

短 选 项	长 选 项	说 明
-p	--project	要操作的项目文件，如果未指定，就搜索当前目录

（4）刷新命令 refresh：

```
dotnet grpc refresh [options] [<references>...]
```

参数 references 与 remove 的 references 含义一致，也是对应 add-file 的 file 参数和 add-url 的 url 参数。该参数是可选项，留空则表示刷新所有引用。

刷新命令的选项说明如表 11-4 所示。

表11-4 刷新命令的选项说明

短 选 项	长 选 项	说 明
-p	--project	要操作的项目文件，如果未指定，就搜索当前目录
	--dry-run	试运行，指定该选项，则仅仅打印出要更新的文件列表，但并不会更新文件

第12章

部署 ASP.NET Core 应用

ASP.NET Core 仍然支持.NET 的应用部署方式，可以在不改变以前部署习惯的情况下把应用部署到 Windows 中，比如部署到 IIS、Windows 服务中。随着容器的发展和微服务化，越来越多的应用上到容器中进行运行，语言的差距越来越小，开发人员可以凭借自己擅长的语言来开发应用。凭借基础框架的支持，ASP.NET Core 应用可以很方便地部署在基础框架支持的任一环境，同时它运行需求资源小、启动迅速、性能不断提升，广受大家青睐。.NET Core 作为跨平台的开发框架，可以根据我们的需要将应用部署在 Windows、Linux、Docker 等环境中。

12.1　部署到 IIS 中

12.1.1　概　述

ASP.NET Core 可以通过两种方式比较容易地部署到 IIS 上：一种方式是托管方式，另一种是代理模式。

无论是哪种运行模式，都需要安装 ASP.NET Core 模块。我们先来看一下运行进程内的托管机制，如图 12-1 所示。

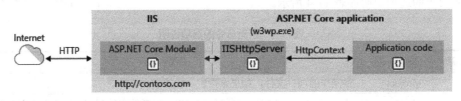

图 12-1

请求从 Web 到达内核模式 HTTP.sys 驱动程序。驱动程序将本机请求路由到网站的配置端口上的 IIS，通常为 80（HTTP）或 443（HTTPS）。ASP.NET Core 模块接收本机请求，并将其传递给 IIS HTTP 服务器（IISHttpServer）。IIS HTTP 服务器是将请求从本机转换为托管的 IIS 进程内服务器的具体实现。

IIS HTTP 服务器处理请求之后，请求会被推送到 ASP.NET Core 中间件管道中。中间件管道处理该请求并将其作为 HttpContext 实例传递给应用的逻辑。应用的响应通过 IIS HTTP 服务器传递回 IIS。IIS 将响应发送到发起请求的客户端，如图 12-2 所示。

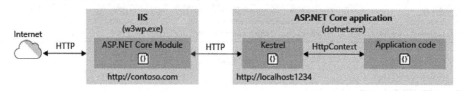

图 12-2

请求从 Web 到达内核模式 HTTP.sys 驱动程序。驱动程序将请求路由到网站的配置端口上的 IIS，通常为 80（HTTP）或 443（HTTPS）。该模块将请求转发到应用的随机端口（非端口 80/443）上的 Kestrel。

该模块在启动时通过环境变量指定端口，UseIISIntegration 扩展将服务器配置为侦听 http://localhost:{PORT}。执行其他检查，拒绝不是来自该模块的请求。该模块不支持 HTTPS 转发，因此即使请求由 IIS 通过 HTTPS 接收，它们还是通过 HTTP 进行转发。

Kestrel 从模块获取请求后，请求会被推送到 ASP.NET Core 中间件管道中。中间件管道处理该请求并将其作为 HttpContext 实例传递给应用的逻辑。IIS 集成添加的中间件会将方案、远程 IP 和 pathbase 更新到账户以将请求转发到 Kestrel。应用的响应传递回 IIS，IIS 将响应推送回发起请求的 HTTP 客户端。

12.1.2　下载和安装 ASP.NET Core 模块

通过官方地址（https://dotnet.microsoft.com/download/dotnet-core/thank-you/runtime-aspnetcore -3.1.0-windows-hosting-bundle-installer）下载 dotnet-hosting-3.1.0-win.exe，双击即可开始安装，如图 12-3 所示。

图 12-3

安装成功后，重启 IIS，可在 IIS 模块中找到 ASP.NET Core 模块，如图 12-4 所示。

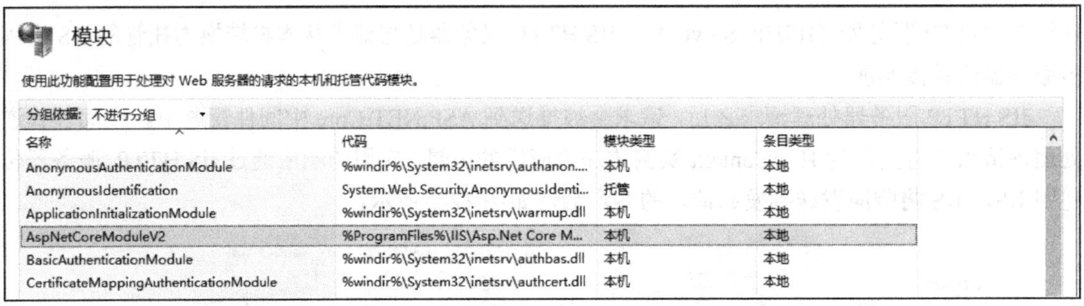

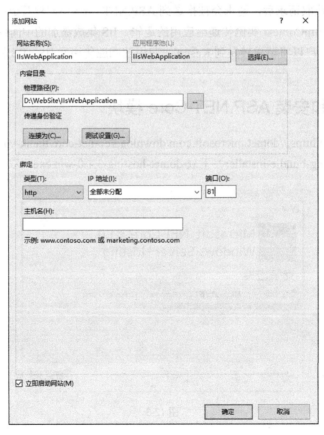

图 12-4

12.1.3 部署到 IIS 站点

在 IIS 服务器上，创建一个文件夹以包含应用已发布的文件夹和文件。在接下来的步骤中，文件夹路径作为应用程序的物理路径提供给 IIS。

01 在 IIS 管理器中，打开"连接"面板中的服务器节点，右击"站点"文件夹，选择快捷菜单中的"添加网站"命令，打开"添加网站"对话框。设置网站名称，并将"物理路径"设置为所创建应用的部署文件夹，再提供"绑定"配置，然后单击"确定"按钮创建网站，如图 12-5 所示。

图 12-5

02 创建发布项目配置文件，通过"文件夹"发布项目文件，默认路径为项目编译目录，如图 12-6 所示。

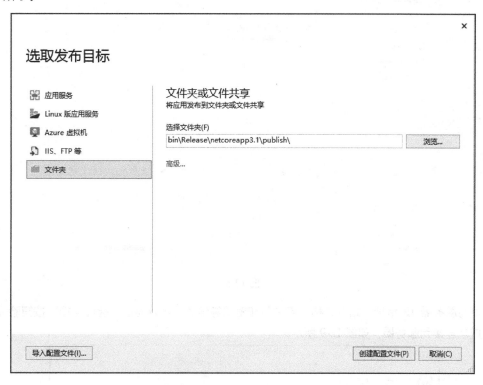

图 12-6

03 单击"发布"选项，发布项目文件，如图 12-7 所示。

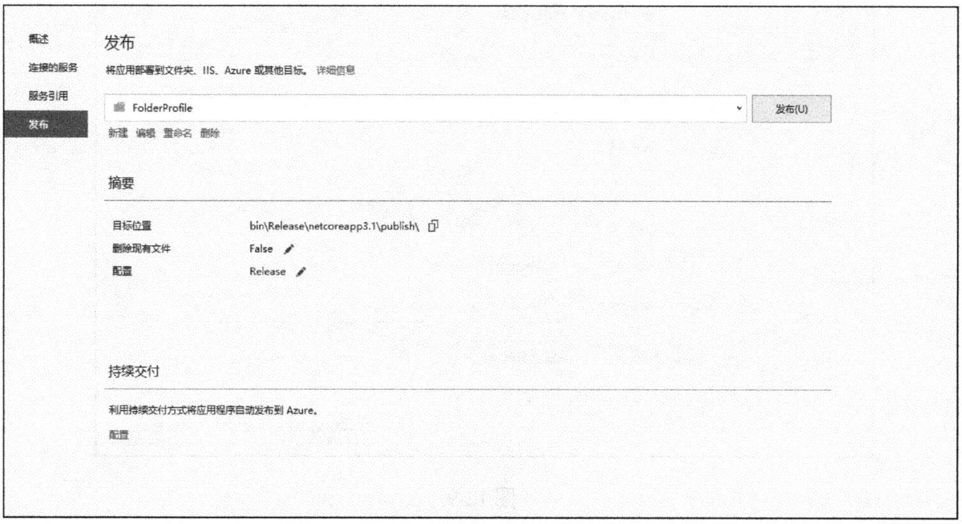

图 12-7

04 把文件复制到 IIS 服务器中，刚创建的文件夹即发布完成了。

05 通过 Web 部署直接发布到 IIS 上，选择 IIS、FTP 配置发布文件，如图 12-8 所示。

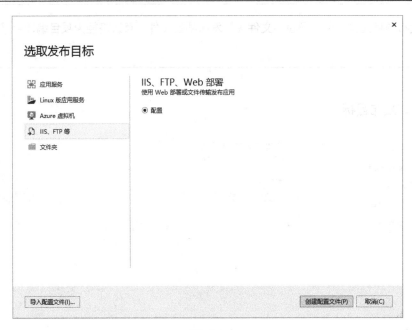

图 12-8

06 填写服务器 IP 地址、站点名称、用户名和密码等信息，可以通过"验证连接"按钮验证是否成功连接到服务器，如图 12-9 所示。

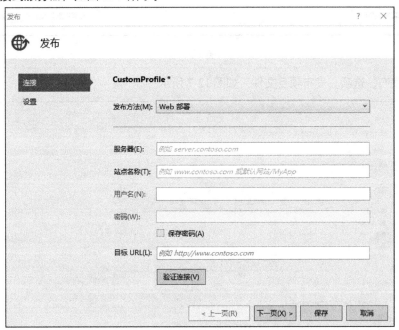

图 12-9

07 保存发布的配置文件，如图 12-10 所示。

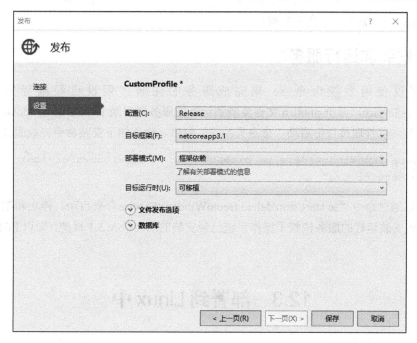

图 12-10

完成后单击"发布"按钮，直接把文件上传到指定的服务器上。

12.2　部署为 Windows Service

不使用 IIS 时，可以在 Windows 上将 ASP.NET Core 应用作为 Windows 服务进行托管。作为 Windows 服务进行托管时，应用将在服务器重新启动后自动启动。

12.2.1　配置应用

为了能在 Windows 服务上运行，首先在项目 NuGet 中引入"Microsoft.Extensions.Hosting. WindowsServices.dll"包引用，然后在 Program.cs 的 CreateHostBuilder 方法末尾添加 ".UseWindowsService()"。示例代码如下：

```
public static IHostBuilder CreateHostBuilder(string[] args) =>
        Host.CreateDefaultBuilder(args)
            .ConfigureWebHostDefaults(webBuilder =>
            {
                webBuilder.UseStartup<Startup>()
                .UseUrls("http://*:8080");
            })
            .UseWindowsService();
```

默认情况下，服务运行的端口为 5000，如果要更改其他端口如"8080"，可以使用

".UseUrls("http://*:8080")"更改监听端口。

12.2.2 安装和运行服务

我们可以使用系统命令 sc 来完成服务的注册。假设已经编译发布了项目 DemoWindowsService，并把 publish 文件复制到运行的服务器目录 D:\ DemoWindowsService\下。

安装服务，以管理员身份启动"命令提示符"窗口，输入如下安装命令完成服务的安装：

```
Sc create DemoWindowsService binPath=" D:\ DemoWindowsService\
DemoWindowsService.exe"
```

我们可以通过命令"sc start/stop/delete DemoWindowsService"来启动、停止和删除服务。

注意，该安装运行的服务依赖于操作系统已经安装的.Net Core 3.1 框架，即以 FDD 依赖框架来部署。

12.3　部署到 Linux 中

12.3.1　安装.NET 运行时

安装 ASP.NET Core 运行时需要先注册 Microsoft 密钥和源，每种 Linux 系统和不同版本在安装方式上有所差异，比如：

Ubuntu 18.04 的安装方式：

```
wget -q
https://packages.microsoft.com/config/ubuntu/19.04/packages-microsoft-prod.de
b -O packages-microsoft-prod.deb
    sudo dpkg -i packages-microsoft-prod.deb
```

Ubuntu 19.10 的安装方式：

```
wget -q
https://packages.microsoft.com/config/ubuntu/19.10/packages-microsoft-prod.de
b -O packages-microsoft-prod.deb
    sudo dpkg -i packages-microsoft-prod.deb
```

Debian 10 的安装方式：

```
wget -qO- https://packages.microsoft.com/keys/microsoft.asc | gpg --dearmor >
microsoft.asc.gpg
    sudo mv microsoft.asc.gpg /etc/apt/trusted.gpg.d/
    wget -q https://packages.microsoft.com/config/debian/10/prod.list
    sudo mv prod.list /etc/apt/sources.list.d/microsoft-prod.list
    sudo chown root:root /etc/apt/trusted.gpg.d/microsoft.asc.gpg
    sudo chown root:root /etc/apt/sources.list.d/microsoft-prod.list
```

CentOS 7 的安装方式：

```
sudo rpm -Uvh https://packages.microsoft.com/config/centos/7/packages-
microsoft-prod.rpm
```

安装完成 Microsoft 密钥和源后，根据不同的操作系统直接安装 ASP.NET Core 运行时即可。Ubuntu 和 Debian 的安装方式类似：

```
sudo apt-get update
sudo apt-get install apt-transport-https
sudo apt-get update
sudo apt-get install aspnetcore-runtime-3.1
```

CentOS 7 的安装方式：

```
sudo yum install aspnetcore-runtime-3.1
```

安装完成后，通过 "dotnet --info" 命令查看本机安装的情况。

12.3.2　部署应用

通过 FTP 工具（比如 Wincp）把发布的文件内容复制到要部署的机器上，比如 /mnt/DemoWebApplication。

进入到目录/mnt/DemoWebApplication，通过 dotnet 启动应用，例如：

```
Dotnet DemoWebApplication.dll -urls="*:8080"
```

单纯地通过 dotnet 运行应用是有问题的，比如应用未处理遇到的异常而退出，主机重启，应用将无法再次运行，我们需要依赖第三方守护进程来管理应用，比如 supervisor。

在 supervisor 配置中增加 DomeWebApplication.conf，进行如下配置：

```
[program: DomeWebApplication]
command=/bin/bash -c "dotnet DomeWebApplication.dll"
directory=/mnt/DomeWebApplication/
stderr_logfile=/var/log/ DomeWebApplication.error.log
stdout_logfile=/var/log/ DomeWebApplication.stdout.log
environment=ASPNETCORE_ENVIRONMENT=Production
user=root
stopsignal=INT
autostart=true
autorestart=true
startsecs=3
```

这些参数的含义如下：

- [program: DomeWebApplication]: 应用的名称。
- command=/bin/bash -c "dotnet DomeWebApplication.dll": 运行命令，启动 dotnet 进程。
- directory=/mnt/DomeWebApplication/: DomeWebApplication.dll 所在目录。
- stderr_logfile=/var/log/ DomeWebApplication.error.log: 错误日志文件。
- stdout_logfile=/var/log/ DomeWebApplication.stdout.log: 日志文件。

- environment=ASPNETCORE_ENVIRONMENT=Production：进程环境变量。
- user=root：进程执行用户。
- autostart=true：自动启动。
- autorestart=true：是否自动重启。
- startsecs=3：自动重启间隔时间。

通过用户名和密码可登录 supervisor 管理控制台查看应用情况。具体的配置信息可通过 /etc/supervisor/supervisord.conf 查看 supervisor 相关配置。

12.3.3 反向代理

我们的应用如果需要提供 https 服务，而把配置在应用上是不合理的，因为每次发布都需要去更改 https 配置，不利于应用横向扩展。好的方式是通过在 http 反向代理上配置 https 服务，让应用无感知，应用可以采用反向代理快速地横向扩展，常用的反向代理服务是通过 Nginx 来实现的。

在 Nginx 配置中新增如下配置来实现一个简单的代理服务：

```
server {

        listen 443;
        server_name [站点域名]; # 项目域名
        ssl on;
        ssl_certificate cert/xxxx.crt; #(证书公钥)
        ssl_certificate_key cert/xxxx.key; #(证书私钥)

        ssl_session_timeout 5m;
        ssl_protocols  SSLv2 SSLv3 TLSv1;
        ssl_ciphers  HIGH:!aNULL:!MD5;
        ssl_prefer_server_ciphers on;

        location / {
            proxy_set_header X-Forwarded-For $proxy_add_x_forwarded_for;
proxy_set_header     Host    $http_host;
            proxy_pass          http://xxx.xxx.xxx.xxx:5000;
        }

    }
```

在此示例中，Nginx 监听 443 端口，绑定域名为 server_name，证书的公钥和私钥文件在 cert 目录下，代理 ip xxx.xxx.xxx.xxx 的 http 5000 端口。

12.4 部署到 Docker 中

12.4.1 Docker 简介

Docker 是一个开源的应用容器引擎，通过打包可将应用程序或服务、依赖项及其配置一起制作成镜像，然后发布到 Linux 或 Windows 服务器，并将应用程序彼此隔离开，每个容器独立运行。与虚拟机相比，Docker 启动更快、可伸缩性更强。

12.4.2 Docker 术语

- 容器镜像：包含创建容器所需的所有依赖项和信息的包。镜像包括所有依赖项（例如框架），以及容器运行时使用的部署和执行配置。通常情况下，镜像派生自多个基础镜像，这些基础镜像是堆叠在一起形成容器文件系统的层。创建后，镜像不可变。

- Dockerfile：包含说明如何生成 Docker 镜像的文本文件。与批处理脚本相似，首先第一行将介绍基础镜像，然后是关于安装所需程序、复制文件等操作的说明，直至获取所需的工作环境。

- 生成：基于其 Dockerfile 提供的信息和上下文生成容器镜像的操作，以及生成镜像的文件夹中的其他文件。可以使用 Docker 的 docker build 命令生成镜像。

- 容器：Docker 镜像的实例。容器表示单个应用程序、进程或服务的执行。它由 Docker 镜像的内容、执行环境和一组标准指令组成。在缩放服务时，可以从相同的镜像创建多个容器实例。批处理作业可以从同一个镜像创建多个容器，向每个实例传递不同的参数。

- 卷：提供一个容器可以使用的可写文件系统。由于镜像只可读取，而多数程序需要写入到文件系统，因此卷在容器镜像顶部添加了一个可写层，这样程序就可以访问可写文件系统了。程序并不知道它正在访问的是分层文件系统，此文件系统就是往常的文件系统。卷位于主机系统中，由 Docker 管理。

- 标记：可以应用于镜像的标记或标签，以便可以识别同一镜像的不同镜像或版本（具体取决于版本号或目标环境）。

- 多阶段生成：Docker 17.05 或更高版本的一个功能，可帮助减小最终镜像的大小。概括来说，借助多阶段生成，可以使用一个包含 SDK 的大型基础镜像（以此为例）编译和发布应用程序，然后使用发布文件夹和一个小型运行时基础镜像生成一个更小的最终镜像。

- 存储库（repo）：相关的 Docker 镜像集合，带有指示镜像版本的标记。某些存储库包含特定镜像的多个变量，例如包含 SDK（较重）的镜像、包含唯一运行时（较轻）的镜像等。这些变量可以使用标签进行标记。单个存储库中可包含平台变量，如 Linux 镜像和 Windows 镜像。

- 注册表：提供存储库访问权限的服务。大多数公共镜像的默认注册表是 Docker 中心（归作为组织的 Docker 所有）。注册表通常包含来自多个团队的存储库。一些公司通常使用私有注册表来存储和管理镜像，比如 Azure 容器注册表，为在 Azure 中使用 Docker 镜像及其组件提供服务。

- 多体系结构镜像：就多体系结构而言，它是一种根据运行 Docker 的平台简化相应镜像选择的功能。例如，当 Dockerfile 从注册表请求基础镜像 FROM mcr.microsoft.com/dotnet/core/sdk:2.2 时，实际上它会获得 2.2-sdk-nanoserver-1709、2.2-sdk-nanoserver-1803、2.2-sdk-nanoserver-1809 或 2.2-sdk-stretch，具体情况取决于运行 Docker 的操作系统版本 。

- Docker 中心：上传并使用镜像的公有注册表。Docker 中心提供 Docker 镜像托管、公有或私有注册表，生成触发器和 Web 挂钩，以及与 GitHub 和 Bitbucket 集成。

12.4.3 生成和制作 Dockerfile

Visual Studio 提供了生成 Dockerfile 的选项，在创建 ASP.NET Core Web 项目时可以直接生成 Dockerfile，如图 12-11 所示。

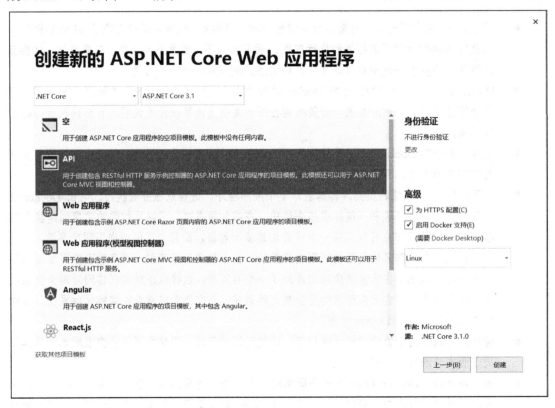

图 12-11

生成的 Dockerfile 文件内容如下：

```
#See https://aka.ms/containerfastmode to understand how Visual Studio uses
this Dockerfile to build your images for faster debugging.
FROM mcr.microsoft.com/dotnet/core/aspnet:3.1-buster-slim AS base
WORKDIR /app
EXPOSE 80
EXPOSE 443

FROM mcr.microsoft.com/dotnet/core/sdk:3.1-buster AS build
WORKDIR /src
```

```
COPY ["DemoApplication/DemoApplication.csproj", "DemoWebApplication/"]
RUN dotnet restore "DemoApplication/DemoWebApplication.csproj"
COPY . .
WORKDIR "/src/DemoWebApplication"
RUN dotnet build "DemoWebApplication.csproj" -c Release -o /app/build

FROM build AS publish
RUN dotnet publish "DemoWebApplication.csproj" -c Release -o /app/publish

FROM base AS final
WORKDIR /app
COPY --from=publish /app/publish .
ENTRYPOINT ["dotnet", " DemoWebApplication.dll"]
```

在文件中主要定义了两个基础镜像文件：一个是运行时环境 mcr.microsoft.com/dotnet/core/aspnet:3.1-buster-slim，另一个是编译 sdk 环境 mcr.microsoft.com/dotnet/core/sdk:3.1-buster。其中，关键字的含义如下：

- WORKDIR 指定 Docker 运行目录。
- EXPOSE 向外界暴露端口。
- COPY 复制文件。
- RUN 是运行命令。
- ENTRYPOINT 是运行入口。

注：操作系统安装了 Docker Desktop，Visual Studio 在项目生成时会自动生成镜像文件。

如果已存在发布文件，并都存放在 publish 目录下，那么 Dockerfile 可以简单地写成如下形式：

```
FROM mcr.microsoft.com/dotnet/core/aspnet:3.1-buster-slim AS base
WORKDIR /app
EXPOSE 80
EXPOSE 443
COPY publish .
ENTRYPOINT ["dotnet", " DemoWebApplication.dll"]
```

12.4.4　生成镜像

有了 Dockerfile 后就可以通过 docker build 生成镜像。该 docker build 命令从 Dockerfile 和 "上下文" 构建 Docker 映像。下面来看一下常用的命令：

```
docker build .
```

注意："."为路径 Path，表示当前运行命令的目录。当前目录的内容将作为上下文传入到 docker 镜像制作中。docker build 会查找当前目录的 Dockerfile 文件，根据该文件生成镜像文件。

```
Docker -f xx/Dockerfile.Prod .
```

通过 "-f" 可以指定 Dockerfile，这将使用一个自己指定文件代替默认的 Dockerfile 文件。前面示例中的 "xx/Dockerfile.Prod" 文件将代替默认的 Dockerfile 文件。

```
Docker -t demo-web-application:1.0.0 .
```

通过 "-t" 可以标记镜像，它将像前面的示例一样构建镜像，但是它将标记生成的图像。存储库名称为 demo-web-application，标签为 1.0.0。

通常以上命令是常用的，有时还可以通过 "--build-arg" 传入构建参数，也可以通过 "-c -m" 指定 CPU 和内存等。

12.4.5 部署镜像

镜像的部署通常需要依赖公有仓库或私有仓库，我们需要把镜像推送到相关的仓库，然后在生产环境中拉取并运行镜像。

```
docker build  -t [仓库地址]/demo-web-application:1.0.0 .
docker push [仓库地址]/demo-web-application:1.0.0
```

一些私有仓库需要登录后才能把镜像推送到远程仓库，可以通过以下命令来完成：

```
Docker login [仓库地址] -u [用户名] -p [密码]
```

默认情况下，docker run 如果发现本地镜像不存在，就会从远程仓库拉取。也可以通过 docker pull 先拉取镜像，然后运行。下面重点讲一下 docker run。

docker run 的常用命令有 4 种："-e"，注入环境变量；"-v"，向 Docker 中添加存储卷；"-p"，将容器的端口发布到主机；"--name"，为容器分配一个名称。示例如下：

```
Docker run \
  -e ASPNETCORE_ENVIRONMENT='Production'\
  -v /home/appsettings.json:/app/appsettings.Production.json \
  -p 8888:80 \
  --name demo-web-application-v1 \
[仓库地址]/demo-web-application:1.0.0
```

使用 "\" 来连接上面的每行命令：通过-e ASPNETCORE_ENVIRONMENT='Production' 告诉 Docker 启用生产（Production）环境；通过-v /home/appsettings.json:/app/appsettings.Production.json 把主机下的/home/appsettings.json 注入 Docker 的/app/appsettings.Production.json 中，完成外部文件对原配置文件的替换；通过-p 8888:80 把 Docker 内部 80 端口映射到主机的 8888 端口，给运行的 Docker 一个简单容易记的名字。

其他常用的 Docker 命令还有 docker stop/start/restart/rm/stats/ps/exec/cp 等，即停止、启动、重启、移除、查看 Docker 运行状况、查看 Docker 进程、进入 Docker 以及主机复制文件等。

12.5　高可用架构

12.5.1　概　述

高可用是互联网应用一直在追求的指标之一，通常描述一个系统经过专门的设计，从而减少停工时间，而保持其服务的高度可用性。高可用一般通过可用性指标来体现，比如常用 99.9…9% 来描述。为了实现应用的高可用性，通常要为单点依赖提供解决方案，可通过冗余来消除系统中的单点故障。

12.5.2　应用本身的高可用保障

影响系统高可用的因素主要有基础设施、应用软件、人为操作、自然环境等，目前主流系统都搭建在云服务上，比如微软 Azure、阿里云等，基础设施和自然环境等影响高可用的因素都由云服务商统一解决，比如提供弹性网络、云主机、负载均衡、云数据库、容器服务等。我们需要更多地关注应用本身，人为提供高可用保障，比如通过日志记录、诊断工具、健康检查等构建可检测的服务。

在第 3 章中，ASP.NET Core 提供的日志框架（Microsoft.Extensions.Logging）定义了日志输出标准和级别。我们可以对用户的请求、系统异常、外部接口调用、调试信息进行记录，通过设置日志级别输出等级决定是否输出日志。

诊断工具（System.Diagnostics）使用事件发布/订阅的设计模式，支持任意对象追踪、动态开关和侦听筛选，很多组件都实现了相应诊断事件的发布，对调试很有帮助。例如，通过 HttpClient 可以了解整个请求过程的发生情况，也可以对其进行相应事件的干预；Skywalking.Net 通过捕获事件、记录信息提交给服务端，形成应用链路追踪。

健康检查（Microsoft.AspNetCore.Diagnostics.HealthChecks）通过检查应用端口是否可以访问、应用依赖服务是否可以访问、应用组件是否正常，了解应用的健康状况，结合负载均衡和容器服务可以实现应用的故障隔离、故障警告、故障自愈。

第13章

ASP.NET Core 高级内容

本章所要介绍的内容在日常应用开发中不常用到，但在设计通用组件或者提高应用程序的性能的时候将会用到。比如文件提供程序，如果我们想把公有云内的高速大容量存储服务运用到 ASP.NET Core 应用中时，则可以基于云存储服务实现一个高性能、高可用的大容量文件服务提供程序。又比如请求功能接口，在设计中间件组件的时候，如果我们想要提供一些组件的标准特性，那么通过请求功能接口将是一个非常好的方案，并且这也符合 ASP.NET Core 的风格。风格是一个非常有意思的东西，风格就像默契，不需要额外的商议就能达成一致。从某种角度来看，风格和约定优于配置，不谋而合。不管是基础内容还是高级内容，都是 ASP.NET Core 风格的组成部分。接下来，我们了解一下 ASP.NET Core 高级内容的部分。

13.1 文件提供程序

文件提供程序是.NET Core 对文件系统的抽象层。基于这个抽象层，我们不仅能够访问物理文件系统，还可以将其他文件存储媒介的服务封装成文件提供程序，从而与基于文件提供程序的实现的组件框架进行无缝集成。可以说，文件提供程序是 ASP.NET Core 内部组件间、框架与开发者之间对文件资源访问的一个标准。

比如 IWebHostEnvironment 接口，可以让框架向开发者提供 Web 根目录，方式就是提供一个叫 WebRootFileProvider 的文件提供程序。

又比如静态文件中间件，可以通过 UseStaticFiles 扩展方法来配置 Web 根目录之外的目录成为静态目录的文件源，方式就是给 StaticFileOptions 设置一个叫 FileProvider 的属性。

文件提供程序的主接口是 IFileProvider。基于 IFileProvider 可以遍历目录（IDirectoryContents）和文件（IFileInfo）。通过 IFileInfo 接口，开发者可以知道文件是否存在、文件名、文件大小以及上次修改文件的时间等信息，通过 CreateReadStream 方法还可以直接读取文件的内容。同时，IFileProvider 还提供了文件变动提醒的机制，通过 Watch 方法可以监测指定文件是否发生过修改。

通过文件提供程序这一抽象层，应用程序开发者不仅可以方便地实现对文件系统的访问，还提供了另一种可能性。IFileProvider 的接口非常简单（它只定义了 3 个成员方法），IFileInfo 页也非常简单（它只定义了 7 个成员属性和方法），这意味着实现一个自定义的文件提供程序非常简单。在云原生的时代背景下，计算资源和存储资源都以生产资料的形式由云服务商提供，我们的应用都部署在云端，文件存储能够以存储服务的形式从操作系统剥离，并且集中分配文件存储也更能做到存储资源的动态调配，从而提供资源的利用率。从这一点上看，ASP.NET Core 在框架层就已经考虑到了这些，对云时代的各种抽象都已经做好了准备，可谓是非常云友好。

13.1.1　访问本地物理文件系统

.NET Core 基于文件提供程序实现的 PhysicalFileProvider 就是提供给开发者对物理文件系统进行访问的，当然它的底层也是通过 System.IO.File 来实现的。

以下代码演示如何通过 PhysicalFileProvider 来访问本地的文件目录和文件信息。

```
var provider = new PhysicalFileProvider(applicationRoot);
var contents = provider.GetDirectoryContents(string.Empty);
var filePath = Path.Combine("wwwroot", "js", "site.js");
var fileInfo = provider.GetFileInfo(filePath);
var stream = fileInfo.CreateReadStream();
```

获取到文件流，就可以通过 StreamReader、StreamWriter 之类的接口像往常一样对该文件进行读写了。

13.1.2　监视文件的变化

文件提供程序提供了 Watch 方法，这样就对文件的改动具有监视的能力。这是一个非常有用的接口，比如基于文件的监视，我们甚至可以实现应用的自动更新和重启。Watch 方法本身的使用也非常简单，它接受一个普通的路径，支持 glob 模式。glob 模式非常常见，比如 Linux 常用指令 ls 就支持该模式。简单一点讲就是在正常的文件路径下添加了对通配符的支持。

● *匹配当前文件夹下文件路径的任意字符，遇到【/】和【.】终止。
● ** 匹配多个级别的目录中的文件路径的任意字符，可实现以递归方式在文件目录中查找文件。

通过 glob 模式，可以实现对一系列文件的监视。

Watch 方法会返回一个 IChangeToken 的实例。需要注意的是，IChangeToken 仅支持响应一次变化的回调，这意味着在每次改变触发回调之后，需要重新调用 Watch 创建 IChangeToken 实例来实现对目标文件的持续监视。下面的例子展示了如何持续监视文件。

```
public static void Main(string[] args)
{
    string _fileFilter = Path.Combine("TextFiles", "*.txt");
    Console.WriteLine($"监视如下文件 '{_fileFilter}' (Ctrl + C 退出)...");
    Watch(_fileFilter, f => Console.WriteLine("有文件发生变化了"));
    Console.ReadLine();
```

```
    }

    private static void Watch(string filter, Action<string> callback)
    {
        var fileProvider = new
PhysicalFileProvider(Directory.GetCurrentDirectory());

        Action<object> _callback = null;
        _callback = _ => {
            IChangeToken token = fileProvider.Watch(filter);
            if(null != callback)
            {
                callback(filter);
            }
            token.RegisterChangeCallback(_callback, fileProvider);
        };
        var token = fileProvider.Watch(filter);
        token.RegisterChangeCallback(_callback, fileProvider);
    }
```

程序运行后，会持续不断地监视 TextFiles 目录下的所有 txt 文件。一旦这些文件发生变化，控制台将会打出"有文件发生变化了"。

13.2　请求功能接口

从严格意义上讲，请求功能接口不能算是一个接口。这部分的知识虽然对于普通开发者来说不常用，但是如果想要开发 ASP.NET Core 的中间件，那么这部分知识将会有所帮助。

本节的知识是关于 HttpContext 的 Features 属性的。ASP.NET Core 中间件的入参是 HttpContext，HttpContext 的实例通过 ASP.NET Core 请求管道在中间件中传递，这意味着 Features 也在中间件之间传递，Features 中的所有功能也在中间件之间传递。

Features 属性实现了 IFeatureCollection 接口。IFeatureCollection 接口主要有两种方法比较重要：一种用于向集合中添加请求功能，另一种就是获取集合中的请求功能。

```
        //      从集合中获取指定类型的请求功能
        //      返回请求功能，不存在则返回 null
        TFeature Get<TFeature>();
        //
        //      向集合中添加请求功能
        void Set<TFeature>(TFeature instance);
```

从接口上看，中间件可以利用 Get 方法以 TFeature 泛型参数的类型为入参查询并获取请求功能的实例。Get 方法返回的就是 TFeature 类型的实例，相当方便。

Set 方法并没有对 TFeature 进行任何泛型约束，也就意味着请求功能可以是任何类型。由于所有中间件都可以访问 Set 方法，因此可以通过重新实现请求功能，在中间件中通过 Set 方法替换掉原有的请求功能。

系统请求功能类

下面列出常见的请求功能接口：

- IHttpRequestFeature 定义 HTTP 请求的结构，包括协议、路径、查询字符串、标头和正文。
- IHttpResponseFeature 定义 HTTP 响应的结构，包括状态代码、标头和响应的正文。
- IHttpAuthenticationFeature 定义支持基于 ClaimsPrincipal 来标识用户并指定身份验证处理程序。
- IHttpUpgradeFeature 定义对 HTTP 升级的支持，允许客户端指定在服务器需要切换协议时要使用的其他协议。
- IHttpBufferingFeature 定义禁用请求或响应缓冲的方法。
- IHttpConnectionFeature 为本地和远程地址以及端口定义属性。
- IHttpRequestLifetimeFeature 定义支持中止连接，或者检测是否已提前终止请求（如客户端断开连接）。
- IHttpSendFileFeature 定义异步发送文件的方法。
- IHttpWebSocketFeature 定义支持 Web 套接字的 API。
- IHttpRequestIdentifierFeature 添加一个可以实现的属性来唯一标识请求。
- ISessionFeature 为支持用户会话定义 ISessionFactory 和 ISession 抽象。
- ITlsConnectionFeature 定义用于检索客户端证书的 API。
- ITlsTokenBindingFeature 定义使用 TLS 令牌绑定参数的方法。

熟悉现有的请求功能接口有助于更好地利用现有的功能特性设计和实现中间件，也能够避免重复造轮子。同时，这样编写出来的中间件耦合性更低，有利于中间件更好地进行传播。

13.3　URL 重写

在 7.5.2 节中讲强制 HTTPS 的时候提到了 URL 重定向，URL 重定向是通过 HTTP 协议的 301 或 302 状态码并配合浏览器的默认行为实现地址跳转。本节讲的 URL 重写与 URL 重定向名称很像，并且功能也基本差不多，两者的差异是 URL 重定向需要客户端参与，而 URL 重写是纯服务端的功能。最明显的特征差异就是使用 URL 重定向，浏览器最终呈现的地址将会是重定向后的 URL，而 URL 重写后的地址还是资源请求原先的 URL。

13.3.1　重写规则

URL 重写中间件支持多种配置方式，比如 IIS Web 服务器、Apache Web 服务器的重写规则可以直接应用到中间件中，这个维护带来了很多的便利，意味着不用多次编写规则代码。除了配置文件，也可以直接配置单条 URL 重写规则。下面的例子会将 var1、var2 参数从 QueryString 中通过 URL 重写的方式移到 Path 中。

```
public void Configure(IApplicationBuilder app)
{
    var options = new RewriteOptions()
        .AddRewrite(@"^rewrite-rule/(\d+)/(\d+)",
"rewritten?var1=$1&var2=$2",
        skipRemainingRules: true);

    app.UseRewriter(options);
    app.UseStaticFiles();
    app.Run(context => context.Response.WriteAsync(
        $"URL 重写为: " +
        $"{context.Request.Path + context.Request.QueryString}"));
}
```

我们也可以通过委托方法来实现 URL 重写规则的配置。下面的例子实现了一个将所有的 txt 文件请求都重写至/file.txt 这个文件。

```
public void Configure(IApplicationBuilder app)
{
    var options = new RewriteOptions()
        .Add(RewriteTextFileRequests);

    app.UseRewriter(options);
    app.UseStaticFiles();
    app.Run(context => context.Response.WriteAsync(
        $"URL 重写为: " +
        $"{context.Request.Path + context.Request.QueryString}"));
}

public static void RewriteTextFileRequests(RewriteContext context)
{
    var request = context.HttpContext.Request;

    if (request.Path.Value.EndsWith(".txt",
StringComparison.OrdinalIgnoreCase))
    {
        context.Result = RuleResult.SkipRemainingRules;
        request.Path = "/file.txt";
    }
}
```

通过 AddRedirectToHttps 方法，可以通过 URL 重写中间件实现强制 HTTPS，这种强制 HTTPS 同样会返回跳转状态码 301 或者 302，唯一的区别就是状态码将会以 HTTPS 的协议返回。下面演示如何将 HTTP 请求强制永久跳转到 HTTPS 端口 443。

```
public void Configure(IApplicationBuilder app)
```

```
{
    var options = new RewriteOptions()
        .AddRedirectToHttps(301, 443);
    app.UseRewriter(options);
}
```

如果想要进行永久强制 HTTPS，那么可以调用专门的方法 AddRedirectToHttpsPermanent：

```
public void Configure(IApplicationBuilder app)
{
    var options = new RewriteOptions()
        .AddRedirectToHttpsPermanent;
    app.UseRewriter(options);
}
```

13.3.2　IRule 接口

重写的规则是以 IRule 进行抽象的。IRule 接口仅有一个方法：

```
public void ApplyRule(Microsoft.AspNetCore.Rewrite.RewriteContext context);
```

ApplyRule 仅接收一个参数 RewriteContext，前面章节中 RewriteTextFileRequests 的例子用 IRule 接口来编写将会是如下形式：

```
public void Configure(IApplicationBuilder app)
{
    var options = new RewriteOptions()
        .Add(new RewriteTextFileRequests());

    app.UseRewriter(options);
    app.UseStaticFiles();
    app.Run(context => context.Response.WriteAsync(
        $"URL 重写为：" +
        $"{context.Request.Path + context.Request.QueryString}"));
}
public class RewriteTextFileRequests : IRule
{
    public void ApplyRule(RewriteContext context)
    {
        var request = context.HttpContext.Request;

        if (request.Path.Value.EndsWith(".txt",
StringComparison.OrdinalIgnoreCase))
        {
            context.Result = RuleResult.SkipRemainingRules;
            request.Path = "/file.txt";
        }
    }
}
```

13.3.3 小 结

URL 重写是 Web 服务器的常用功能，可以用于将特定的 URL 关联到已存在的 URL 上，除了 URL 不同之外，两者的处理逻辑完全一样。常见的 Web 服务器（比如 IIS、Apache 服务器）以及 Nginx 都有 URL 重写模块，基于 URL 重写模块，资源的发布可以更加灵活。一般情况下，使用这些 Web 服务器本身提供的 URL 重写模块即可。首先，这些 Web 服务器提供 URL 重写模块的功能更加强大；其次，这些 Web 服务器本身都是应用于生产环境的优秀软件，并且经历过大量的 Web 服务器实践测试，性能优化也做得比较好。ASP.NET Core 的 URL 重写中间件可以应用在没有这些 Web 服务器支持的场景下来满足 URL 重写的需求。

13.4 缓 存

在 Web 应用程序中，缓存是非常重要的一个提高应用性能的手段。缓存可以有效地减少客户端与服务器之间的请求数。缓存非常适合不经常修改同时计算成本又非常高的应用场景。在这类应用场景下，缓存可以非常有效地减少服务端的计算资源使用量。

13.4.1 缓存标记帮助程序

Razor 页面提供了缓存标记<cache>和<distributed-cache>。通过这两个标记，Razor 页面可以使用缓存来提供 Razor 模板的性能。其中，<cache>是基于内存的缓存实现，而<distributed-cache>是基于分布式的缓存实现。

<cache>和<distributed-cache>的属性相同，这些属性都是控制缓存行为的。除了 enabled 和 priority，这些属性主要分为两类：一类和时间相关；另一类和请求数据相关。

- enabled
- expires-on
- expires-after
- expires-sliding
- vary-by-header
- vary-by-query
- vary-by-route
- vary-by-cookie
- vary-by-user
- vary-by
- priority

enable 属性的默认值是 true。通过 enable 属性可以控制是否启用缓存，一般不需要对 enable 的值进行设置。

priority 属性控制了在缓存空间紧张的情况下缓存退出失效的优先级。priority 的属性值是一个枚举类型，包含 High、Low、NeverRemove、Normal 等值，默认值是 Normal。一般情况下，也不用设置。

expires-on、expires-after、expires-sliding 是通过时间来控制缓存失效行为的。

expires-on 指示缓存对象在某个绝对时间点后失效。以下示例表示 2030 年 1 月 1 日 18 点之前缓存都会有效。

```
<cache expires-on="@new DateTime(2030,1,1,18,0,0)">
    缓存标记帮助程序中缓存的时间：@DateTime.Now
</cache>
```

expires-after 指定缓存对象在某段时间后失效。以下示例表示每一次请求之后，5 分钟内的请求将会把缓存中的内容响应给客户端。

```
<cache expires-after="@TimeSpan.FromSeconds(300)">
    缓存标记帮助程序中缓存的时间：@DateTime.Now
</cache>
```

expires-sliding 是三个时间相关的属性中规则最复杂的，只有在指定时间内缓存未被请求命中，缓存才会失效退出。以下示例指定在 5 分钟内如果没有请求命中，则缓存被刷新。

```
<cache expires-sliding="@TimeSpan.FromSeconds(300)">
    缓存标记帮助程序中缓存的时间：@DateTime.Now
</cache>
```

vary-by-header、vary-by-query、vary-by-route、vary-by-cookie、vary-by-user、vary-by 这类 vary-by-*全部是和请求信息相关的，控制着如何存取缓存。其实，vary-by-*全部都可以通过 vary-by 实现，可以认为是 vary-by 的场景化实现。

下面以 vary-by-header 用 vary-by 实现为例，说明 vary-by-*类属性的作用：

```
@{
    var ContentType = Request.Headers["Content-Type"].ToString();
}
<cache vary-by="@ContentType">
    缓存标记帮助程序中缓存的时间：@DateTime.Now
</cache>
```

上面的代码与下面的代码是等价的。

```
<cache vary-by-header="Content-Type">
    缓存标记帮助程序中缓存的时间：@DateTime.Now
</cache>
```

13.4.2 内存缓存和分布式缓存

ASP.NET Core 提供了两个接口的缓存：IMemoryCache 和 IDistributedCache。从接口上来看，IMemoryCache 和 IDistributedCache 功能上基本没有多大差别，基于接口语义上定义，由于分布式缓存需要通过网络存取，因此 IDistributedCache 提供了异步的存取方法，并且同样是因为网络传输的原因，IDistributedCache 的缓存对象是 byte[]，也就意味着缓存之前必须先进行序列化。不过还是建议按照语义场景来设计和使用缓存。一般情况下，如果不好断定某个场景该使用内存缓存还是分布式缓存，那么建议使用分布式缓存（拥有更灵活的接口设计）。

ASP.NET Core 提供了多个分布式缓存的实现，包括分布式内存缓存（AddDistributedMemoryCache）、分布式 SQL Server 缓存（AddDistributedSqlServerCache）、分布式 Redis 缓存（AddStackExchangeRedisCache）、分布式 NCache 缓存（AddNCacheDistributedCache）。

这里重点说一下分布式内存缓存和分布式 NCache 缓存，本质上讲它们都不是真正的分布式缓存，为什么要实现一个这样的类库呢？其实它有两类功能：一是用于测试场景，可以简化测试环境，而不需要真正的分布式存储；二是当前应用规模比较小，还不需要分布式缓存，但是业务模式发展后必然需要横向扩展，未来需要真正的分布式缓存解决方案。

使用分布式缓存非常简单，与其他组件的方式套路一样，首先用组件提供的扩展方法进行服务注册，后续就是正常的服务组件的注入与使用，除去异步的方法（同步方法功能一样），分布式缓存其实就四个重要的方法：Set、Get、Refresh 和 Remove，分别对应缓存的设置、获取、刷新（时效）和删除。

```
public byte[] Get (string key);
public void Refresh (string key);
public void Remove (string key);
public void Set (string key, byte[] value, DistributedCacheEntryOptions
options);
```

Set 方法的第三个参数控制着缓存的退出规则，其中 DistributedCacheEntryOptions 就 3 个属性：

● AbsoluteExpiration 为绝对到期日期（DateTime）。
● AbsoluteExpirationRelativeToNow 为相对到期时间（TimeSpan）。
● SlidingExpiration 为最大不被访问的时长（TimeSpan）。

其中，SlidingExpiration 的规则不能违背 AbsoluteExpiration 和 AbsoluteExpirationRelativeToNow 设定的绝对过期时间。

第 14 章

结合 ML.NET 实现机器学习应用

如今智能化 Web 应用已经非常普遍了，基于机器学习的开发也受到众多开发者的重视。在.NET Core 平台上，微软提供了一套开源的机器学习框架 ML.NET，它以 API 的形式提供了相当丰富的算法预编译模型，覆盖了训练、评估、预测等多个场景。ML.NET 除了能处理文本数据外，也能适配二进制图像数据，因此可以快速构建更为复杂的数据处理管道模型。本章从机器学习的背景展开，然后介绍 ML.NET 的核心用途和特色功能，接着用一个回归模型的示例为读者呈现机器学习的入门过程，最后通过一个图像识别的案例介绍基于 ONNX 标准开发深度学习应用的完整步骤。通过本章的学习，我们能够使用.NET Core 结合 ML.NET 快速上手机器学习，达到具备开发现代智能化应用的能力。

14.1　机器学习简介

14.1.1　什么是机器学习

维基百科词条指出，机器学习是一门模拟或实现人类的学习行为，以获取新的知识或技能，重新组织已有的知识结构使之不断改善自身的性能的学科，涉及概率论、统计学、逼近论、凸分析、算法复杂度理论等多个领域交叉的知识。它的应用已遍及人工智能的各个分支，如专家系统、自动推理、自然语言理解、模式识别、计算机视觉、智能机器人等领域。其中尤其典型的是专家系统中的知识获取瓶颈问题，人们一直在努力试图采用机器学习的方法加以克服。机器学习是人工智能的核心，是使计算机具有智能的根本途径。

最早的人工智能探索可以追溯到 1818 年 Mary Shelly 对于复制人体的想象。计算机科学家先驱 Alan Turing 早在 1950 年就完整提出了计算机智能的概念，并且提出了如何评估计算机是否拥有智能的测试——图灵测试，虽然有争议（例如 Chinese Room Test），但是这项测试今天依然被很多研究人员当作测试人工智能的一项重要标准。比较公认的是"人工智能"一词是由麻省理工学院的约翰·麦卡锡在 1956 年的达特茅斯会议上提出的，希望为机器赋予感知、思考、学习和行动能力，让机器的认知表现看起来和人类一样。随后的几十年，人工智能的发展起起伏伏，几乎是一个很冷门的领域，人们对人工智能的想象大多数只在科幻小说或影视作品中，自 2010 年开始，得益于云计算和大数据技术的蓬勃发展，计算机的算力在量级上不断突破，行业基础数据出现了爆发式增长，这成为经典机器学习再次起航的巨大推动力，可以说机器学习承载了人工智能从梦想到着陆的最大可行性。

14.1.2　机器学习的作用

让机器具备人类智慧，能够自适应和学习未知领域，这是强人工智能为代表的技术愿景，然而以当前的科技和生物水平还无法在现实世界很好地实现。以观察和推理为代表的弱人工智能则有着非常好的土壤。经典机器学习就属于弱人工智能的一个分支，是基于一定算法建立的数学模型，通过对已知数据进行拟合，能获得一个近似函数，可以用来对一个新的输入进行求值，从而完成结果预测。机器学习的关键要素是数据，训练模型的数据量对函数拟合程度起到了重要影响，即使是深度学习，也是属于机器学习范畴内的，借助神经网络的结构阐释了数据特征表达。我们日常生活中看到的电商商品推荐、汽车的自动驾驶、金融风险欺诈侦测甚至是医学领域的疾病智能诊断都是机器学习的典型场景。人工智能、机器学习和深度学习三者之间的关系如图 14-1 所示。

图 14-1

说到数据，不得不提到一个领域——数据挖掘和分析，和机器学习相似的地方是都是基于数据产生信息，通过计算机的运算探测数据的结构，从数据中洞察新的模式。数据挖掘分析是有理论证明支撑的，它将理论分布和被充分理解的数据进行匹配，以此验证假设的成立。机器学习是从数据中归纳和推导，通过迭代过程不断修正假设，最终形成一个覆盖验证数据的模型。机器学习为人工智能和数据挖掘提供了底层的技术支撑。反过来说，机器学习也需要大量的有效数据进行训练，所以机器学习和数据挖掘是相互促进的。在金融、教育、医疗、城市建设等社会基础行业，充分结合数据挖掘和机器学习的优势，涌现出了不少卓著的智能服务应用，成为创造现代美好生活不可或缺的部分。

14.1.3　机器学习的分类

研究发表的机器学习的方法种类很多，根据强调侧面的不同可以有多种分类方法，比较主流的一种分类是把机器学习划分成无监督学习和有监督学习两大方向（见图 14-2）。有监督学习算法使用标记的示例进行训练，比如已知所需输出的输入。例如，一台设备可能具有标记为 F（失败）或 R（运行）的数据点。学习算法接收一组输入以及相应的正确输出，并通过将其实际输出与正确输出进行比较以发现错误来进行学习。然后，它会相应地修改模型。有监督学习通过分类、回归、预测和梯度增加等方法，使用模式来预测其他未标记数据上的标记值。有监督学习通常用于通过历史数据预测未来可能发生事件的应用。例如，它可以预测信用卡交易何时可能是欺诈，或者哪个保险客户可能提出索赔。无监督学习用于没有历史标签的数据。系统未被告知"正确答案"。该算法必须判断出所显示的内容。其目的是探索数据并在其中找寻一些结构。无监督学习在事务数据上的工作效果很好。例如，它可以识别具有相似特性的客户细分，之后可以在市场营销活动中对这些客户采取类似措施。或者，它可以找到将客户群体彼此区分开来的主要特性。常见的技术包括自组织映射、最近邻映射、K 均值聚类和奇异值分解。这些算法还用于细分文本主题、推荐项目并识别数据离群值。

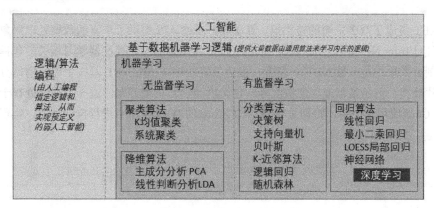

图 14-2

14.1.4　机器学习的典型步骤

机器学习的研发会遵循一定的典型步骤，这个流程无关乎框架、语言，是比较普适的开发规范。首先是数据预处理，通过不同的途径获取到的原始数据要经过一系列变换或运算处理提炼成有关特征和目标标签的标准化结构，有条件的情况下还可将这些数据按一定比例分成训练数据和验证数据两部分；其次选择合适的算法，基于算法定义出预训练模型，通过融合训练数据在多次迭代下拟合运算，评估模型对验证数据的适应度，这其中有一些分析指标参考，比如正确率、精确率、召回率等；最后将达到一定适应度的模型持久化保存，集成到应用中对新的输入数据进行结果预测，实现模型的价值消费。机器学习的典型步骤如图 14-3 所示。

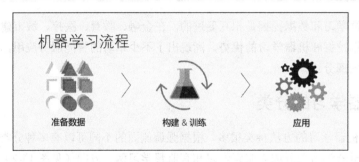

图 14-3

14.2 ML.NET 简介

ML.NET 是面向.NET 开发人员的跨平台机器学习框架，具备在联机或本地环境中将机器学习模型集成到.NET 应用程序中的能力。ML.NET 的核心是机器学习模型，该模型将指定的输入数据转换到预测所需的步骤。可以通过指定算法来训练自定义模型，也可以导入预训练的TensorFlow 和 ONNX 模型。拥有模型后，可以将其添加到应用程序中进行预测。ML.NET 支持在使用.NET Core/ .NET Framework 的 Windows、Linux 和 Mac OS 上运行，所有平台均支持 64 位，此外 ML.NET 也支持 Windows 32 位的平台，不过 TensorFlow、LightGBM 和 ONNX 相关功能并不支持 32 位的平台。

ML.NET 集成了众多主流的转换器、算法库，通过 API 提供了丰富的数据处理对象和算法评估器，并且对 Infer.NET、NimbusML、Scikit-Learn、TensorFlow 等机器学习相关的包提供了方便的扩展机制。如果你是一位.NET 开发者，就会很轻松地在 ML.NET 基础上完成情绪分析、价格预测、图片分类、商品推荐或异常检测等自定义机器学习模型开发，进一步的好处在于能无缝集成到.NET Core 应用程序中，特别是 ASP.NET Core 的 Web 应用中进行自动预测，实现一些高级的智能服务，如图 14-4 所示。

情绪分析 使用二进制分类算法分析客户评论的情绪。	产品推荐 使用矩阵分解算法根据购买历史记录推荐产品。	价格预测 使用回归算法根据行驶距离等参数预测出租车票价。
客户细分 使用聚类算法识别具有类似配置文件的客户组。	对象检测 使用 ONNX 深度学习模型识别图像中的对象。	欺诈检测 使用二进制分类算法检测欺诈性信用卡交易。
销售峰值检测 使用异常检测模型检测产品销售的峰值和变化。	图像分类 使用 TensorFlow 深度学习模型对图像进行分类（例如，花椰菜与比萨饼）。	销售预测 使用回归算法预测产品的未来销售额。

图 14-4

14.3　ML.NET 特色功能

　　ML.NET 自 2018 年 5 月第一个版本出现之后，不断有新特性增加和性能优化，其中 1.x 版本如图 14-5 所示。在 ML.NET v1.0 发布时，明确指出本框架具备了自动机器学习（AutoML）和开放神经网络交换（Open Neural Network Exchange ，ONNX）的特性。对于机器学习开发者而言，使用机器学习算法的一个主要障碍就是算法的性能受许多设计决策的影响，需要选择合适的数据架构、训练过程、正则化方法和调参等，所有的这些都对算法的性能有很大的影响，所以机器学习工程师也常常自嘲为调参工程师。自动机器学习的目标就是将上述决策自动化，开发者只需提供数据，不再苦恼于各种机器学习的算法，自动机器学习系统自动决策最佳方案。自动机器学习的能力大大降低了机器学习模型定义和训练的复杂度，让模型的开发过程更加高效。开放神经网络交换格式是由微软和 Facebook 于 2017 年推出的深度学习模型表示的标准，随后迅速得到了各大厂商和框架的支持。通过短短几年的发展，已经成为开放深度学习开发工具生态系统，可使模型在不同框架之间进行迁移。在这些特性的支持下，ML.NET 有了以下特色功能。

ML.NET 1.0
Machine Learning framework for building custom ML models

Custom ML made easy
Automated ML and Tools (Model Builder and CLI)

Trusted and proven at scale
Windows, PowerBI, Azure & more

Cross-platform and open-source
Runs everywhere

Extensible
TensorFlow, ONNX and Infer.NET

图 14-5

1. Model Builder 模型生成器

　　通常我们会建议.NET 开发者使用 Visual Studio。ML.NET Model Builder 模型生成器是 Visual Studio 中的 UI 工具，是一个直观的图形化 Visual Studio 扩展，用于生成、训练和部署自定义机器学习模型。它使用自动机器学习来探索不同的机器学习算法和设置，以帮助找到最合适的方案。借助 ML.NET 和 Model Builder，可以在不具备机器学习专业知识和经验的情况下按照向导指引，选定场景创建自定义机器学习模型，使用数据进行自动训练，这一切甚至不需要进行显式编程，只需要一些数据和确定要解决的问题，Model Builder 就会生成将模型添加到.NET 应用程序的代码，如图 14-6 所示。

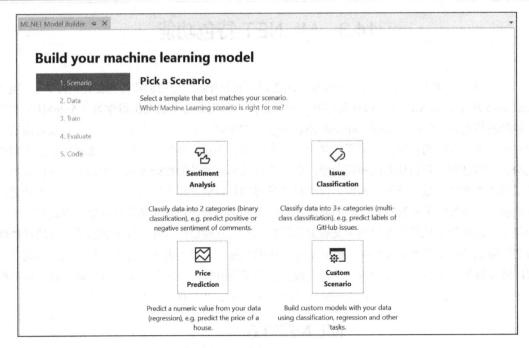

图 14-6

Model Builder 模型生成器使用 AutoML 侦测多个模型，以查找性能最佳的模型。更长的训练周期允许 AutoML 通过更多设置来浏览更多模型。训练的确切时长取决于用作模型输入的特征（列）数、列的类型、机器学习任务类型和用于训练的计算机的 CPU、磁盘和内存性能。表 14-1 给出了在本地计算机上为一组示例数据集获取良好性能所花的平均时间，这些数字仅用于参考。

表14-1　数据集获取良好性能所花的平均时间

数据集大小	训练的平均时间
0MB~10MB	10 分钟
10MB~100MB	10 分钟
100MB~500MB	30 分钟
500MB~1GB	60 分钟
1GB 以上	3 小时以上

2. ML.NET CLI

ML.NET CLI 是一个.NET Core 工具。安装后为其指定一个机器学习任务和一个训练数据集，而它将生成一个 ML.NET 模型以及要运行的代码，以便在应用程序中使用该模型。生成高质量的 ML.NET 模型（序列化模型.zip 文件）以及用于运行该模型（对该模型评分的示例代码非常简单）。此外，还会生成用于创建和训练该模型的代码，以便可以研究和迭代用于生成"最佳模型"的算法和设置。

可以从自己的数据集生成这些资产而无须自行编码，因此即使已经了解 ML.NET，也可以提高工作效率。

目前 ML.NET CLI 支持的机器学习任务包括 Binary-Classification、Multiclass-Classification、Regression，未来还将支持其他机器学习任务，例如 Recommendation、Ranking、Anomaly-Detection、Clustering。

用法示例：

```
mlnet auto-train --task binary-classification --dataset
"customer-feedback.tsv" --label-column-name Sentiment
```

从图 14-7 中可以看出，命令行工具添加了 auto-train 参数后生成了以下几个文件：

● 用于运行预测的最佳模型.zip 文件。
● 用于运行生成的模型以及对生成的模型评分的代码。
● 用于生成训练该模型的代码。
● 日志文件，包含有关评估的多种算法的所有迭代和扫描信息。

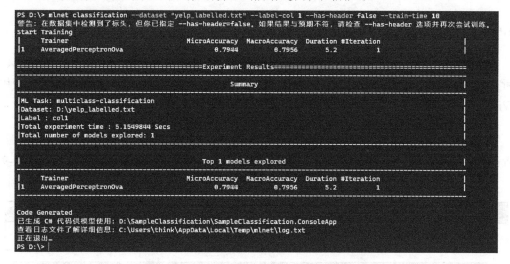

图 14-7

前三项可以直接用于应用开发（ASP.NET Core Web 应用、服务、桌面应用等），以便用生成的 ML 模型进行预测。第四项显示 CLI 用于训练生成的模型的 ML.NET API 代码，因此可以在后台重新训练模型并洞察和迭代 CLI 和 AutoML 选择的特定训练程序，算法及相关参数。使用 CLI 工具生成"最佳模型"时，可看到适用于机器学习任务的度量指标，这里总结了按机器学习任务分组的指标，以便于了解自动生成的"最佳模型"的质量。

3. ONNX

ML.NET 作为机器学习框架，本身所提供的是经典机器学习能力，实际上像 Scikit-Learn 这样的包已经有不少成熟的模型，在深度学习范围内众所周知的 TensorFlow 和 PyTorch 框架也是神经网络模型开发的佼佼者，通过 ONNX 标准转换，ML.NET 可以直接导入这些优秀的或者已被训练好的模型，集成到.NET 应用中进行预测，有了这种无缝迁移能力，让.NET 应用从生态上跻身机器学习大潮之中，在信号、图像和自然语言处理三大深度学习领域的模型开发上 ML.NET 也做了较好的适配，可以说 ML.NET 也是博采众长的，如图 14-8 所示。

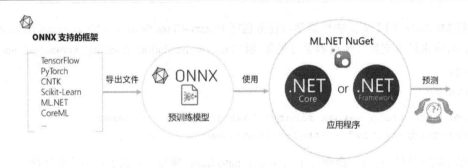

图 14-8

14.4 ML.NET 开发环境搭建

14.4.1 安装 ML.NET 库

在大多数情况下，在所有支持的操作系统上安装 ML.NET 就像引用 NuGet 包一样简单。本书所有 ML.NET 的示例代码和运行环境均以 ML.NET v1.5 版本为基础进行演示。如果读者使用的是 Visual Studio 开发工具，就在 NuGet 包管理器中直接输入命令：

```
PM> Install-Package Microsoft.ML
```

或者在解决方案中通过 UI 管理 NuGet 程序包，在浏览一栏输入"Microsoft.ML"，如图 14-9 所示，与 ML.NET 相关的包将以列表方式展现，选择第一个进行安装即可。

注 意
在版本选项中，若用于正式开发而非学术研究，则建议选择最新稳定版。

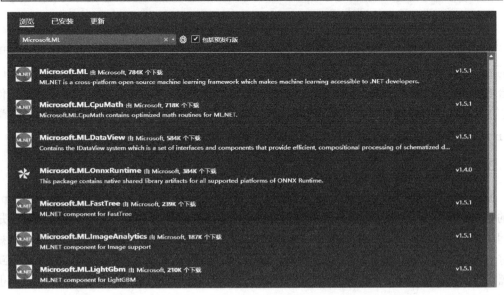

图 14-9

如果使用的是.NET CLI 命令行工具，就在终端直接输入命令：

```
> dotnet add package Microsoft.ML
```

在某些特定机器学习依赖的算法要求下会出现一些其他的安装必要项，尤其是当依赖本地第三方包时。这些依赖项根据特定的 Microsoft.ML.* NuGet 包命名方式进行了细分。

14.4.2　安装 Microsoft.ML.TimeSeries 与 Microsoft.ML.AutoML

当机器学习模型是针对时序的神经网络算法或者需要自动机器学习时，会要求安装 Microsoft.ML.TimeSeries 与 Microsoft.ML.AutoML 这两个包，它们依赖于 Microsoft.ML.MKL.Redist，而后者又依赖于 libiomp。

在 Windows 中无须执行额外的安装步骤，在项目中通过 NuGet 包管理器即可安装这两个包，与安装 ML.NET 包的操作是一样的。

在 Linux 中需要通过以下步骤进行安装：

（1）在 bash 中输入以下命令安装存储库的 GPG 密钥：

```
> sudo bash
> # <type your user password when prompted.  this will put you in a root shell>
> # cd to /tmp where this shell has write permission > cd /tmp >
> # now get the key:
> wget
https://apt.repos.intel.com/intel-gpg-keys/GPG-PUB-KEY-INTEL-SW-PRODUCTS-2019.PUB
> # now install that key > apt-key add GPG-PUB-KEY-INTEL-SW-PRODUCTS-2019.PUB >
# now remove the public key file exit the root shell
> rm GPG-PUB-KEY-INTEL-SW-PRODUCTS-2019.PUB
> exit
```

（2）在 bash 中输入以下命令为 MKL 添加 APT 存储库：

```
> sudo sh -c 'echo deb https://apt.repos.intel.com/mkl all main >
/etc/apt/sources.list.d/intel-mkl.list'
```

（3）更新包：

```
> sudo apt-get update
```

（4）安装 MKL。当前可以安装的版本文件为 intel-mkl-64bit-2020.0-088，可视情况而定。

```
> sudo apt-get install sudo apt-get install intel-mkl-64bit-2020.0-088
```

（5）确定 libiomp.so 的位置：

```
> find /opt -name "libiomp5.so"
```

（6）在这里找到的位置为/opt/intel/compilers_and_libraries_2020.0.166/linux/compiler/lib/intel64_lin/libiomp5.so，将此位置添加到加载路径：

```
> sudo ldconfig
/opt/intel/compilers_and_libraries_2020.0.166/linux/compiler/lib/intel64_lin
```

在 Mac OS 中使用 Homebrew 安装库，在终端输入以下命令：

```
> brew update && brew install
https://raw.githubusercontent.com/Homebrew/homebrew-core/f5b1ac99a7fba27c19ce
e0bc4f036775c889b359/Formula/libomp.rb && brew link libomp --force
```

14.4.3　安装 ML.NET 模型生成器

本节将介绍如何把 ML.NET Model Builder 模型生成器添加到机器学习的任务项目中。由于模型生成器当前为预览版，因此可能会因一些变化而不同。

ML.NET 模型生成器扩展目前仅适用于 Windows 上的 Visual Studio，所以对环境有一些必备要求，它需要 Visual Studio 2017 v15.9.12 或更高版本、.NET Core 2.1 SDK 或更高版本（暂不支持 .NET Core 3.0 SDK）。目前已知它存在的局限在于支持不超过 1 GB 的训练数据集，如果将 SQL Server 用于训练，在数据表的行数上有 100000 行的限制，并且不支持适用于 Visual Studio 2017 的 Microsoft SQL Server Data Tools。

ML.NET 模型生成器可通过 Visual Studio Marketplace 安装，或者从 Visual Studio 菜单中找到"工具"→"扩展和更新"，在搜索栏中搜索"ML.NET 模型生成器"，并在搜索结果中选择 ML.NET 模型搜索器（预览版），按照提示下载完成安装，如图 14-10 所示。

图 14-10

14.4.4　安装 ML.NET 命令行接口工具

本节将介绍如何在 Windows、Mac 或 Linux 上安装 ML.NET CLI（命令行接口）。自动化机器学习作为 ML.NET 的特色功能之一，在 ML.NET CLI 中也有配套的内置集成。和 Model Builder 一样，ML.NET CLI 目前也是处于预览版本阶段。ML.NET CLI 的安装方式与任何其他 dotnet 全局工具一样，使用 dotnet tool install .NET Core CLI 命令，不同的是它仅依赖 .NET Core 2.2 SDK。以下命令展示如何在默认 NuGet 源位置安装 ML.NET CLI：

```
> dotnet tool install -g mlnet
```

如果安装成功，就会出现一条消息，显示用于调用工具的命令以及所安装的版本，如下所示：

```
You can invoke the tool using the following command: mlnet Tool 'mlnet' (version
```

可以通过输入以下命令来确认安装是否成功：

```
> mlnet
```

应该可以看到 mlnet 工具的可用命令帮助，例如 auto-train 命令。或者通过已安装的列表清单检查包是否已正确安装：

```
> dotnet tool list -g
```

14.5　ML.NET 快速上手

前面介绍了机器学习的典型步骤，ML.NET 机器学习任务同样符合这样的流程，并且结合.NET Core 开发的特点进行了体系简化，让机器学习模型的开发更加容易上手。经验丰富的.NET 开发者对 ML.NET 机器学习的一些流程和模式可能在其他类型的开发中很熟悉了，这些经验是可以借鉴的。机器学习模型开发过程可以分为两个阶段，即构建模型阶段和使用模型阶段。本节将以一个简单的示例来概要地介绍 ML.NET 开发的过程（见图 14-11）。

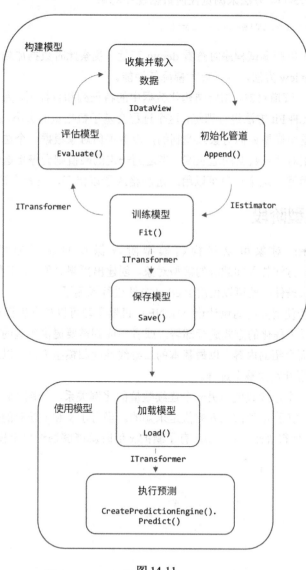

图 14-11

14.5.1 构建模型阶段

在大多数情况下,收集到的可用数据集不适合直接用于训练机器学习模型,需要对原始数据做适当的预处理,然后才能将其用于分析特征与目标的关联关系。原始数据可能需要从字符串值转换为数字表达形式,去除冗余信息和弱相关的字段,如果遇到高维度数据(比如矩阵),也会考虑通过缩放手段将维度控制在恰当的深度。

数据预处理完成后,把数据集加载到 IDataView 对象(ML.NET 提供的一个核心数据处理对象)中。IDataView 对象有一个重要特性,就是惰性求值,数据视图仅在模型训练、评估以及数据预测期间加载及运行。在编写和测试 ML.NET 程序时,可以使用 Visual Studio 调试程序通过调用 IDataView 对象的 Preview 方法来浏览任何数据视图对象。

```
var debug = testDataView.Preview();
```

如上代码所示,可以在调试程序时查看 debug 变量,观察此时数据加载的情况。当然不建议在生产代码中使用 Preview 方法,这样会大幅降低性能。

接着创建 pipeline 管道对象,指定结构化数据中的特征列和目标列,为目标列选择一个适配的算法。通过管道对象的 Fit 方法进行训练,这个过程会基于数据量的大小、执行时长有所不同。训练模型的迭代过程是由模型评估对象来控制的,模型评估对象根据一个迭代周期结束时多项度量指标的值来判断模型对训练数据的适应度,当达到一定的阈值则会停止迭代。此时 Fit 方法会将训练好的模型对象返回,这个对象可以用二进制格式予以保存,或者直接在应用程序中使用。

14.5.2 使用模型阶段

通过 ITransformer 对象可以将构建模型阶段保存的模型加载回来,通过调用 CreatePredictionEngine 方法传入加载好的模型对象,创建出预测对象。在其他任何 .NET 应用程序中,获取同样的输入条件,就可以使用 Predict 方法进行预测了。

正是这种把构建和使用分离的设计让 ML.NET 机器学习可以独立进行开发,和普通的.NET应用程序一样,能够以工程化的方式进行部署,或者集成到需要提供预测的功能服务中去。

接下来将按照前面介绍的内容,以最基本的二维线性回归模型为例,以编码的方式来具体地体验一下 ML.NET 模型开发的整个过程。

线性回归反映了一个连续数值与另一个连续数值的比例关系,如图 14-12 所示,x 和 y 构成了 $y=wx + b$ 的关系,权重 w 和偏差 b 的值是未知的。当有了 x 和 y 配对的数值时,需要训练出一个模型来表示 $f(x)$,使得 $f(x) = wx + b$,有了新的 x 值时就能够通过这个模型预测出 y 的值了。

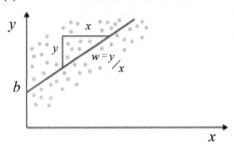

图 14-12

ML.NET 起步都是从 MLContext 对象开始的，通过它能够引入 Data、Transforms、Model 和相应的算法对象。

```
using System;
using Microsoft.ML;
using Microsoft.ML.Data;

MLContext mlContext = new MLContext();
```

首先定义出结构化的数据输入对象和预测的输出对象。Score 的属性标记表明 Predict_Y_Value 列将是一个评分值，在回归模型中就是最终 y 的预测值。

```
public class InputData
{
    public float X_Value { get; set; }
    public float Y_Value { get; set; }
}
public class Prediction
{
    [ColumnName("Score")]
    public float Predict_Y_Value { get; set; }
}
```

接着创建 IDataView 和 pipeline 管道对象，并指定特征和目标以及训练的相关参数。在代码片段中，Concatenate 和 Sdca 均为工具方法，它们各创建一个追加到管道的 IEstimator 对象。MLContext 包含了不同功用的工具方法，按名称划分了不同的命名空间。也可以修改代码，尝试其他的工具方法。

```
IDataView trainingData = mlContext.Data.LoadFromEnumerable(inputDatas);
var pipeline = mlContext.Transforms.Concatenate("Features", new[]
{ "X_Value" })
    .Append(mlContext.Regression.Trainers.Sdca(labelColumnName: "Y_Value",
maximumNumberOfIterations: 100));
```

在管道对象创建后，使用数据来训练模型。Fit 方法使用训练的输入数据来估算参数，在这个示例中即函数 $f(x) = wx + b$ 中权重 w 和偏差 b 的值。在训练完成后，可以尝试查看一下度量指标的情况。

```
var model = pipeline.Fit(trainingData);
var testHouseDataView = mlContext.Data.LoadFromEnumerable(inputDatas);
var testPriceDataView = model.Transform(testHouseDataView);
var metrics = mlContext.Regression.Evaluate(testPriceDataView,
labelColumnName: "Y_Value");
Console.WriteLine($"R^2: {metrics.RSquared:0.##}, RMS error:
{metrics.RootMeanSquaredError:0.##}");
// R^2: 0.91, RMS error: 0.2
```

通过评估指标可得知错误率相当低，且预测输出和测试输出之间的相关性很高。在实际使用中情况会更为复杂，需要估算的参数在数量级上会是几倍甚至几百倍，开发者需要进行更多调整才能获得良好的模型指标。

训练好的模型可以实现对新的输入数据进行预测。示例中，假定输出了 x 的新值为 2.3，模型预测 y 值可能是 2.851077。

```
var newInputData = new InputData() { X_Value = 2.3F };
var predictResult = mlContext.Model.CreatePredictionEngine<InputData,
Prediction>(model).Predict(newInputData);
Console.WriteLine($"X = { newInputData.X_Value }, Predicted Y =
{ predictResult.Predict_Y_Value }");
// X = 2.3, Predicted Y = 2.851077
```

当然，如果需要保存模型，以共享到其他应用程序中使用，可以如下导出，命名为 model.zip 的压缩包即是模型的描述文件，这个文件可以被重新加载。

```
mlContext.Model.Save(model, trainingData.Schema,"model.zip");
```

完整的代码如下：

```
using System; using Microsoft.ML;
using Microsoft.ML.Data;

class Program
{
    public class InputData
    {
        public float X_Value { get; set; }
        public float Y_Value { get; set; }
    }
    public class Prediction
    {
        [ColumnName("Score")]
        public float Predict_Y_Value { get; set; }
    }

    static void Main(string[] args)
    {
        MLContext mlContext = new MLContext();

        // 1. 导入或创建输入数据
        InputData[] inputDatas = {
            new InputData() { X_Value = 2.6F, Y_Value = 3.1F },
            new InputData() { X_Value = 1.3F, Y_Value = 1.7F },
            new InputData() { X_Value = 1.8F, Y_Value = 2.7F },
            new InputData() { X_Value = 3.1F, Y_Value = 3.5F }
        };

        IDataView trainingData =
```

```
mlContext.Data.LoadFromEnumerable(inputDatas);

        // 2．指定数据的特征和目标并生成管道对象
        var pipeline = mlContext.Transforms.Concatenate("Features", new[]
{ "X_Value" })
        .Append(mlContext.Regression.Trainers.Sdca(labelColumnName:
"Y_Value", maximumNumberOfIterations: 100));

        // 3．训练模型
        var model = pipeline.Fit(trainingData);
        var testHouseDataView =
mlContext.Data.LoadFromEnumerable(inputDatas);
        var testPriceDataView = model.Transform(testHouseDataView);
        var metrics = mlContext.Regression.Evaluate(testPriceDataView,
labelColumnName: "Y_Value");
        Console.WriteLine($"R^2: {metrics.RSquared:0.##}, RMS error:
{metrics.RootMeanSquaredError:0.##}");
        // R ^ 2: 0.91, RMS error: 0.2

        // 4．预测新值
        var newInputData = new InputData() { X_Value = 2.3F };
        var predictResult = mlContext.Model.CreatePredictionEngine<InputData,
Prediction>(model).Predict(newInputData);
        Console.WriteLine($"X = { newInputData.X_Value }, Predicted Y =
{ predictResult.Predict_Y_Value }");
    // X = 2.3, Predicted Y = 2.851077
    }
}
```

14.6　ML.NET 与 ONNX 实践

前文已经介绍了 ML.NET 能支持 ONNX 的互操作，本节将通过一个示例来详细展现这个特性的开发过程。

深度学习是机器学习的一种细分领域。若要训练深度学习模型，则需要大量的数据。数据中的模式用一系列层表示。数据中的关系被编码为包含权重的层之间的连接。权重越大，关系越强。总的来说，这一系列的层和连接被称为人工神经网络。网络中的层越多，它就越"深"，使其成为一个深层的神经网络。在计算机视觉方向，较常见的一种神经网络是卷积神经网络（CNN）。CNN 利用卷积层来处理数据中包含的空间信息。图像处理就是 CNN 一个很好的用例，能够检测图像区域中有什么、在什么位置等。在开源网站 GitHub.com 上有一个项目 ONNX/Models（https://github.com/onnx/models），它提供了不少预训练的计算机视觉的模型，如 ResNet，能够识别多达 1000 种生活中常见的事物，我们将使用 ResNet50 来识别动物的图像。ML.NET 通过 ONNX Transformer 转换模型到运行时环境，以便和.NET Core 应用互通。接下来了解如何进行图

像识别过程的开发。

14.6.1 准备事项

推荐使用安装了".NET Core 跨平台开发"套件的 Visual Studio 2019 或更高版本，或 Visual Studio 2017 版本 15.6 或更高版本。本示例还依赖以下几个包：

- Microsoft.ML NuGet 包
- Microsoft.ML.ImageAnalytics NuGet 包
- Microsoft.ML.OnnxTransformer NuGet 包
- ResNet50 v1 预训练的模型

首先需要下载 ResNet 模型，在浏览器中打开网址 https://github.com/onnx/models/blob/master/vision/classification/resnet/model/resnet50-v1-7.onnx，单击 Download 按钮直接下载 ONNX 文件，名称为 resnet50-v1-7.onnx。

14.6.2 创建控制台应用程序

打开 Visual Studio，创建一个名为 ONNXSample 的.NET Core 控制台应用项目，在"解决方案资源管理器"中，右击项目，然后选择"管理 NuGet 包"，选择"nuget.org"作为"包源"，打开"浏览"选项卡，在搜索框中输入"Microsoft.ML"，按回车键后找到相应的详情界面，单击"安装"按钮，在安装过程中会弹出许可条款窗口，单击"我接受"按钮。对 Microsoft.ML.ImageAnalytics 和 Microsoft.ML.OnnxTransformer 重复这些安装步骤。项目的目录结构如图 14-13 所示。

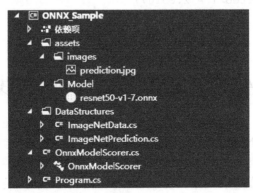

图 14-13

14.6.3 准备数据和预训练的模型

在 ONNXSample 项目的主目录中创建 assets 文件夹，在 assets 目录下创建 images 和 Model 子文件夹，分别用于存放待预测的图片和 ONNX 模型文件。选择一张用于预测的图片，这里将使用的图片（见图 14-14）命名为 prediction.jpg，并放置到 images 文件夹中。

图 14-14

14.6.4 定义输入和输出数据结构

在 ONNXSample 项目的主目录中创建 DataStructures 文件夹，并在该文件夹中创建 ImageNetData.cs 和 ImageNetPrediction.cs 两个类文件，分别用于定义输入和输出的类。ImageNetData 类增加了一个 ReadFromFile 静态方法，用于读取指定路径下的图片生成集合。

```
public class ImageNetData
{
    [LoadColumn(0)]
    public string ImagePath;

    [LoadColumn(1)]
    public string Label;

    public static IEnumerable<ImageNetData> ReadFromFile(string imageFolder)
    {
        return Directory
            .GetFiles(imageFolder)
            .Where(filePath => Path.GetExtension(filePath) == ".jpg")
            .Select(filePath => new ImageNetData { ImagePath = filePath, Label
= Path.GetFileName(filePath) });
    }

    public class ImageNetPrediction : ImageNetData
    {
        public float[] Score;

        public string PredictedLabelValue;
    }
```

14.6.5 定义评分预测类

首先定义出对图像预测需要用到的配置信息，ImageNetSettings 主要定义了图像尺寸、标准化（Normalization）参数，ImageNetModelSettings 主要定义了映射到 ONNX 模型中的输入和输出参数名称（注意：该名称是 ONNX 在生成时预置的）。

```
public struct ImageNetSettings
{
    public const int imageHeight = 224;
    public const int imageWidth = 224;
    public const float Mean = 127;
    public const float Scale = 1;
    public const bool ChannelsLast = false;
}

public struct ImageNetModelSettings
{
    // input tensor name
    public const string ModelInput = "data";

    // output tensor name
    public const string ModelOutput = "resnetv17_dense0_fwd";
}
```

接着定义出评估预测的方法，该方法接受 IDataView 类型的输入图像结构，返回的是每张图像的评分，这个评分是在每一个分类上的置信度的集合，分值在 0~1 之间，分值越大代表可能性越高。

```
public IEnumerable<float[]> Score(IDataView data)
{
    var model = LoadModel(modelLocation);

    return PredictDataUsingModel(data, model);
}
```

加载模型的方法中的关键部分如下，它定义了一个管道对象，专门负责对图像数据进行预处理，包括调整尺寸到 ONNX 模型要求的大小以进行必要的裁剪、将图像数据向量化，然后采用 Normalize 标准化计算来处理这些向量，最后按文件路径加载 ONNX 模型。

```
var pipeline = mlContext.Transforms.LoadImages(outputColumnName:
ImageNetModelSettings.ModelInput,
                                        imageFolder: "",
                                        inputColumnName:
nameof(ImageNetData.ImagePath))
                .Append(mlContext.Transforms.ResizeImages(outputColumnName:
ImageNetModelSettings.ModelInput,
                                                imageWidth:
ImageNetSettings.imageWidth,
                                                imageHeight:
ImageNetSettings.imageHeight,
```

```
                                                inputColumnName:
ImageNetModelSettings.ModelInput,
                                                resizing:
ImageResizingEstimator.ResizingKind.IsoCrop,
                                                cropAnchor:
ImageResizingEstimator.Anchor.Center))
                .Append(mlContext.Transforms.ExtractPixels(outputColumnName:
ImageNetModelSettings.ModelInput,
                                                interleavePixelColors:
ImageNetSettings.ChannelsLast))
                .Append(mlContext.Transforms.NormalizeGlobalContrast(outputC
olumnName: ImageNetModelSettings.ModelInput,

inputColumnName: ImageNetModelSettings.ModelInput,

ensureZeroMean: true,

ensureUnitStandardDeviation: true,
                                                scale:
ImageNetSettings.Scale))
                .Append(mlContext.Transforms.ApplyOnnxModel(modelFile:
modelLocation,
                                                outputColumnNames: new[]
{ ImageNetModelSettings.ModelOutput },
                                                inputColumnNames: new[]
{ ImageNetModelSettings.ModelInput }));
```

完整的评分预测类如下：

```
using Microsoft.ML;
using Microsoft.ML.Data;
using Microsoft.ML.Transforms.Image;
using ONNX_Sample.DataStructures;
using System;
using System.Collections.Generic;
using System.Linq;

namespace ONNX_Sample
{
    class OnnxModelScorer
    {
        private readonly string imagesFolder;
        private readonly string modelLocation;
        private readonly MLContext mlContext;


        public OnnxModelScorer(string imagesFolder, string modelLocation,
```

```
MLContext mlContext)
        {
            this.imagesFolder = imagesFolder;
            this.modelLocation = modelLocation;
            this.mlContext = mlContext;
        }

        public struct ImageNetSettings
        {
            public const int imageHeight = 224;
            public const int imageWidth = 224;
            public const float Mean = 127;
            public const float Scale = 1;
            public const bool ChannelsLast = false;
        }

        public struct ImageNetModelSettings
        {
            // input tensor name
            public const string ModelInput = "data";

            // output tensor name
            public const string ModelOutput = "resnetv17_dense0_fwd";
        }

        private ITransformer LoadModel(string modelLocation)
        {
            Console.WriteLine("Read model");
            Console.WriteLine($"Model location: {modelLocation}");
            Console.WriteLine($"Default parameters: image
size=({ImageNetSettings.imageWidth},{ImageNetSettings.imageHeight})");

            // Create IDataView from empty list to obtain input data schema
            var data = mlContext.Data.LoadFromEnumerable(new
List<ImageNetData>());

            // Define scoring pipeline
            var pipeline = mlContext.Transforms.LoadImages(outputColumnName:
ImageNetModelSettings.ModelInput,
                                                imageFolder: "",
                                                inputColumnName:
nameof(ImageNetData.ImagePath))
                        .Append(mlContext.Transforms.ResizeImages(outputCo
lumnName: ImageNetModelSettings.ModelInput,
                                                imageWidth:
ImageNetSettings.imageWidth,
```

```
                                                              imageHeight:
ImageNetSettings.imageHeight,

inputColumnName: ImageNetModelSettings.ModelInput,
                                                              resizing:
ImageResizingEstimator.ResizingKind.IsoCrop,
                                                              cropAnchor:
ImageResizingEstimator.Anchor.Center))
                            .Append(mlContext.Transforms.ExtractPixels(outputC
olumnName: ImageNetModelSettings.ModelInput,

interleavePixelColors: ImageNetSettings.ChannelsLast))
                            .Append(mlContext.Transforms.NormalizeGlobalContra
st(outputColumnName: ImageNetModelSettings.ModelInput,

inputColumnName: ImageNetModelSettings.ModelInput,

ensureZeroMean: true,

ensureUnitStandardDeviation: true,

scale: ImageNetSettings.Scale))
                            .Append(mlContext.Transforms.ApplyOnnxModel(modelF
ile: modelLocation,

outputColumnNames: new[] { ImageNetModelSettings.ModelOutput },

inputColumnNames: new[] { ImageNetModelSettings.ModelInput }));

            // Fit scoring pipeline
            var model = pipeline.Fit(data);

            return model;
        }

        private IEnumerable<float[]> PredictDataUsingModel(IDataView
testData, ITransformer model)
        {
            Console.WriteLine($"Images location: {imagesFolder}");
            Console.WriteLine("");
            Console.WriteLine("=====Identify the objects in the images=====");
            Console.WriteLine("");

            IDataView scoredData = model.Transform(testData);

            IEnumerable<float[]> probabilities =
```

```
scoredData.GetColumn<float[]>(ImageNetModelSettings.ModelOutput);

            return probabilities;
        }

        public IEnumerable<float[]> Score(IDataView data)
        {
            var model = LoadModel(modelLocation);

            return PredictDataUsingModel(data, model);
        }
    }
}
```

14.6.6 使用模型进行分析和输出

首先初始化一个 **MLContext** 对象，将读取的图片集合转成 **IDataView** 对象，再将它传给前面准备好的 **OnnxModelScorer** 的 **Score** 方法，得到预测评估的分数。

```
// Initialize MLContext
MLContext mlContext = new MLContext();

try
{
    // Load Data
    IEnumerable<ImageNetData> images =
ImageNetData.ReadFromFile(imagesFolder);
    IDataView imageDataView = mlContext.Data.LoadFromEnumerable(images);

    // Create instance of model scorer
    var modelScorer = new OnnxModelScorer(imagesFolder, modelFilePath,
mlContext);

    // Use model to score data
    IEnumerable<float[]> probabilities = modelScorer.Score(imageDataView);

    int index = 0;
    foreach (var probable in probabilities)
    {
        var scores = Softmax(probable);

        var (topResultIndex, topResultScore) = scores.Select((predictedClass,
index) => (Index: index, Value: predictedClass))
            .OrderByDescending(result => result.Value)
            .First();
        Console.WriteLine("图片：{0} \r\n 分类{1} {2}：{3}",
            Path.GetFileName(images.ElementAt(index).ImagePath),
```

```
            topResultIndex,
            categoryLabels[topResultIndex],
            topResultScore);
        Console.WriteLine("=============================");
        index++;
    }


}
catch (Exception ex)
{
    Console.WriteLine(ex.ToString());
}
```

为了使这个分数以百分比概率统一数值比较，此处调用了 Softmax 方法对 probabilities 进行修正。Softmax 函数是一种归一化指数函数，常用于多分类问题中，并使得每一个元素的范围都在（0,1），并且所有元素的和为 1。该方法的代码如下：

```
static float[] Softmax(float[] values)
{
    var maxVal = values.Max();
    var exp = values.Select(v => Math.Exp(v - maxVal));
    var sumExp = exp.Sum();

    return exp.Select(v => (float)(v / sumExp)).ToArray();
}
```

categoryLabels 是 ResNet50 能够识别的分类的标签集合，由于类别多达 1000 种，因此这里截取部分定义，详细的分类可参见 https://github.com/onnx/models/blob/master/vision/classification/synset.txt，读者可以将完整的内容替换文中的内容。从中可以看到，能够识别的分类是相当多的，也可以尝试不同的图片验证模型的识别准确度。

```
static string[] categoryLabels = new string[]
{
    "tench, Tinca tinca",
    "goldfish, Carassius auratus",
    "great white shark, white shark, man-eater, man-eating shark, Carcharodon
carcharias",
    "tiger shark, Galeocerdo cuvieri",
    "hammerhead, hammerhead shark",
    "electric ray, crampfish, numbfish, torpedo",
    "stingray",
    "cock",
    "hen",
    "ostrich, Struthio camelus",
    "brambling, Fringilla montifringilla",
    "goldfinch, Carduelis carduelis",
    "house finch, linnet, Carpodacus mexicanus",
```

```
        "junco, snowbird",
        "indigo bunting, indigo finch, indigo bird, Passerina cyanea",
        "robin, American robin, Turdus migratorius",
        "bulbul",
        "jay",
        "magpie",
        "chickadee",
        "water ouzel, dipper",
    "kite"
    …
    }
```

完整的 Program 类 Main 函数代码如下：

```
static void Main(string[] args)
{
var assetsRelativePath = @"../../../assets";
string assetsPath = GetAbsolutePath(assetsRelativePath);
var modelFilePath = Path.Combine(assetsPath, "Model", "resnet50-v1-7.onnx");
var imagesFolder = Path.Combine(assetsPath, "images");

    // Initialize MLContext
    MLContext mlContext = new MLContext();

    try
    {
        // Load Data
        IEnumerable<ImageNetData> images =
ImageNetData.ReadFromFile(imagesFolder);
        IDataView imageDataView = mlContext.Data.LoadFromEnumerable(images);

        // Create instance of model scorer
        var modelScorer = new OnnxModelScorer(imagesFolder, modelFilePath,
mlContext);

        // Use model to score data
        IEnumerable<float[]> probabilities = modelScorer.Score(imageDataView);

        int index = 0;
        foreach (var probable in probabilities)
        {
            var scores = Softmax(probable);

            var (topResultIndex, topResultScore) = scores.Select((predictedClass,
index) => (Index: index, Value: predictedClass))
                .OrderByDescending(result => result.Value)
                .First();
            Console.WriteLine("图片：{0} \r\n 分类{1} {2}：{3}",
                Path.GetFileName(images.ElementAt(index).ImagePath),
                topResultIndex,
```

```
                categoryLabels[topResultIndex],
                topResultScore);
            Console.WriteLine("=============================");
            index++;
        }

    }
    catch (Exception ex)
    {
        Console.WriteLine(ex.ToString());
    }

    Console.WriteLine("========= End of Process..Hit any Key ========");
    Console.ReadLine();
    }

    private static string GetAbsolutePath(string relativePath)
    {
        FileInfo _dataRoot = new FileInfo(typeof(Program).Assembly.Location);
        string assemblyFolderPath = _dataRoot.Directory.FullName;

        string fullPath = Path.Combine(assemblyFolderPath, relativePath);

        return fullPath;
    }

    private static float[] Softmax(float[] values)
    {
        var maxVal = values.Max();
        var exp = values.Select(v => Math.Exp(v - maxVal));
        var sumExp = exp.Sum();

        return exp.Select(v => (float)(v / sumExp)).ToArray();
    }
```

　　按照上述步骤操作后，运行控制台应用，预测结果应如以下输出所示。通过输出内容可以看到，预测图片 prediction.jpg 被识别为第 19 种分类，名称是 chickadee（黑头山雀），概率得分为 0.98986524，换算成百分比约为 99%。

```
=====Identify the objects in the images=====

图片：prediction.jpg
分类 19 chickadee：0.98986524
=============================
========= End of Process..Hit any Key ========
```

　　至此，有关 ML.NET 的基本使用介绍完毕。通过本章内容，我们能够熟悉机器学习方面的知识，以及使用 .NET Core 开发模型，并且能够运用 ONNX 进行高阶的神经网络模型训练实践。

第 15 章

更多的学习途径

近年来，互联网技术的发展越来越快，尤其是 Docker 和 Kubernetes 的流行，打破了传统软件研发和部署的模式，也改变了企业人才的需求格局。在未来，一专多能的开发者才能打破职业发展的天花板，成为软件技术领域的佼佼者。因此，本章列举需要关注的技术，供大家参考。

15.1 .NET Core 的学习途径

https://asp.net 是 ASP.NET Core 官方网站的快捷访问地址，访问该地址会跳转至 https://dotnet.microsoft.com/apps/aspnet，可以将这里作为获取官方权威内容的入口，并且从中可以找到官方提供的基于 Kubernetes 的容器化微服务架构的电子书，非常值得深入学习。

https://docs.microsoft.com/zh-cn/ 是微软全新的官方文档系统的入口，从中可以找到微软提供的所有文档。首页上.NET 和 ASP.NET 就是当前.NET Core 和 ASP.NET Core 的文档入口，从中可以获得系统的知识点以及详尽的 API 说明文档，同时这里也是推荐的入门学习资料库，对于资深的开发者也是检索相关技术资料的最佳途径之一。

Docs 系统支持内容贡献，任何人都可以针对文档内容提交改进，在任意文档的右上角可以看到"反馈"和"编辑"菜单，单击即可提交建议或修改内容，同时页面的最下方提供了 PDF 下载，方便离线阅读。

https://github.com/dotnet 是.NET Core 的项目组织，这里包含了.NET Core 相关的所有官方源码，推荐结合 ASP.NET Core 的源码来进行学习，源码中的不少设计模式、实现方法都是值得学习的，一方面有助于更深入地理解框架的原理和应用技巧，另一方面在实战中可以借鉴其设计思路来构建自己的组件和系统。另外，在阅读代码和使用框架开发的过程中发现的任何问题都可以在这里提交 Issue 或 Pull request，为.NET 生态贡献力量，帮助社区持续发展。我们身边的不少人都提交过代码或文档改进，参与到开放技术生态的建设中，这是值得赞扬和骄傲的，同时也是提升和展示技术能力的好途径。

https://github.com/dotnetcore 是由国人组织的开源社区，里面包含了不少优秀的开源组件，例如 CAP、SmartSql 等，这些组件能够快捷地解决特定领域的某些问题，使得开发者能够更聚焦商业价值的实现。当然，这里也需要更多的开发者参与到其中，推动这些优秀项目的发展。

https://github.com/quozd/awesome-dotnet 和 https://github.com/jobbole/awesome-dotnet-cn 这两个开源项目是一个关于.NET 技术栈优秀项目的索引库，分别有英文版和中文版，从这里可以找到各种解决不同领域问题的优秀组件、框架以及解决方案，以作为探索.NET 社区生态的入口。

15.2 其他需要关注的技术

实际上，除了学习.NET 技术栈本身，要真正解决实际的业务问题还需要更多技术能力来支撑，这里列举出一些必要的技术作为补充。

首先是 Docker 和 Kubernetes。Docker 是目前流行的容器化技术；Kubernetes 则是目前流行的容器编排引擎，可以说是热门的服务端应用程序运行环境。借助它们的能力，可以轻松实现运维自动化、高可用基础设施构建等。

关于中间件部分，Redis 和 RabbitMQ 是必须要掌握的，也是目前应用广泛的。Redis 具备高效的缓存能力，同时具备消息发布/订阅功能；RabbitMQ 是企业级消息队列方案首选之一。

关于日志系统，需要对 Elasticsearch、Fluentd 和 Kibana 有一定的了解，这是比较主流的日志解决方案套件。另外，Exceptionless 日志系统也是一个不错的选项。

关于调用链追踪部分，推荐学习一下 Skywalking。这是一个由国人创建并成功在 Apache "毕业"的开源项目，利用它可以轻松实现系统的链路追踪监控。

关于监控系统部分，推荐 Prometheus 和 Grafana。其中，Prometheus 是一个功能强大且开放的时序数据库，具备主动、被动抓取监控数据的能力；Grafana 是一个开放的检测系统，其图表展示能力非常优秀，并且支持集成各种主流的数据源。这两个系统都是开源的，并且具备足够的开放性，在开源社区有很多相应的插件可以选择，并且其协议也是开放的，自行开发插件成本不高，因此具有充分的灵活性。

PyTorch机器学习从入门到实战

近年来，基于深度学习的人工智能掀起了一股热潮。本书是一本使用PyTorch深度学习框架的入门图书，从深度学习原理入手，由浅入深地阐述深度学习中的神经网络、深度神经网络、卷积神经网络、自编码器、循环神经网络等内容，同时穿插PyTorch框架的知识点和基于知识点的实例，最后综合运用PyTorch和深度学习知识来解决实践中的具体问题，比如图像识别、文本分类和命令词识别等。可以说，本书是深度学习和PyTorch的入门教程，引导读者进入机遇和挑战并存的人工智能领域。

本书针对的是机器学习和人工智能的爱好者和研究者，希望其有一定的机器学习和深度学习知识，并有一定的Python编程基础。